ERBEN WILL GELERNT SEIN

Jan Schultze-Melling

ERBEN WILL GELERNT SEIN

Rat und Hilfe für gerechtes Vererben

SÜDWEST

Alle Angaben in diesem Buch wurden mit der größtmöglichen Sorgfalt zusammengestellt. Bei Hinweisen auf Gerichtsurteile wurde darauf geachtet, daß sie sich im Einklang mit der ständigen Rechtsprechung befinden. Weil sich im Einzelfall und durch Änderungen von Gesetzen und Vorschriften eventuell andere Umstände ergeben können, ist jedoch eine Haftung von Verlag und/oder Autor sowie Redaktion für Vermögensschäden aus der Anwendung der hier erteilten Ratschläge ausgeschlossen.

2., überarbeitete Auflage 1995

Redaktion: Cornelia Osterbrauck
Umschlaggestaltung, Illustrationen und Layout: Christine Paxmann, München
Satz: Fotosatz Völkl, Puchheim
Herstellung: H + G Lidl, München
Druck und Bindung: Legoprint, Trento
Printed in Italy18

Gedruckt auf chlor- und säurefreiem Papier

ISBN 3-517-01539-3

Gerechtes Erben und Vererben

Bei dem Thema Erben denken Sie sicherlich spontan an Geld, Reichtum und eine sorgenfreie Zukunft. Doch die meisten Erben trifft ihr Glück zumeist relativ unvorbereitet. Und die Fragen, was zu tun ist und wie man alles richtig macht, tauchen unvermittelt auf. Die Unsicherheit angesichts der zunächst undurchschaubar erscheinenden Rechtsvorschriften ist groß, und zu oft schon haben Sie unter Umständen von Erbschaftsstreitigkeiten um eine gerechte Verteilung des Erbes bei Erbengemeinschaften gehört. Auch die Erbschaftssteuer erscheint auf den ersten Blick als eine unüberwindbare Hürde, angesichts der man als Erbe sein Glück schon dahinschwinden sieht. Die Erbschaftssteuer kann bis zu 70 Prozent betragen – zum Glück muß es aber in den meisten Fällen nicht so weit kommen. Dieses Buch zeigt Ihnen unter anderem, mit den neuesten Steuertricks von 1994, was auf die Erben in dieser Hinsicht zukommen kann. Und es greift Ihnen als Erben unter die Arme, wenn Sie sich gegen Miterben durchsetzen und gegebenenfalls Gläubiger befriedigen müssen.

Als Erblasser wollen Sie vielleicht Ihr Testament machen oder prüfen, ob Sie Ihr Vermögen aus steuerlichen Gründen besser verschenken sollten. Unter Umständen wollen Sie auch nur wissen, was ein Vermächtnis ist, was eine Enterbung bedeutet und die Grundbegriffe des Erbrechts kennenlernen? Dieses Buch hilft Ihnen als Erblasser, Regelungen zu finden, die gewährleisten, daß Ihr Letzter Wille auch verwirklicht wird. Im Anhang des Buches finden Sie dazu auch Muster für die Erstellung von Testamenten.

Vielleicht wollen Sie aber Ihrem Notar oder Ihrem Steuerberater auch nur auf die Finger schauen und sich dazu in die Grundzüge des Erbrechts einarbeiten? Dieses Buch hilft Ihnen weiter. Außerdem erfahren Sie, daß Sie nicht immer einen Anwalt, einen Steuerberater oder einen Notar brauchen, wenn Sie Probleme mit dem Erbrecht haben – vieles können Sie selbst erledigen. Und das kann Kosten sparen!

Vielen Dank …

den Menschen, die mich bei diesem Buch
unterstützt haben:

Bernhard Roll
Britta Libischewski
Egbert Schultze-Melling (Rechtsanwalt und Notar)
Gerald Drews
Jyn Schultze-Melling (stud. jur)
Michael Ehlermann (ref. jur)
Nicolas Gethmann (ref. jur)
Norbert Demuth
Dr. Peter Sester (ref. jur)
Stefan Fink (ref. jur)
Svenja Hieb
Volker Bartelt (ref. jur)
Wilma Herke

Jan Schultze-Melling
im August 1994

Inhalt

Erste Schritte für die Hinterbliebenen 11

KAPITEL I **Überblick über das Erbrecht** 21

Was sollte man unbedingt über das Erbrecht wissen? 21
In den Fußstapfen des Verstorbenen – die Erben als Rechtsnachfolger 26
Wann sollte man das Erbe besser ausschlagen? 33
Kann ein Erbe sein Erbrecht verkaufen? 41

KAPITEL II **Die Erbfolge nach dem Gesetz** 44

Wer wird Erbe, und wieviel bekommt er? 44
Was bekommt das nichteheliche Kind? 50

KAPITEL III **Was bekommt der Ehepartner?** 55

Das Erbe des Ehepartners 55
Wer bekommt den Hausrat? 64
Der Verstorbene lebte in Scheidung 65

KAPITEL IV **Testament, Enterbung und der Erbvertrag** 69

Im Mittelpunkt des Interesses: Der Letzte Wille des Erblassers 69
Das Testament – Was muß unbedingt beachtet werden? 85
Wie nutzt man die Vorteile des Ehegattentestaments? 89

Das Vermächtnis – die Übertragung einzelner Vermögensgegenstände 94
Sicherheit für die Nacherben: die Vorerbschaft 99
Die Enterbung – Ist es aus mit dem Traum vom vielen Geld? 102
In welchem Fall macht man einen Erbvertrag? 110

KAPITEL V **Die Verteilung des Nachlasses** 116

Welche Begriffe sind wichtig? 116
Wenn es mehrere Erben gibt: die Erbengemeinschaft 125
Für welche Forderungen muß der Erbe geradestehen? 130
Die Abwicklung von Unternehmen 148

KAPITEL VI **Steuern sparen!** 154

Erbschafts- und Schenkungssteuer: Bitte sowenig wie möglich 154
Wie hoch ist die Steuer? 156
Freibeträge und Steuerbefreiungen ausnutzen! 168
Extra Steuertips! 175
Die Erbschaftssteuer auf einen Blick 182

KAPITEL VII **Schenken oder vererben?** 184

Schenken ist nicht so einfach, wie man sich das vorstellt 185
Nachteile durch Verschenken? 187

Erst denken, dann schenken – über den Widerruf der Schenkung 187
Vielleicht auch für uns interessant? Die vorweggenommene Erbfolge 189

KAPITEL VIII Streit um das Erbe 192

Kann ein Testament angefochten werden? 192
Streit mit den anderen Erben 197
Schutz des Nachlasses vor Verschwendung? 200

KAPITEL IX Wichtige Einzelpunkte 203

Tips und Tricks rund um die Lebensversicherung 203
Erbrechtlich geschickt – der Bausparvertrag! 210
Weniger Mühe für die Erben durch die richtigen Vollmachten 211
Die Sicherung von Betreuung und Pflege im Alter 214

KAPITEL X Vorsorge für die nichteheliche Lebensgemeinschaft 216

Was sollte man unbedingt regeln? 216
Die homosexuelle oder lesbische Lebensgemeinschaft 222

KAPITEL XI Das Erbrecht der ehemaligen DDR 224

Wann gilt noch DDR-Recht? 224
Achtung: Besonderheiten 225

KAPITEL XII **Das Ferienhaus in Spanien oder der Onkel aus Amerika: Erbrecht mit Auslandsberührung** 228

Erben und Auslandsrecht 228

Anhang I **Testamentsentwürfe** 231

Anhang II **Wichtige Adressen** 241

Stichwortverzeichnis 245

Erste Schritte für die Hinterbliebenen

Nach einem Todesfall müssen Sie als Angehöriger die Angelegenheiten des Verstorbenen ordnen. Nachfolgend die wichtigsten Dinge, bei denen Sie sich auskennen sollten oder an die Sie denken müssen:

Die Bestattung

Obwohl es in Deutschland Gesetze für die unwichtigsten Dinge gibt, findet sich nirgends eine rechtliche Grundlage für die *Bestattung*. Im Gesetz steht nur, daß die Erben die Kosten der Beisetzung zu tragen haben. Es wird jedoch allgemein davon ausgegangen, daß die Bestattung eine familienrechtliche Pflicht ist, die den nächsten Angehörigen obliegt.

Für die Art und Weise der Bestattung ist der Wille des Verstorbenen entscheidend. Dieser Wille muß nicht in einem Testament stehen. Es reicht, daß der Verstorbene diesen Willen irgendwie geäußert hat. Wurde ein solcher Wille nicht geäußert, dann entscheiden die nächsten Familienangehörigen. Das *Feuerbestattungsgesetz*, das trotz seines Namens auch auf die Erdbestattung angewandt wird, regelt, wer von den Angehörigen entscheiden darf. Häufig werden in Testamenten Sonderwünsche für die Bestattung geäußert. Die Phantasie von Erblassern in bezug auf ihre letzte Ruhe kennt offenbar keine Grenzen. Und manchmal gehen diese Wünsche bis hart an die Schwelle zur Exzentrik. Leider sind einige Extrawünsche wie beispielsweise die Beerdigung im eigenen Garten nicht erfüllbar, weil verboten. Erlaubt und beliebt ist das Verstreuen der Asche im Meer. Viele Bestattungsunternehmen haben das sogar im Angebot.

Für das Verstreuen der Asche aus dem Flugzeug brauchen Sie auf jeden Fall eine behördliche Genehmigung – die in Deutschland häufig nicht erteilt wird. Die Zuständigkeit können Sie bei der Gemeinde erfragen, über der die Asche verstreut werden soll. Wenden Sie sich dazu an die Stadtverwaltung.

Die Kosten der Beerdigung

Die *Bestattungskosten* müssen Sie als Erbe tragen. Auch auf die Gefahr hin, pietätlos zu wirken, möchte ich Ihnen noch eine Empfehlung geben: Es lohnt sich, nach den Preisen der *Bestattungsunternehmen* zu fragen, sich Preislisten geben zu lassen und die einzelnen Firmen zu vergleichen. Und es ist oft erheblich preiswerter, etwa das Besorgen der Blumen für die *Beerdigungsfeier* in die eigene Hand zu nehmen oder die *Traueranzeige* oder das Drucken von Karten selbst zu veranlassen.

Auch wenn fast alle Bestattungsunternehmen seriös sind, so könnten doch schwarze Schafe versuchen, durch überhöhte Rechnungen für Blumen und einfache Dienstleistungen ihren Umsatz zu erhöhen. Diese schwarzen Schafe könnten darauf hoffen, daß die Hinterbliebenen die Rechnungen ohne Protest bezahlen, weil sie durch andere Sorgen abgelenkt sind. Prüfen Sie die Rechnungen in jedem Fall auf Leistungen, die nicht vereinbart wurden. Solche Rechnungsposten brauchen Sie nicht zu bezahlen. Erkundigen Sie sich bei Freunden und Bekannten nach deren Erfahrungen und Empfehlungen.

Übrigens – mit der Rechnung des Leichenbestatters können Sie zur Bank des Verstorbenen gehen. Wenn das Konto des Verstorbenen noch gedeckt ist, wird die Bank die Rechnung aus dem Girokonto des Verstorbenen bezahlen.

Ein Kranz, der zu spät zur Beerdigung kommt (nachdem diese vorbei ist), muß nicht bezahlt werden – noch nicht einmal, wenn der Beerdigungsunternehmer nachweisen kann, daß er an der Verspätung keine Schuld trägt.

Allgemeine Tips und Anmerkungen

Nicht alle Rechnungen, die nach dem Tod, besonders nach Veröffentlichung der Todesanzeige, im Briefkasten landen, sollten ungeprüft bezahlt werden. Denn es gibt Betrüger, die die Todesanzeigen der Zeitungen studieren und die Anschriften der Verstorbenen durch das Telefonbuch herauszufinden versuchen. Dabei können sich gerade Rechnun-

gen, die auf Angehörige peinlich wirken – wie etwa die von Pornoversandhändlern – bei einer Prüfung als unberechtigt entpuppen.
Wichtige Urkunden sind der *Totenschein* und die *Sterbeurkunde:*

Der Totenschein

Der Totenschein wird vom Arzt ausgestellt, der den Tod feststellt. Es ist ein ärztliches Attest über die Todesursache. Den Totenschein braucht man, um eine Sterbeurkunde ausgestellt zu bekommen.

Die Sterbeurkunde

Die Sterbeurkunde ist eine der wichtigsten Sachen, die Sie nach dem Tod eines Angehörigen besorgen müssen. Sie ist eine sogenannte Personenstandsurkunde wie zum Beispiel die Geburtsurkunde auch. Sie erhalten sie gegen eine geringe Gebühr beim Standesamt.

Meistens reicht die Sterbeurkunde, um sich einen schnellen Zugang zu Versicherungen und Banken zu verschaffen. Die Sterbeurkunde wird meist von heute auf morgen ausgestellt, während Sie auf einen *Erbschein,* mit dem Sie das gleiche auch erreichen könnten, häufig längere Zeit warten müssen. Lassen Sie sich am besten gleich eine größere Anzahl der Sterbeurkunden ausfertigen. Meistens werden Sie etwa fünf Stück brauchen. So benötigen die meisten Lebens- und Rentenzusatzversicherungen, aber auch die gesetzlichen Krankenkassen ein Exemplar der Sterbeurkunde für ihre Akten.
Dringend nötig ist in jedem Fall eine Mitteilung an die Bank. Häufig haben die Banken zwar von einem Todesfall schon Kenntnis – dies aber nur inoffiziell. Denn bei vielen Banken hat es sich eingebürgert, daß die Angestellten morgens gezielt die Todesanzeigen der regionalen Zeitungen lesen. Wenn dann der Tod eines Kunden auffällt, wird bankintern ein *Sperrvermerk* eingetragen – das heißt, das Konto wird für Auszahlungen gesperrt. Diese Sperre richtet sich vor allem gegen unberechtigte Abbuchungen aufgrund von *Einziehungsermächtigungen.* Aber auch die Familienmitglieder können dann nicht mehr ohne weiteres über das Konto verfügen.

Die Bank ist dazu verpflichtet, eine Mitteilung über den Tod des Kunden an das *Finanzamt* weiterzugeben. Aus dem Fall, daß die Sperre des Kontos unterlassen wird und den Erben daraus ein Schaden entsteht, können die Erben keine Rechte gegen die Banken herleiten, denn es handelt sich dabei um eine zusätzliche Leistung, die die Banken Ihren Kunden nicht schulden.
Problem: Wie bekomme ich alle Banken heraus?
Lösung: Nach Kontoauszügen suchen!
Häufig sind auch auf den Auszügen der „Hausbank" Hinweise auf andere Banken zu finden, bei denen der Verstorbene Konten hatte. In den meisten Fällen werden sich Belege für Überweisungen, Ein- oder Auszahlungen finden. Wenn es eine Bank im Ausland gibt – vielleicht denken Sie dabei an das berühmte *Nummernkonto in der Schweiz* oder an *Depotkonten in Luxemburg* –, dann wurde dort häufig bar eingezahlt, und Sie finden in den Kontoauszügen keinerlei Hinweise außer den Belegen für umfangreiche Barauszahlungen. Sie müssen dann entweder die Kontonummer und den Namen der Bank unter den Papieren des Verstorbenen finden – oder Sie haben ganz einfach Pech gehabt. Es gibt gerade in der Schweiz viele Konten, die nach dem Tod eines Menschen „verlorengegangen" sind und große Vermögen aufweisen – die geheimen Schatzkammern der heutigen Zeit.
Außerdem müssen natürlich auch die *Versicherungen* des Verstorbenen benachrichtigt werden, vor allem diejenigen, die im Todesfall etwas auszahlen müssen. Als Beispiele seien hier genannt: *Lebensversicherungen, Unfallversicherungen, private* (Sozialversicherungszusatz-)*Versicherungen,* die *Sterbekasse* und natürlich die *gesetzlichen Krankenkassen.*

„Rechte" des Verstorbenen über den Tod hinaus

Ein Verstorbener verliert mit dem Tod alle Rechte und Pflichten. Deswegen kann man genaugenommen eigentlich nicht von Rechten der Verstorbenen sprechen. Allerdings können manche Rechte in ihrer

Wirkung den Tod überdauern. Dies wird aus dem Grundgesetz der Bundesrepublik (GG) gefolgert:

Art. 1 I GG: *Die Würde des Menschen ist unantastbar.*

Zu dem Begriff der Würde gehören alle Rechte, die zu Lebenszeiten des Menschen die *Persönlichkeitsrechte des Verstorbenen* ausmachen.

Was sind Persönlichkeitsrechte?

Dazu gehört die menschliche Handlungsfreiheit = das Recht, alles zu tun, solange man nicht die Rechte anderer verletzt oder gegen die verfassungsmäßige Ordnung oder das Sittengesetz (Art. 2 I GG) verstößt.
Das Bundesverfassungsgericht hat jedoch auch ein allgemeines Persönlichkeitsrecht geschaffen. Dieses Recht kann an den unterschiedlichsten Stellen Bedeutung erlangen. Es kann verletzt werden etwa durch die Benutzung des Fotos eines Menschen ohne dessen Erlaubnis zu Werbungszwecken, aber auch durch die Darstellung in Karikaturen, wenn diese die Grenzen der *Kunstfreiheit* überschreiten.

Der Staat ist verantwortlich dafür, daß die Persönlichkeitsrechte und insbesondere die Ehre und die Würde der Menschen auch nach ihrem Tode geschützt werden. Deshalb gibt es im Strafgesetzbuch (StGB) Vorschriften, die Verletzungen von Persönlichkeitsrechten verbieten. Bei bestimmten Verhaltensweisen macht man sich deshalb strafbar. Mit Strafe bedroht ist die „Verunglimpfung des Andenkens Verstorbener“ und die sogenannte „ehrverletzende Verfälschung eines Lebensbildes“, das heißt die Verleumdung nach dem Tod. Nicht nur ethische Grundsätze, sondern auch gesetzliche Vorschriften verbieten, nach dem Tod über jemanden schlecht zu reden, soweit das Gesagte nicht nachweislich der Wahrheit entspricht.
Problem: Wie können Sie sich als Angehöriger gegen die interessierte Presse wehren?
Ab und zu kann ein Todesfall Sie als Angehörigen auch noch in einer ganz besonderen Hinsicht treffen: Der Verstorbene war vielleicht prominent oder aus irgendeinem anderen Grund für die Presse interes-

sant. Und dann kann es passieren, daß die Reporter der „Revolverblätter" auch über Sie oder andere Angehörige herfallen. Dagegen können Sie sich allerdings wehren. Denn nach den Regeln des *Presserechts* kann in einem solchen Fall zivilrechtlich auf Unterlassung der Beeinträchtigungen oder auch auf Widerruf von ehrverletzenden Äußerungen geklagt werden. Unter Umständen können Sie als naher Angehöriger sogar *Schmerzensgeldansprüche* geltend machen. Wenn Sie allerdings Probleme mit der Presse haben, sollten Sie einen im Presserecht erfahrenen Rechtsanwalt aufsuchen. Wenden Sie sich an die nächstgelegene Rechtsanwaltskammer. Dort können Ihnen die Namen von Anwälten genannt werden, die auf diesem Rechtsgebiet Erfahrungen haben.

Ihr Einverständnis als Angehöriger zu Obduktion und Sektion

Ihr Einverständnis als Angehöriger ist nicht erforderlich, wenn es sich um eine vom Staatsanwalt angeordnete *Obduktion* handelt. Das bedeutet aber auch, daß Sie als Angehöriger gegen die staatsanwaltliche Obduktion fast nichts unternehmen können. In einem solchen Fall soll immer eine zweifelhafte Todesursache geklärt werden. Und dann ist ein entgegenstehender Wille der Angehörigen unerheblich.
Wenn es sich um eine *klinische (oder anatomische) Sektion* handelt, dann will das Krankenhaus durch die Leichenöffnung herausfinden, woran der Tote gestorben ist. Diese Sektionen dienen nicht zuletzt auch dem wissenschaftlichen Fortschritt. Die Sektion darf nur mit der Zustimmung des Verstorbenen oder der Angehörigen stattfinden. Und das bedeutet, daß Sie als Angehöriger etwas gegen die Sektion unternehmen können, wenn Sie diese nicht wünschen.
Ab und zu wird die Zustimmung der Angehörigen nicht mehr benötigt, weil eine solche Zustimmung bereits über das Kleingedruckte des Behandlungsvertrags zwischen Krankenhaus und Patient vereinbart worden ist. Das höchste deutsche Zivilgericht, der Bundesgerichtshof (BGH), hat im Jahr 1990 entschieden, daß eine solche vertragliche Vereinbarung wirksam ist. Zwar ist ein Patient bei der Einlieferung in

ein Krankenhaus fast immer von seiner Krankheit abgelenkt und hat daher kaum Gelegenheit, in die allgemeinen Geschäftsbedingungen der Krankenhäuser Einsicht zu nehmen – aber das haben die Richter des BGH bei ihrer Entscheidung mit beachtet. In ihrem Urteil stellten die Richter die Bedeutung der medizinischen Forschung über den Schutz des Toten und auch über die Interessen der Angehörigen an einem unversehrten Leichnam. Trotzdem kann auch in einem solchen Fall noch etwas getan werden – wenn Sie partout ausschließen wollen, daß Sie von dem behandelnden Krankenhaus seziert werden, dann müssen Sie diesen Willen rechtzeitig äußern oder dafür Sorge tragen, daß jemand diesen Willen unverzüglich nach Ihrem Tod an das Krankenhaus und die behandelnden Ärzte weitergibt. Nähmen die Ärzte dann trotzdem die Obduktion vor, dann machten sie sich der Störung der Totenruhe strafbar, was gemäß § 168 des StGB mit bis zu drei Jahren Gefängnis bestraft werden kann.

Das Einverständnis in die Organspende

Eine Organentnahme zum Zweck der Organspende darf nicht gegen den Willen des Verstorbenen durchgeführt werden. Wenn ein Wille nicht feststellbar ist, müssen die Familienangehörigen entscheiden. Allerdings sollte bei einer solchen Entscheidung immer beachtet werden, daß man selbst vielleicht auch einmal auf die Zustimmung zur Organspende eines anderen Menschen angewiesen sein kann.
Ärzte dürfen die Organe nur im Fall des sogenannten rechtfertigenden Notstandes (§ 34 StGB) ohne die Erlaubnis der Angehörigen entnehmen. Und ein Notstand ist nur unter sehr engen Voraussetzungen gegeben. Deshalb riskieren die Ärzte jedoch, sich strafbar zu machen, wenn kein Notstand vorliegt. Vor allem die ärztlichen Berufsorganisationen (Hartmannbund u. a.) fordern rechtliche Sicherheit durch ein *Transplantationsgesetz.* Ein solches ist seit Mitte der achtziger Jahre geplant – zum Zeitpunkt der Drucklegung dieses Buches ist dieses Gesetz zwar im Entwurf bekannt, aber noch nicht in Kraft getreten. Es gibt also für die Ärzte immer noch keine Rechtssicherheit.

Wenn Sie zu den Erben gehören, dann dürfen Sie keinen Moment lang vergessen, daß Sie von dem Zeitpunkt des Todes an nur eine *Sechswochenfrist* für die *Ausschlagung* haben, innerhalb deren Sie das ganze Erbe ausschlagen können. Es könnte ja sein, daß der Nachlaß völlig verschuldet ist, ohne daß Sie das gewußt haben. So etwas kommt manchmal sogar in den besten Familien vor. Und die Erben haften grundsätzlich für die Schulden des Erblassers. Deshalb müssen Sie als *vorläufiger* Erbe beim Regeln der Angelegenheiten des Verstorbenen immer auch Ihr eigenes Interesse im Auge haben und sich ein Bild von der Vermögenssituation des Verstorbenen machen, bevor Sie das Erbe nach Fristablauf nicht mehr loswerden können (siehe auch Seite 33 ff).

Die Checkliste ...

Im folgenden eine kurze Liste der wichtigsten Dinge, an die Sie beim Auflösen des Haushaltes unbedingt denken müssen:

1. Todesanzeige an die Zeitungen.
2. Organisation der Begräbnisfeierlichkeiten – viele Beerdigungsunternehmen bieten diesen Service mit an.
3. *Totenschein* sicher aufbewahren.
4. *Standesamt* im Bürgermeisteramt vom Todesfall informieren und beim Standesamt Sterbeurkunde besorgen.
5. Schriftliche Nachricht an alle *Versicherungen,* und Verträge kündigen. *Achtung:* Der *Schadenfreiheitsrabatt* der Pkw-Haftpflichtversicherung kann unter bestimmten Umständen vererbt und von den Erben übernommen werden (siehe Seite 30).
6. Schriftliche Nachricht an die *Bank(en),* und alle (!) Konten sperren lassen.

7. Kündigung des *Mietvertrages*: Wenn der Verstorbene in einer Mietwohnung wohnte, geht der Vertrag auf die Erben über. Wenn nicht innerhalb eines Monats (außerordentliche Kündigungsmöglichkeit) gekündigt wird, bleiben die Erben Mieter und müssen die Miete zahlen, auch wenn sie die Wohnung gar nicht nutzen wollen.

8. *Daueraufträge* und *Kontoeinzugsberechtigungen* bei der Bank kündigen. Außerdem sollten alle Vertragspartner des Verstorbenen, die per Dauerauftrag Geld bekamen oder eine Kontoeinzugsberechtigung hatten, informiert werden; dabei sollte auch der jeweilige Vertrag gekündigt werden. Wichtig ist: Sie müssen solche Dinge schriftlich machen und immer eine Kopie des Schreibens aufbewahren. Ärger kann es geben, wenn einzelne Vertragspartner des Verstorbenen vergessen werden. Das führt dann dazu, daß nach Auflösung des Kontos die Versuche, die Einziehung der Gelder zu betreiben, scheitern und dann empörte (Mahn-) Briefe im Briefkasten landen. Ein Tip: Gehen Sie systematisch die Kontoauszüge des letzten Jahres durch.

9. *Telefon* bei der Telekom abmelden (Funktelefon nicht vergessen).

10. Strom und Wasser kündigen und ablesen lassen.

11. Milch, Tageszeitung, Getränkelieferanten, Brötchen, das Abo für die Briefmarkensammlung und die Telefonkartensammlung usw. nicht vergessen und ebenfalls kündigen.

12. Kontakt zum *Nachlaßgericht* herstellen, damit für den Fall eines *hinterlegten Testaments* dieses eröffnet werden kann – in Baden-Württemberg werden die Aufgaben des Nachlaßgerichtes von den *Notaren* bzw. *Bezirksnotariaten* wahrgenommen.

13. Wenn Sie ein oder mehrere *Testamente* finden, müssen diese umgehend beim *Nachlaßgericht* abgeliefert werden. Dem Testament ist eine *Sterbeurkunde* beizufügen. – Mit der Abliefe-

rung des Testaments ist der Antrag auf *Testamentseröffnung* zu verbinden. Aber das wird Ihnen alles auch bei Gericht erklärt. Vorsicht: Bei Nichtablieferung eines Testaments macht man sich strafbar und unter Umständen schadenersatzpflichtig.

14. Beantragung des *Erbscheins*. Achtung: Ein Erbschein kostet Geld, und Sie sollten nur dann einen beantragen, wenn Sie auch wirklich einen brauchen und die standesamtlichen Sterbeurkunden nicht ausreichen – meist reicht ein notariell beurkundetes *öffentliches Testament*, so z. B. für das Grundbuchamt.

15. Das *Finanzamt* muß informiert werden, denn es muß geprüft werden, ob dem Staat eine Erbschaftssteuer zusteht.

16. *Haushaltsauflösung* – es gibt Firmen, die sich auf Haushaltsauflösungen spezialisiert haben – Sie finden Adressen in den Gelben Seiten unter „Haushaltsauflösungen“.

KAPITEL I Überblick über das Erbrecht

Das Erbrecht hat eine uralte Tradition. Denn schon immer hatten die Menschen ein Interesse daran, nach ihrem Tod noch ein bißchen Einfluß auf die Geschicke auf Erden zu behalten – und sei es auch nur, indem sie bestimmten, wer ihr Vermögen nach ihrem Tod erhalten sollte.

Was sollte man unbedingt über das Erbrecht wissen?

Wo ist das Erbrecht eigentlich geregelt?

Die Paragraphen, die das Erbrecht regeln, stehen im *Bürgerlichen Gesetzbuch* (BGB).

Wie gehen Sie mit dem BGB um?

Paragraphen beißen nicht. Damit Sie immer auch den richtigen Paragraphen finden, hier kurz ein Beispiel, wie zitiert wird. Wenn beispielsweise der

§ 1944 II 2 BGB

angeführt wird, dann bedeutet das:

1. Sie finden die Vorschrift im BGB ...

2. Dort in § 1944 der Absatz zwei. Die Zahl Zwei ist im Gesetzestext häufig nicht mit römischen Ziffern angegeben, sondern mit Klammern (2) gekennzeichnet. Dort heißt es dann § 1944 (2).

3. Und in dem Absatz zwei der Satz zwei. Im Gesetzestext steht vor dem Satz manchmal eine kleine und etwas hochgestellte Zwei, um diese Sätze noch zu numerieren.

Was ist das Bürgerliche Gesetzbuch?

Das BGB ist das Gesetz, in dem das deutsche *Privatrecht* geregelt wird.

Was bedeutet Privatrecht?

Im Privatrecht hat der Staat für die Beziehungen der Bürger untereinander Regeln aufgestellt – diese sind geprägt von unserer sozialen Marktwirtschaft und dem Rechtsstaat, in dem wir leben. Das typische Institut des Privatrechts ist der Vertrag.
Das Privatrecht sind die Regeln für die Rechtsbeziehungen zwischen Gleichberechtigten. Es gilt also für alle, die vom Gesetz die gleichen Rechte bekommen haben und die sich deshalb als Gleichberechtigte gegenüberstehen.
Anders ist das zum Beispiel im Bereich des *Strafrechts* – hier steht dem Bürger kein anderer gleichberechtigter Bürger, sondern der Staat als Übergeordneter gegenüber. Der Staat hat, vertreten durch den Richter, sogar eine Strafgewalt, die er auf den Bürger anwendet, wenn dieser die für ihn geltenden Verhaltensnormen – der Jurist meint damit die für alle geltenden Spielregeln – verletzt hat.
Im Bereich des *Öffentlichen Rechts* stellt der Staat Verwaltungsgerichte bereit, damit die Bürger die Maßnahmen der staatlichen Verwaltung überprüfen können. Dort stehen sich dann auch vor dem Richter der untergeordnete Bürger auf der einen und der Staat auf der anderen Seite gegenüber, wenn der Bürger gegen die Behörde klagt, die ihn möglicherweise in seinen Rechten verletzt hat.

Das BGB selbst ist in fünf Bücher unterteilt – das Erbrecht ist das letzte Buch.
Zu erwähnen ist, daß die Vorschriften des Erbrechts nicht die einzigen gesetzlichen Normen sind, die für die Beurteilung eines erbrechtlichen Sachverhalts herangezogen werden müssen. Unter anderem gibt es viele Überschneidungen von Erb- und Familienrecht.

Familienrecht

Das Familienrecht ist wie das Erbrecht ein Teil des BGB, genauer, das vierte Buch im BGB, und umfaßt die Vorschriften der §§ 1297–1921.
In diesen Vorschriften werden die rechtlichen Beziehungen der Mitglieder der Familie zueinander und zu Dritten geregelt. Vor allem die wesentlichen Teile des Eherechts, die elterliche Sorge, die Vormundschaft und das Unterhaltsrecht.

Überschneidungen von Erb- und Familienrecht gibt es zum Beispiel, wenn der Erblasser verheiratet war oder sich unter den Abkömmlingen ein nichteheliches Kind befindet. In diesen Fällen müssen dann auch familienrechtliche Vorschriften beachtet werden.
Nun im folgenden zu einigen Begriffen, die Sie kennen sollten.

Was bedeutet erben?

Leider hat die breite Bevölkerung eine falsche Vorstellung vom Erben. Häufig wird erben so verstanden, daß die Erben Gegenstände des Verstorbenen „in die Hand" bekommen und von diesem Zeitpunkt an Eigentümer sind. Aber erben bedeutet viel mehr. Es bedeutet, daß der oder die Erben *rechtlich an die Stelle des Erblassers treten.* Der Jurist sagt dazu, die Erben werden die Träger von Rechten und Pflichten des Erblassers (siehe Seite 26).

Wer kann vererben?

Jeder Mensch – auch ein kleines Kind – vererbt, wenn er stirbt. Voraussetzung dafür, daß in unserer bürokratisierten Welt jemand als tot angesehen wird, ist der *Totenschein.* Den Totenschein stellt der Arzt aus, der den Toten untersucht und dann den Tod amtlich feststellt. Was geschieht jedoch, wenn jemand verschwindet und es keine Leiche gibt? Dann gibt es die Möglichkeit der *Todeserklärung von Verschollenen.*

Todeserklärung von Verschollenen

Im *Verschollenheitsgesetz* von 1951 sind die einzelnen denkbaren Fälle geregelt, in denen ein Mensch für tot erklärt werden kann, obwohl weder eine Leiche noch die genaue Todesursache nachweisbar sind.
Dabei sind Zeiträume von sechs Monaten bis zu zehn Jahren für die einzelnen Lebensumstände vorgesehen, in denen der Kontakt zu den Verschollenen verlorenging. Diese im einzelnen darzustellen, würde hier zu weit führen. Nur soviel: Wenn jemand einfach verschwindet und mindestens 25 Jahre alt ist, dann kann er frühestens nach zehn Jahren für tot erklärt werden. Wenn jemand bei einer Fahrt auf hoher See, insbesondere nach dem Untergang eines Schiffes, verschollen ist, kann er bereits sechs Monate nach diesem Ereignis für tot erklärt werden.

Eine andere Frage ist, wer ein Testament machen kann und was dabei beachtet werden muß (siehe Seite 70 ff und 85 f).

Wer kann erben?

Diese Frage wird im Gesetz unter dem Stichwort der *Erbfähigkeit* in § 1923 BGB beantwortet. Und diese Antwort ist ein typisches Beispiel für die Logik des BGB. Bekanntlich handelt es sich bei der juristischen Logik ja um eine solche, die für den Menschen auf der Straße häufig nicht besonders viel Sinn macht. Allerdings entwickelt auch so mancher Jurastudent für diese Logik erst nach einigen Jahren ein bißchen Verständnis. Damit Sie einen kleinen Eindruck von dieser Logik gewinnen und auch die Antwort auf die Frage nach der Erbfähigkeit kennenlernen (und weil diese Vorschrift so schön ist), sind an dieser Stelle die entsprechenden Paragraphen einmal vollständig angegeben:

§ 1923 BGB: **[Erbfähigkeit]** *(1) Erbe kann nur werden, wer zur Zeit des Erbfalls lebt.*
(2) Wer zur Zeit des Erbfalls noch nicht lebte, aber bereits erzeugt war, gilt als vor dem Erbfalle geboren.

Diese Sätze muß man sich auf der Zunge zergehen lassen. Erben können also nicht Haustiere, Zierfische und Waldis, und seien diese auch noch so herzig. In der Regel können nur Menschen erben. Und ein Mensch kann nur dann erben, wenn er schon gezeugt war. Jetzt stellt sich also die Frage:

Zu welchem Zeitpunkt gilt man als gezeugt?

Für die Bestimmung dieses Zeitpunkts hat das BGB wieder eine unwiderstehliche Definition parat:

§ 1592 BGB: **[Empfängniszeit]** *(1) Als Empfängniszeit gilt die Zeit von dem einhunderteinundachtzigsten bis zu dem dreihundertundzweiten Tage vor dem Tage der Geburt des Kindes, mit Einschluß sowohl des einhunderteinundachtzigsten als des dreihundertundzweiten Tages.*

Falls Sie genau wissen wollen, wann Sie nach dem Gesetz als gezeugt gelten, dann müssen Sie einfach mal nachrechnen.
Aus dem Zeitpunkt der Empfängnis ergeben sich auch familienrechtliche Konsequenzen – zum Beispiel ergibt sich die *Ehelichkeit des Kindes* aus der Empfängniszeit.
Was jetzt zu beantworten wäre, ist die Frage, ob das Erbe auch anders als nur an Menschen verteilt werden kann. In Frage könnten da ja alle möglichen Einrichtungen kommen: der Skatklub, der Schachverein, eine politische Partei usw. Diese Frage bedeutet im Juristendeutsch:

Können auch juristische Personen erben?

Da das BGB die juristischen Personen nicht als gesetzliche Erben vorsieht, können die juristischen Personen nur erben, wenn es ein wirksames Testament oder einen wirksamen Erbvertrag gibt.
Grundsätzlich können juristische Personen erben. Der Skatklub jedoch ist ein nicht rechtsfähiger Verein und kann deshalb selbst nicht erben.

Was geschieht eigentlich, wenn ein *nicht rechtsfähiger Verein* trotzdem im Testament als Erbe eingesetzt wird? Wenn in einer Verfügung von Todes wegen (also Testament oder Erbvertrag) jemand zum Beispiel seinen Skatklub als Erben einsetzt, dann wird das regelmäßig – da der Skatklub nicht erbfähig ist – als Erbeinsetzung der Mitglieder des Skatklubs ausgelegt werden. Das bedeutet, daß den Nachlaß in diesem Beispiel nicht der Skatklub bekommt, sondern die einzelnen Mitglieder zu gleichen Teilen.
Nicht rechtsfähige Vereine sind zum Beispiel politische Parteien und die Gewerkschaften, die Heilsarmee, Studentenverbindungen oder Ordensniederlassungen.

Was ist eine juristische Person?

Eine juristische Person hat im Vergleich zur natürlichen Person die Besonderheit, eben nicht ein lebendiger Mensch zu sein. Das Gesetz, die juristische Literatur und die Rechtsprechung billigen manchen Vereinigungen gewisse eigene Rechte zu.
Eine juristische Person hat eine eigene Rechtsfähigkeit und kann in eigenem Namen vor Gericht als Partei auftreten – sie besitzt also auch Parteifähigkeit. Eine juristische Person muß immer von einem Menschen vertreten werden. Bei der juristischen Person der *Gesellschaft mit beschränkter Haftung (GmbH)* ist das der *Geschäftsführer*. Juristische Personen sind z. B. auch der *rechtsfähige Verein, Aktiengesellschaften (AG), Genossenschaften* und *Kommanditgesellschaften auf Aktien (KGA)*.

In den Fußstapfen des Verstorbenen – die Erben als Rechtsnachfolger

Es geht in diesem Kapitel um die Frage, was man sich unter dem Erben eigentlich vorzustellen hat.
Ganz am Anfang eine kleine Quizfrage: Wo liegt der Fehler bei diesem Testament?

> Mein Testament:
>
> Mein Enkel Hans bekommt das Auto, meine Enkelin bekommt das Fahrrad, mein Nachbar bekommt das Segelboot und meine beste Freundin Amalie bekommt das goldene Armband.
>
> Baden-Baden, den 20.06.94 Amanda Musterfrau

Für dieses Quiz brauchen Sie noch ein paar Informationen: Amanda hat noch einen Sohn mit Namen Fridolin, und sie will eigentlich vermeiden, daß Fridolin, ein ihrer Meinung nach nichtsnutziger Student, etwas von ihrem Vermögen bekommt.

Nach Amandas Tod geht Fridolin zum *Nachlaßgericht* und beantragt einen *Erbschein.* Die arme Amanda würde sich vermutlich im Grab drehen, wenn sie noch mitbekäme, was jetzt geschieht. Denn Amanda hatte vielleicht ein etwas schwaches Gedächtnis und bei der Testamentserrichtung zum Beispiel ein Grundstück oder andere wesentliche Vermögensgegenstände vergessen. In diesem Fall kann eine höchst mißliche Situation herauskommen. Denn dann wird Fridolin Erbe und bekommt zum Beispiel das Grundstück oder andere wertvolle Gegenstände. Und die Menschen, denen Amanda eigentlich ihr Vermögen zukommen lassen wollte, bekommen nur die geringen Werte, die Amanda aufgezählt hat. Was uns jetzt interessiert, ist die Frage: Was hätte Amanda besser machen sollen?

Dazu muß erst einmal geklärt werden, worin der Fehler von Amandas Testament besteht. Eigentlich ist das ganz einfach. Es hat damit zu tun, daß viele Laien sich die Situation des Vererbens häufig so vorstellen, daß die einzelnen Vermögensgegenstände, die den Nachlaß bilden, Stück für Stück an die Erben übergeben werden und diese erst in diesem Moment rechtlich dafür zuständig werden. Und nach dieser laienhaften Vorstellung ist zum Beispiel ein Testament dazu da, genau aufzulisten, welche Gegenstände an welche Person gelangen sollen.

Hier müßte auch Amanda umdenken. Denn das Erben funktioniert anders: Tatsächlich ist es so, daß der Erbe in dem Moment des Todes des Erblassers rechtlich dessen Position einnimmt. Fast alle Rechte – also auch zum Beispiel das Eigentumsrecht – gehen zum Zeitpunkt des Erbfalls auf den Erben über. Es hätte also völlig genügt, wenn Amanda in unserem Beispiel nur die Erben bezeichnet hätte. Darüber hinaus hätte sie noch die Möglichkeit gehabt, in ihrem Testament auch noch einzelne Vermögensgegenstände an Menschen zu verteilen, die nicht Erben werden sollen (siehe Seite 94).

Dieses Prinzip, daß fast alle Rechte auf den oder die Erben mit dem Erbfall übergehen, d. h. die *Gesamtrechtsnachfolge*, ist in § 1922 BGB geregelt:

§ 1922 BGB ***[Gesamtrechtsnachfolge]*** *(1) Mit dem Tode einer Person (Erblasser) geht deren Vermögen (Erbschaft) als Ganzes auf eine oder mehrere andere Personen (Erben) über.*

Das Prinzip der Gesamtrechtsnachfolge bedeutet, daß die Erben an die Stelle des Erblassers treten und dessen Rolle im rechtlichen Leben weiterspielen müssen. Sie werden Eigentümer des Vermögens des Erblassers, sie müssen Rechnungen bezahlen und Verträge erfüllen und sind auch für den Nachlaß verantwortlich. Sie haften zum Beispiel, wenn von einem Grundstück des Erblassers Gefahren für die Allgemeinheit ausgehen. Also wenn ein Baum auf dem geerbten Grundstück im Sturm umfällt und das Nachbarhaus beschädigt, müssen die Erben die Schäden genauso ersetzen, wie wenn aus der Fabrik im Familienbesitz giftige Stoffe austreten und die Umwelt verpesten. Der Nachlaß ist keinen Moment „herrenlos", sondern „gehört" immer jemandem – deswegen ist auch immer jemand dafür verantwortlich.

In § 1922 BGB steht, daß „die Rechte" mit dem Todesfall auf eine oder mehrere Personen übergehen. Zu diesen Rechten, die bei der Nachfolge übernommen werden, gehören allerdings – obwohl dies nicht ausdrücklich im Gesetz steht – genauso die Pflichten. Und das bedeutet – und das kann hier gar nicht früh genug gesagt werden –, daß auch zum Beispiel die Schulden vererbt werden.

Die vererbbaren Rechte

Zu diesen Rechten gehört fast das gesamte Vermögen eines Menschen – alle Gegenstände, die im Eigentum des Erblassers stehen. Dazu gehören aber auch alle sonstigen Rechte, die in irgendeiner Form „Vermögenswert" besitzen. Also z. B. die Forderung gegen die Bank nach dem Guthaben des Bankkontos, das Eigentum am verliehenen Rasenmäher und daher auch der Anspruch auf Rückgabe, der Anspruch auf die Urlaubsreise aus dem Vertrag mit dem Reisebüro, der Schadenersatzanspruch gegen den Verursacher eines Verkehrsunfalls und noch vieles mehr.

Welche Rechte sind nicht vererblich?

Fast alle vermögensbezogenen Rechte sind vererblich. Zu den *unvererblichen Rechten* gehören die persönlichkeitsbezogenen Rechte. Als Faustregel kann gelten, daß fast alle Rechte vererbbar sind – nur einige Rechte, die nicht übertragbar sind, können auch nicht vererbt werden. Ein wichtiges Beispiel für nichtvererbliche Rechte ist das *Recht des Nießbrauches* (§ 1059 BGB) – das Nießbrauchsrecht gewährt einem Menschen die Möglichkeit, zum Beispiel ein Grundstück oder eine Wohnung zu nutzen, ohne daß diese ihm gehören. Auch die Mitgliedschaft im Kegelklub gehört zu den nichtvererblichen Rechten.
Urheberrechte sind Rechte an einem Geisteswerk des Urhebers und damit eigentlich persönlichkeitsbezogen. Da sie aber auch einen Vermögenswert darstellen, werden sie als vererblich angesehen und gehen deshalb auf die Erben über.
Nach Meinung des Gesetzgebers gehört auch die Mitgliedschaft in einer Offenen Handelsgesellschaft (OHG) zu den unvererblichen Rechten, obwohl man eigentlich vermuten könnte, daß dieses Recht doch sehr vermögensbezogen ist. Aber es wird angenommen, daß das Persönliche bei diesem Recht überwiegt (siehe auch Seite 149).

Zu den vererblichen Rechten gehören auch die Rechte aus dem Mietvertrag des Erblassers – egal, ob der Erblasser Vermieter oder Mieter war.

Der Erblasser war Vermieter

Der Erblasser besaß eine Wohnung, die er vermietet hatte. Kann jetzt der Erbe die Mieter auf die Straße setzen? Nein, das BGB schützt die Mieter: Das Mietverhältnis wird erst einmal fortgesetzt. Die Erben und Vermieter können nach den allgemeinen Grundsätzen des Mietrechts kündigen (§ 569 I BGB). Gegen den Willen der Mieter ist eine Kündigung durch den Vermieter fast immer schwierig.

Der Erblasser war Mieter

Wenn der Erblasser Mieter war, dann können die Erben, die mit dem Erbfall auch Mieter werden, innerhalb eines Monats nach dem Erbfall die Wohnung fristlos kündigen. Wenn die Erben diese Frist nicht nutzen, dann behalten sie die Wohnung erst einmal und können nur noch mit den im allgemeinen Mietrecht geltenden Fristen kündigen.

Ein für viele interessantes Problem: *Kann ein Kfz-Versicherungs-Schadenfreiheitsrabatt* geerbt bzw. vererbt werden?
Die leider nicht ganz eindeutige Antwort lautet: „Im Prinzip nein." Eine Ausnahme gilt dann, wenn der Erbe das Kfz des Verstorbenen zu Lebzeiten des Verstorbenen zumindest mitbenutzt hat. Gegenüber der Versicherung muß das zusammen mit der Bitte der Übertragung des Schadenfreiheitsrabatts geltend gemacht werden. Allerdings kann auch mit der Autohaftpflichtversicherung vertraglich etwas anderes vereinbart worden sein – dazu müssen Sie unbedingt das Kleingedruckte des Kfz-Versicherungsvertrags genau lesen.
Zu den Rechten des Erben gehört auch die Befugnis, den *Besitz an dem Erbe* notfalls auch mit Gewalt zu verteidigen.
Für das Erbrecht gilt ein bißchen etwas anderes: Der Besitz geht sofort mit dem Tode des Erblassers auf den Erben über (§ 857 BGB). Der Erbe ist also rechtlich schon dann Besitzer, wenn er vielleicht von den einzelnen Nachlaßgegenständen noch gar nichts weiß.
Wenn der Erblasser Eigentümer eines Grundstücks war, dann geht das Eigentum sofort mit dem Tod auf den oder die Erben über. Als Erbe

Besitz und Eigentum

Häufig werden Besitz und Eigentum mit der gleichen Bedeutung benutzt. Der Jurist sieht aber einen großen Unterschied: Dem Eigentümer gehört die Sache, er hat also zum Beispiel das Recht, die Sache auch an jemand anderen zu veräußern. Wenn jemand Besitzer einer Sache ist, dann hat er diese zum Beispiel einfach nur in seiner Hand – der Jurist sagt, daß er damit die Verfügungsgewalt über die Sache hat. Er darf aber die Sache nicht an jemand anderen verkaufen, wenn er nicht gleichzeitig auch Eigentümer ist. Zum Verständnis ein kleines Beispiel: Max ist der Eigentümer eines Fußballs. Der Ball liegt bei Max im Zimmer, Max ist also auch Besitzer. Da Max sich den Fuß verstaucht hat, kann er momentan nicht Fußball spielen, und so verleiht er den Fußball an seinen Freund Egon. Sobald Max dem Egon den Ball in die Hand gibt und Egon das Haus verläßt, verliert Max den Besitz an dem Ball, und Egon wird der Besitzer. Aber Max bleibt trotzdem der Eigentümer des Balls.

werden Sie also sofort mit dem Erbfall Eigentümer, obwohl Sie nicht im *Grundbuch* stehen. Sie können in diesem Fall zum *Grundbuchamt* gehen und sich dort als Eigentümer im Grundbuch eintragen lassen. Dazu müssen Sie entweder einen *Erbschein* oder ein *notariell beurkundetes Testament,* in dem Sie als *Alleinerbe* ausgewiesen sind, mitbringen.

Achtung: Sie müssen sich mit diesen Formalitäten ein bißchen beeilen, da nur innerhalb der ersten zwei Jahre die *Umschreibung im Grundbuch* gebührenfrei ist.

Erben, die nicht allein, sondern mit anderen zusammen erben, werden im Prinzip zusammen Eigentümer und Mitbesitzer und können ihren Mitbesitz wie ein alleiniger Besitzer gegen Unberechtigte verteidigen (siehe Seite 125 ff).

Was sind die Pflichten?

Zu den Pflichten gehören die sogenannten Nachlaßverbindlichkeiten. Das Erbe wird nicht nur unter den Erben verteilt, sondern vorher auch

dazu benutzt, die Nachlaßverbindlichkeiten (siehe auch Seite 131) zu bezahlen.
Hier sei schon einmal gesagt, daß dazu die *Schulden des Erblassers* zum Beispiel bei einer Bank genauso gehören wie Schadenersatzforderungen gegen ihn. Unterhaltsverpflichtungen des Erblassers gegenüber Dritten gehören nicht dazu. Eine Ausnahme macht das Gesetz nur für *Unterhaltsansprüche von Ehegatten,* die nicht Erben wurden. Auch geschiedene Ehegatten haben einen Unterhaltsanspruch. Nach § 1586b BGB gehören diese Unterhaltsansprüche des geschiedenen Ehegatten zu den *Nachlaßverbindlichkeiten.* Das heißt, daß die Erben die Unterhaltspflichten des Verstorbenen gegenüber dem geschiedenen Ehepartner „vererbt" bekommen und weiter tragen müssen, bis die Voraussetzungen für diesen Unterhaltsanspruch entfallen.
Interessant sind auch die Fälle, wenn man seine eigenen Schulden erbt:

Geerbte Forderungen gegen sich selbst

Wenn jemand Schulden gegenüber dem Erblasser hatte und diese Schulden als einziger erbt, dann verliert er diese Schulden.
Die Juristen sagen zu diesem Vorgang, bei dem Gläubiger und Schuldner einer Forderung in einer Person vereinigt werden, *Konfusion.*
Bei Grundstücksrechten, also bei z. B. einer *Hypothek* oder einer *Grundschuld,* nennt man den gleichen Vorgang *Konsolidation.* Allerdings fallen die das Grundstück belastenden Rechte regelmäßig nicht weg, sondern stehen dann zur Rangwahrung dem Erben zu. Das ist aber nur dann für Sie wichtig, wenn das Grundstück z. B. mit einer Grundschuld oder einer Hypothek belastet war.
Nachdem Sie diese Belastungen durch Bezahlung der Schulden abgelöst haben, steht Ihnen als Eigentümer des Grundstücks dieses Recht zu, und Sie können es einem anderen Gläubiger als Sicherheit anbieten, ohne daß dieser sich bei den Belastungen des Grundstücks in der Reihenfolge der Gläubiger „hinten anstellen" muß. Dieses Rechtsgebiet ist sehr kompliziert – Sie sollten sich bei Problemen unbedingt an einen Rechtsanwalt wenden.

Wann sollte man das Erbe besser ausschlagen?

Nicht jeder Erbe ist glücklich über die Tatsache, daß er etwas erben soll. Häufig will sich ein Erbe sogar gegen die Erbschaft wehren. Zumeist liegt der Grund darin, daß der Nachlaß überschuldet ist und der Erbe die Schulden nicht erben möchte.

Überschuldung

Meistens kann nur der Steuerberater des Erblassers nach genauester Prüfung, und sofern er von seiner Schweigepflicht zuvor entbunden wurde, sagen, ob sich eine Erbschaft für den Erben lohnt. Und die Befragung des Steuerberaters lohnt sich in den meisten Fällen.

Die Methode, sich einer Erbschaft zu entledigen, nennt man Ausschlagung. Aber auch die eigene Verschuldung kann Ursache für die Ausschlagung des Erbes sein.

Ausschlagung bei hoffnungsloser eigener Überschuldung

Wenn jemand erbt, der schon vorher selbst so stark verschuldet ist, daß er sein Leben lang von den Schulden nicht wieder herunterkommen wird, und er Nachkommen hat, dann könnte er erwägen, das Erbe auszuschlagen. Denn dann könnten seine Abkömmlinge erben, die in diesem Fall von dem Nachlaß auch wirklich etwas hätten.
Allerdings Vorsicht: Dieser Tip kann auch ins Auge gehen. Denn der Erbteil gehört nach der Ausschlagung ganz allein dem Abkömmling, und auch Eltern können sich strafbar machen, wenn sie ihren Kindern etwas wegnehmen ...
In diesem Zusammenhang ist es vielleicht auch noch interessant zu wissen, daß das Nachlaßgericht dem Vormundschaftsgericht Mitteilung machen muß, wenn ein Kind mehr als DM 10.000,– von Todes wegen erwirbt (Mitteilungspflicht, § 74a FGG). Den Eltern wird in einem solchen Fall also amtlich auf die Finger geschaut.

Die Ausschlagung

Unabhängig davon, ob der Erbe allein oder mit anderen Personen zusammen als Erbe berufen ist, ist er in den ersten sechs Wochen nach dem Erbfall erst einmal nur *vorläufiger Erbe.*

Was ist ein vorläufiger Erbe?

Bis zur Annahme oder Ausschlagung ist der Erbberechtigte vorläufiger Erbe. Als solcher genießt er besonderen Schutz. Zum Beispiel sind Zwangsvollstreckungsmaßnahmen wegen Nachlaßverbindlichkeiten nur in den Nachlaß und noch nicht in das Eigenvermögen des vorläufigen Erben möglich. Gleichzeitig ist auch die Zwangsvollstreckung wegen Schulden des vorläufigen Erben in den Nachlaß nicht möglich.
Ein vorläufiger Erbe hat noch die Möglichkeit, das Erbe und damit alle Rechte und auch Pflichten (also zum Beispiel auch die Schulden des Erblassers) wieder loszuwerden. Dazu muß er das Erbe ausschlagen.

Was bedeutet die Ausschlagung des Erbes?

Wenn Sie die Ausschlagung des Erbes erklären, dann stehen Sie rechtlich so, als wären Sie niemals Erbe geworden. Sie werden nicht Träger von Rechten und Pflichten des Erblassers, haben also mit dem Erbe nichts mehr zu tun.
Wenn Sie Ihr Erbe ausschlagen, dann geht die Erbfolge an die nächste Person über, die Erbe geworden wäre, so als wenn Sie zum Zeitpunkt des Erbfalls nicht mehr gelebt hätten (siehe Seite 44 ff). Sie dürfen das Erbe nur innerhalb der Ausschlagungsfrist ausschlagen.

Die Ausschlagungsfrist beachten!

Das Erbe kann frühestens nach dem Todesfall ausgeschlagen werden. Mit dem Todestag und der Kenntnis von der Erbschaft beginnt eine Frist von sechs Wochen. Nach dieser Frist ist eine Ausschlagung nicht mehr möglich. Allerdings beginnt die Frist erst dann zu laufen, wenn der Erbe Kenntnis von dem Tod des Erblassers (§ 1944 II 1 BGB) und davon, daß er Erbe geworden ist, erhält.
Wenn der Erbe durch *Verfügung von Todes* wegen (also durch *Testament* oder *Erbvertrag*) berufen wurde, beginnt die Frist nicht vor der Verkündung der Berufung (§ 1944 II 2 BGB). Die Verkündung der Berufung ist die Eröffnung des Testaments durch das *Nachlaßgericht.*

Wie kann eine Erbschaft ausgeschlagen werden?

Es gibt zwei Möglichkeiten: Die Ausschlagung durch mündliche Erklärung, d. h. persönliches Erscheinen, gegenüber dem Nachlaßgericht (§§ 1944 ff BGB).

Das Nachlaßgericht

Das Nachlaßgericht ist das Amtsgericht am Wohnort des Erblassers. In Baden-Württemberg werden die Aufgaben des Nachlaßgerichts von den *Bezirksnotariaten* wahrgenommen.

Oder die Ausschlagung in öffentlich beglaubigter Form – das bedetet mit Hilfe eines Notars.

Was für Aufgaben hat der Notar?

Die bekannteste und im Zusammenhang mit dem Erbrecht wichtigste Tätigkeit ist die Beratungs- und Beurkundungstätigkeit im Bereich der Erstellung von Testamenten und Erbverträgen. Immer wenn im Gesetz also die *Form der notariellen Beurkundung* gefordert wird, muß ein Notar aufgesucht werden. In Baden-Württemberg sind die Aufgaben der Nachlaßgerichte den Bezirksnotariaten übertragen. Das bedeutet, daß Sie in Erbschaftsangelegenheiten immer zu diesen Notaren gehen müssen.

Was kostet der Notar?

Für seine Tätigkeiten bekommt der Notar Gebühren. Diese richten sich nach dem Gegenstandswert der Sache. Dies ist geregelt in der Kostenordnung (KO). Für die Beurkundung eines Testaments oder auch die Ausstellung eines *Erbscheins* ist eine volle Gebühr zu bezahlen.
Für einen *Erbvertrag* oder ein *gemeinschaftliches Testament* sind zwei volle Gebühren zu bezahlen. Eine Ausschlagung kostet nur eine viertel Gebühr.
Bei einem Wert des Nachlasses bis DM 10.000,– beträgt eine volle Gebühr DM 80,–. Bei einem Wert des Nachlasses bis DM 100.000,– beträgt die Gebühr DM 260,–. Bei einem Wert des Nachlasses bis DM 1.000.000,– beträgt die Gebühr DM 1.610,–. Zu den Gebühren kommen noch eine Pauschale für die Auslagen (vor allem Schreibkosten und Porto) sowie die Mehrwertsteuer hinzu.

Weil die vor dem Notar geschlossenen Verträge für die Betroffenen häufig mit sehr großen finanziellen Folgen verbunden sind, hier noch ein paar Hinweise für den Besuch beim Notar.

- Der Notar ist ein unparteiischer Berater – Sie sollten daher unbedingt auch dieses Beratungsangebot nutzen. Die Kosten des Notars orientieren sich nicht an der Anzahl der Beratungsgespräche. Informieren Sie sich über die Kosten bereits bei der Vereinbarung des ersten Beratungsgesprächs.
- Lassen Sie sich ruhig auch einen Vertragsentwurf mit nach Hause geben, damit Sie sich in Ruhe überlegen können, wo Sie noch Fragen haben und was Sie gerne ändern möchten.
- Beim Beurkundungstermin wird der Notar den Vertrag in Anwesenheit aller Beteiligten verlesen. Sie dürfen auch jetzt noch jederzeit unterbrechen und Fragen stellen. Bevor nicht die letzte Unterschrift und das Siegel des Notars auf der Vertragsurkunde stehen, ist der Vertrag noch nicht bindend.
- Wenn Sie das Gefühl haben, daß der Notar sich nicht genug Zeit nimmt für Sie, dann haben Sie auch die Möglichkeit, den Notar zu wechseln.

Für die Ausschlagung genüget also weder ein einfacher Brief an das Nachlaßgericht noch ein Telefonanruf. Wenn Sie also nicht in der Nähe des zuständigen Nachlaßgerichts (am Wohnort des Erblassers) leben, dann müssen Sie die Ausschlagung beim nächsten Notar erklären, der diese Erklärung dann beurkunden und an das zuständige Nachlaßgericht weitergeben wird. Achten Sie unbedingt auf die exakte Einhaltung der Formvorschriften, ansonsten können Sie der Erbschaft nicht entrinnen.

Eine Ausschlagung ist immer ohne jede Angabe von Gründen möglich.

Achtung: Sie müssen an die eigenen Kinder denken!

Nach der Ausschlagung würden die eigenen Kinder Erben werden, wenn sie nicht ausdrücklich vom Erblasser enterbt worden sind. Wenn die Erbschaft also überschuldet ist, dann müssen für die minderjährigen Kinder die Eltern (Erziehungsberechtigten) gemeinsam auch das Erbe für die Kinder ausschlagen (§ 1643 II BGB).

Die Ausschlagung darf nicht auf einen Teil des Erbes beschränkt werden. Die Ausschlagung ist also grundsätzlich nur für das gesamte Erbe möglich.

Ausschlagung ist nicht mehr möglich nach Annahme

Die Ausschlagung ist nicht mehr möglich, wenn die Erbschaft angenommen worden ist. Das gilt auch, wenn die *Sechswochenfrist* noch nicht abgelaufen ist. Die Annahme der Erbschaft muß niemandem gegenüber ausdrücklich erklärt werden, und es bedarf dazu auch keiner besonderen Form. Es genügt, daß aus dem Verhalten des Erben sein Wille ersichtlich ist, daß er die Erbschaft annimmt. Dazu gehört etwa der Verkauf von Nachlaßgegenständen. Denn durch ein solches Verhalten kommt zum Ausdruck, daß der Erbe die Erbschaft so behandelt, als ob sie ihm gehört.

Allerdings darf man beispielsweise eine Apfelernte an die Mosterei liefern, damit diese nicht verfault. Oder auch das Telefon im Haushalt des Erblassers abmelden.
Denn dies sind Handlungen, die nur Schaden von dem Nachlaß abwenden sollen und die als Fürsorgehandlungen noch keinen Annahmewillen erkennen lassen.
Wenn alle Erben ausschlagen, dann kommt der Staat an die Reihe (siehe hierzu auch Seite 40).

Die Anfechtung der Ausschlagung

Wenn Sie Erbe sind, kann die Sechswochenfrist der Ausschlagung für Sie schlaflose Nächte bedeuten: Das Fristende rückt näher, und Sie müssen sich entscheiden, ob Sie nun erben oder doch lieber ausschlagen wollen. Wenn Sie diese Situation bedrohlich finden, kann ich Sie vielleicht etwas beruhigen. Die Erklärung der Ausschlagung ist nicht in jedem Fall eine Einbahnstraße. Es gibt die Möglichkeit, eine Ausschlagungserklärung, die aufgrund eines Irrtums erklärt wurde, wieder aus der Welt zu schaffen. Denn die Ausschlagung ist anfechtbar. Allerdings brauchen Sie einen Grund, um die Ausschlagungserklärung anfechten zu können. Anfechtungsgründe können zum Beispiel Motivirrtümer sein. Ein *Motivirrtum* liegt dann vor, wenn Sie bei der Entscheidung für die Ausschlagung fälschlich von einem bestimmten Umstand ausgegangen sind und bei Kenntnis der Wahrheit nicht ausgeschlagen hätten. So können Sie beispielsweise von zu hohen Schulden des Erblassers ausgegangen sein. Vielleicht haben Sie auch nur von einem Nummernkonto in der Schweiz oder dem Schatz im Garten nichts gewußt?

Der Erbverzicht

Sie sind Erblasser, und Sie möchten einen zukünftigen Erben ein für allemal vom Erben abhalten? Dann haben Sie die Möglichkeit, mit diesem Menschen einen *Erbverzicht* zu vereinbaren. Ein Erbverzicht

ist eine vertragliche Verabredung zwischen Erblasser und gesetzlichem Erben zu Lebzeiten des Erblassers (§§ 2346 ff BGB). Durch einen solchen *Verzichtsvertrag* verliert ein Erbe seine Rechte so vollständig, als hätte er sie nie gehabt.
Zuerst sollten Sie aber klären, ob der Person, mit der Sie einen Verzichtsvertrag abschließen wollen, ein Pflichtteilsanspruch zusteht (siehe Seite 102 ff). Denn nicht jeder gesetzliche Erbe hat auch einen Anspruch auf einen Pflichtteil. Wenn eine Person zwar erb-, aber nicht pflichtteilsberechtigt ist, dann können Sie sie einfach enterben, und die Sache ist für diesen Erben gelaufen. Erst wenn diese Person pflichtteilsberechtigt ist, dann müssen Sie aktiv werden.
Ein Erbverzichtsvertrag ist vielleicht auch dann für Sie geeignet, wenn Sie ein großes Grundstück oder einen Betrieb zusammenhalten wollen und dazu einzelne Erben vorzeitig abfinden müssen. Denn andernfalls müßte nach dem Erbfall im Wege der *Teilungsversteigerung* eventuell das Grundstück versilbert werden, und das ist nur selten ohne Wertverlust möglich und liegt fast nie im Interesse des Erblassers, der es gut mit seinen Erben meint.
Früher gab es dieses Problem häufig auf dem Land. Heute ist es nicht mehr nötig, solche Erbverzichtsregelungen für landwirtschaftliche Betriebe durchzuführen, da es in den Bundesländern eine Reihe von *Anerbengesetzen* gibt, die den Übergang des Hofes immer auf eine Person (den Anerben) regeln. Und damit ist die Gefahr der Teilung gebannt.
Ein Fall für einen Erbverzichtsvertrag ist auch dann denkbar, wenn ein Erbberechtigter den anderen Erben nicht bekannt werden soll – eine Situation, die auch heute noch häufig bei *nichtehelichen Kindern* vorliegt. Denn das nichteheliche Kind läßt sich natürlich nur dann geheimhalten, wenn es nach dem Tod des Erblassers seinen Erb- oder Erbersatzanspruch nicht geltend zu machen braucht.
Für den Verzichtsvertrag ist die Form der *notariellen Beurkundung* zwingend vorgeschrieben (§ 2348 BGB). Wird die Form verletzt, dann ist der Vertrag nichtig. Üblicherweise verpflichtet sich der Erblasser in einem solchen Vertrag als Gegenleistung zur Zahlung eines Geldbe-

trages, der der Höhe nach meist so hoch ist wie ein Pflichtteilsanspruch, der aber sofort und nicht erst beim Erbfall ausgezahlt wird.

Die Wirkung des Erbverzichts für Abkömmlinge

Der Erbverzicht wirkt auch für die Abkömmlinge des Verzichtenden, wenn das nicht ausdrücklich ausgeschlossen wird (§ 2349 BGB). Das heißt, auch diese sind nach dem Tod des Verzichtenden von der Erbfolge ausgeschlossen und können keine Erb- oder Pflichtteilsansprüche gegen den Nachlaß geltend machen.

Die Erhöhung des Erbteils bei Wegfall eines gesetzlichen Erben

Wie eben dargestellt, kann durch Ausschlagung, durch Verzicht, aber auch durch den Tod ein Erbe ausscheiden. Wenn an seine Stelle nicht andere treten – weil z. B. keine Kinder oder sonstigen Erben vorhanden sind –, dann ist zu fragen, was mit dem Erbteil dieses Erben geschieht. Die Antwort ist: die Erhöhung des Erbteils des bzw. der anderen Erben. § 1935 BGB behandelt die Fälle, bei denen Erbteile größer werden, weil ein gesetzlicher Erbe wegfällt. Mögliche Gründe für den Wegfall sind, daß dieser Erbe stirbt oder das Erbe ausschlägt. In § 1935 BGB wird das Wort „besonderer Erbteil" benutzt.

Besonderer Erbteil im Sinne von § 1935 BGB

Im Ergebnis heißt das, daß dieser Erbteil für sich betrachtet wird – er kann getrennt von anderen ausgeschlagen werden und ist getrennt von anderen möglicherweise mit Vermächtnissen oder Auflagen belastet.

Das Erbrecht des Staates

Wenn sich kein Erbe findet oder alle Erben wegen der *Überschuldung des Nachlasses* ausgeschlagen haben, dann ist der Staat gesetzlicher

Erbe (§ 1936 BGB). Der Staat erbt als „Privatperson", das heißt als die *juristische Person* „Fiskus". Der Staat ist *„Zwangserbe"* und kann nicht enterbt werden (§ 1938 BGB). Und der Staat kann die auf ihn fallende Erbschaft nur dann ausschlagen (§ 1942 II BGB), wenn er testamentarisch neben anderen als Erbe eingesetzt wurde. Grund für diese Regelungen ist, daß das Erbe nicht herrenlos werden soll, sondern jemand die Abwicklung des Nachlasses durchführen lassen muß. Und das geschieht dann durch die Organe des Staates.
Damit der Staat nicht wehrlos den Schulden des Erblassers ausgeliefert ist, müssen die Interessen des Staates auch gewahrt werden (§§ 1966, 2011 BGB und § 780 II der Zivilprozeßordnung = ZPO). Das Gesetz räumt dem Staat im Hinblick auf dessen Zwangssituation das *Recht der beschränkten Erbenhaftung* ein (siehe Seite 130 ff). Das bedeutet: Der Staat haftet auch für Schulden nur mit dem Nachlaß. Ist dieser erschöpft, dann haftet er nicht mehr.

Kann ein Erbe sein Erbrecht verkaufen?

Grundsätzlich ist zu Lebzeiten des Erblassers ein *Verkauf des Erbrechts* rechtlich ausgeschlossen und nicht möglich. Ein solcher Vertrag wäre ganz einfach unwirksam.
Dies ist schon deswegen sinnvoll, weil es dieses Recht ja noch gar nicht gibt und es auch ungewiß ist, ob es dieses Recht jemals geben wird. Denn ein Erbe kann ja sein Erbrecht vor dem Erbfall immer noch verlieren, wenn er durch Testament oder Erbvertrag enterbt wird. Auch der *Verkauf des Pflichtteilsrechts* zu Lebzeiten ist nicht wirksam. Denn ein Pflichtteilsrecht kann in einzelnen Fällen – wenn dies auch schwierig ist – entzogen werden.
Nach dem Erbfall kann aber ein Erbe grundsätzlich über seinen Nachlaß verfügen. Im folgenden wird unterschieden, ob der Alleinerbe seine Erbschaft verkauft oder ob ein Miterbe seinen Erbteil verkauft. Dies muß unterschieden werden, weil der Alleinerbe mehr Rechte hat als ein Miterbe.

Der Erbschaftsverkauf des Alleinerben

Nach dem Tod des Erblassers kann der Alleinerbe sein ganzes Erbrecht verkaufen. Dies ist ein sehr weitgehender Schritt, weil der Erbe mit diesem Vertrag auf alle Rechte aus der Erbschaft verzichtet. Damit der Erbe noch eine Gelegenheit zur Überlegung hat und er auch noch die rechtliche Beratung durch den Notar nutzen kann, ist für diesen Erbschaftsverkauf die Form des notariell beurkundeten Vertrags vorgeschrieben (§ 2371 BGB).
Einzelne Gegenstände können ohne notarielle Beurkundung verkauft werden. Ausgenommen sind davon allerdings Grundstücke, die ja ohne einen notariell beurkundeten Vertrag nicht übertragen werden können.

Der Erbteilsverkauf des Miterben

Wenn Sie nicht allein, sondern noch andere Personen erben, dann dürfen Sie auf keinen Fall vor der Auseinandersetzung einzelne Gegenstände aus dem Nachlaß verkaufen. Sie machen sich andernfalls unter Umständen sogar strafbar (siehe Seite 125 ff).
Sie können als Miterbe allerdings Ihren Erbteil verkaufen. Den *Erbteilskaufvertrag* müssen Sie notariell beurkunden lassen (§ 2033 I 2 BGB). Sonst ist der Vertrag nicht wirksam. Die anderen Mitglieder der Miterbengemeinschaft haben jedoch dabei ein *Vorkaufsrecht* (§ 2034 I BGB). Das bedeutet, daß diese Miterben die Möglichkeit haben, bei einem Verkauf des Erbteils dieses Vorkaufsrecht geltend zu machen, zumal sie vorher auch gefragt werden müssen. Dann können die Miterben dieses Erbteil zu dem gleichen Preis kaufen, und der Dritte geht leer aus. Der Sinn dieser Regelung ist, daß Miterben verhindern können, daß Teile des Nachlasses in fremde Hände gelangen, wenn die Miterben finanziell in der Lage sind, das Vorkaufsrecht auch auszuüben.
Allerdings kann ein solches Eindringen von Außenstehenden dann nicht ausgeschlossen werden, wenn der Erbteil zum Beispiel ver-

schenkt oder verpfändet wird. Wenn ein Erblasser ein großes Interesse daran hat, daß „alles in der Familie bleibt", könnte sich eine testamentarische Auflage anbieten, in der das Erbrecht für die Erben davon abhängig gemacht wird, daß es nicht weitergegeben wird. Dann ist zumindest der Fall des Verschenkens ausgeschlossen.
Das gleiche Ziel verfolgt die berühmte *Wiederverheiratungsklausel*, die in so manches gemeinschaftliche Ehegattentestament aufgenommen wird, um das Geld in der Familie zu halten, wenn nach dem Tod eines Ehepartners der Überlebende irgendwann wieder heiratet. Die Wiederverheiratungsklausel bestimmt für solche Fälle, daß der *Erbteil des Ehepartners* dann an die Kinder fällt (siehe Seite 239). Ein Beispiel für ein solches Testament mit einer Wiederverheiratungsklausel finden Sie ganz hinten im Anhang I „Testamentsentwürfe".

KAPITEL II Die Erbfolge nach dem Gesetz

Wer wird Erbe, und wieviel bekommt er?

In diesem Kapitel erfahren Sie, was passiert, wenn ein unverheirateter Mensch stirbt und kein Testament und auch keinen Erbvertrag hinterläßt.
Wie Sie daraus schon entnehmen können, ändert sich die Erbfolge, wenn der Erblasser verheiratet war – denn auch der Ehepartner erbt (siehe Seite 55 ff).

Die Erben

Im BGB gilt der Grundsatz: Die Verwandten sollen die Erben werden. Aber nicht alle Verwandten erben gemeinsam. Das Gesetz trifft eine Auswahl, indem es die vorhandenen Verwandten in Gruppen einteilt. Das BGB nennt diese Gruppen *Ordnungen.*
In die *erste Ordnung* gehören die Kinder des Verstorbenen, in die *zweite Ordnung* gehören die Eltern, in die *dritte Ordnung* gehören die Großeltern usw. Schematisch kann die Rangfolge der Ordnungen mit ihren jeweiligen Personenkreisen wie folgt dargestellt werden (siehe nächste Seite):
Die Rangfolge der Ordnungen bestimmt auch immer den jeweiligen Erbenkreis. Die Kinder des Erblassers (aus der ersten Ordnung) schließen also die Eltern des Erblassers (aus der zweiten Ordnung) aus.
Wenn jemand, der eigentlich erben würde, vor dem Erbfall verstorben ist, dann fällt sein Erbteil an seine Kinder. Und wenn auch diese nicht mehr am Leben sind, dann ist die Reihe an deren Kindern. Erst dann, wenn eine Ordnung nicht vertreten ist oder wenn diese höhere Ordnung nach einer *Ausschlagung* nicht erbt, können die Menschen aus der nächstniedrigeren Ordnung erben.

Die Rangfolge der Ordnungen auf einen Blick:

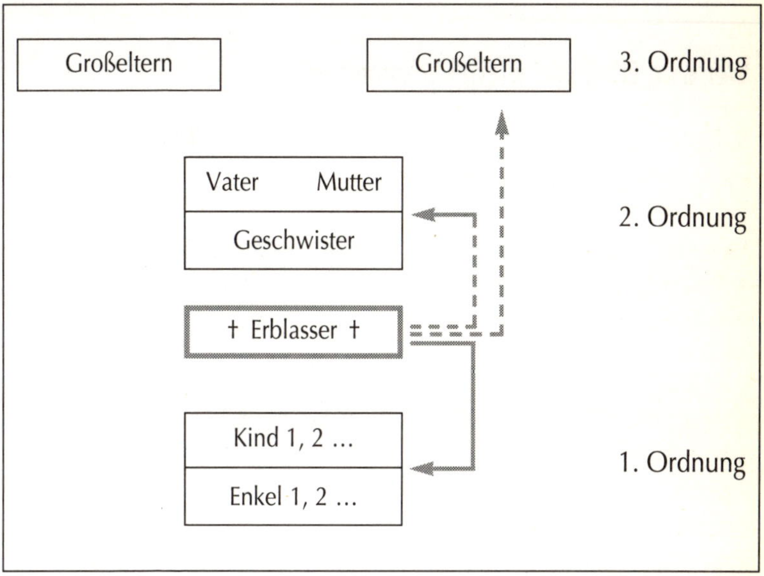

Die Ordnungen

Zur obersten und ersten Ordnung gehören die Abkömmlinge des Erblassers.

Wer sind die Abkömmlinge eines Menschen?

Die Abkömmlinge sind die Kinder und Kindeskinder (also die Enkel) und deren Kinder.
Immer gilt aber das *Repräsentationsprinzip*. Das bedeutet, daß, wenn die Kinder noch leben, die Kindeskinder nicht erben, sondern durch ihre Eltern vom Erbe ausgeschlossen sind.

Die Erbfolge der Kinder auf einen Blick:

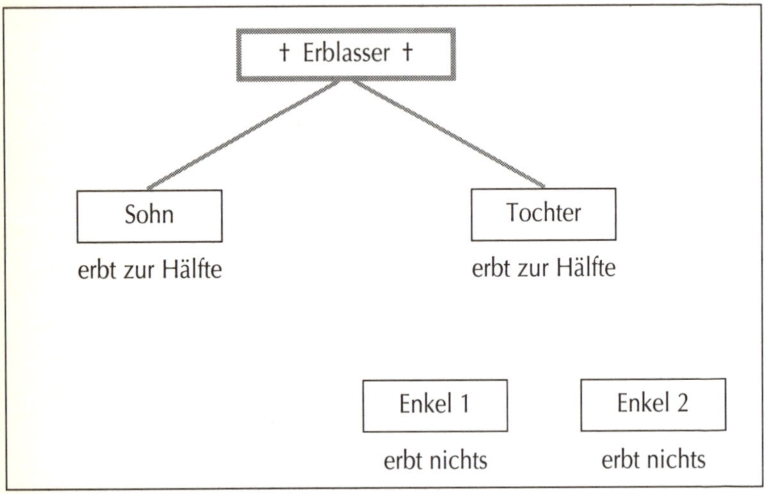

Ein Kind des Erblassers muß sein Erbe nicht mit seinem eigenen Kind teilen. Es gibt also auch unter den Mitgliedern der gleichen Ordnung eine Reihenfolge. Denn jedes Kind schließt seine eigenen Kinder vom Erben aus. Man sagt dazu auch: „Es repräsentiert die Linie." Wenn Sie als Erblasser nicht wollen, daß nur Ihre Kinder erben, sondern vielleicht auch Ihren Enkeln etwas zukommen lassen möchten, dann müssen Sie aktiv werden (siehe Seite 69 ff).

Was gilt für adoptierte Kinder?

Die *Adoption* wird vom Gesetz als *„Annahme als Kind"* (§§ 1741 ff BGB) bezeichnet. Wenn *minderjährige Kinder* adoptiert werden, verlieren sie ihre rechtliche Verwandtschaft mit ihren leiblichen Eltern und werden verwandt mit den annehmenden. Sie werden also deren Erben der ersten Ordnung. Dabei ist zu beachten, daß die Kinder mit der Verwandtschaft mit den leiblichen Eltern auch alle anderen Rechte und Pflichten ihnen gegenüber verlieren. Das bedeutet aus erbrechtlicher Sicht, daß das adoptierte Kind als Erbe seiner leiblichen Eltern ausscheidet.

Anders ist das bei *volljährigen Kindern.* Diese werden im Verhältnis zu den Annehmenden auch eheliche Kinder und auch erbberechtigt. Aber im Verhältnis zu den anderen Verwandten ändert sich nichts. Der volljährig Adoptierte bleibt also mit seinen leiblichen Eltern verwandt und ihnen gegenüber auch erbberechtigt. Vielleicht wird Sie das überraschen, aber es geschieht relativ häufig, daß Volljährige adoptiert werden. Und das hat auch steuerliche Gründe! Wenn Sie mit dem Vererbenden nicht verwandt sind, dann gehören Sie in die ungünstigste Steuerklasse und müssen beispielsweise für DM 100.000,– 40 Prozent Erbschaftssteuer zahlen (siehe Seite 157 und 165).

Das Erbrecht der Eltern aus der zweiten Ordnung

Hatte der Erblasser keine Abkömmlinge, dann sind seine Eltern – also die Mitglieder der zweiten Ordnung – erbberechtigt. Die zweite Ordnung umfaßt die Eltern des Erblassers und deren Angehörige (§ 1925 I BGB). Dazu gehören dann z. B. die Brüder und Schwestern der Eltern des Erblassers und deren Kinder, Kindeskinder usw.. Aber auch hier gilt wieder die Rangfolge. Das heißt, die Geschwister des Erblassers gehen leer aus, wenn die Eltern des Erblassers noch leben.

Die Erbfolge der Eltern auf einen Blick:

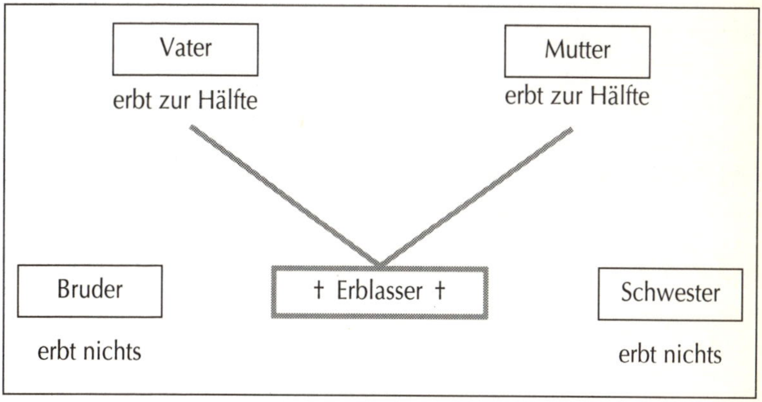

In diesem Fall hat der Erblasser keine eigenen Kinder. Deshalb kann die zweite Ordnung (die Eltern) erben. Da Vater und Mutter in der zweiten Ordnung nebeneinanderstehen, erben sie zu gleichen Teilen. Wenn nur noch ein Elternteil lebt, dann erbt dieser zur Hälfte, und der andere Teil fällt an die Abkömmlinge des verstorbenen Elternteils, also an die Geschwister des Erblassers.

Das Großelternerbrecht aus der dritten Ordnung

In der dritten Ordnung stehen die Großeltern des Erblassers und deren Abkömmlinge.

Die Erbfolge der Großeltern auf einen Blick:

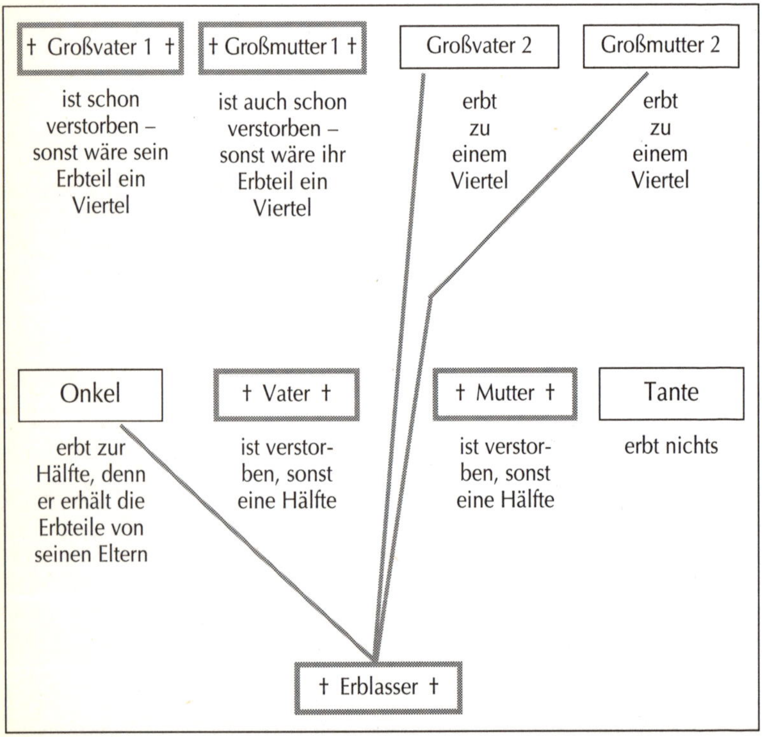

1. Schritt: Der Erblasser hat keine Kinder. Dann tritt das Elternerbrecht ein. Die Eltern erben.
2. Schritt: Die Eltern des Erblassers leben aber nicht mehr, und es gibt keine weiteren Abkömmlinge der Eltern. Dann tritt das Großelternerbrecht ein. Die Großeltern erben.
3. Schritt: Die Großeltern 2 (mütterlicherseits) leben noch. Deshalb erben sie auch selbst. Ihr Anteil ist zusammen genauso groß wie der der Mutter, wenn diese noch gelebt hätte (also die Hälfte des gesamten Erbes), denn von der Mutter des Erblassers übernehmen sie den Erbteil. Das heißt: Jeder übernimmt die Hälfte des Erbteils der Mutter und bekommt ein Viertel.
4. Schritt: Die Großeltern 1 (väterlicherseits) leben nicht mehr. Daraus folgt, daß das Erbe an die nächsten Mitglieder der Ordnung der Großeltern weitergelangt. Zu der dritten Ordnung gehören die Kinder der Großeltern. In diesem Fall gibt es einen Onkel. Der Onkel erhält den Anteil, den der Vater geerbt hätte, nämlich die Hälfte des gesamten Erbteils.

Im Zusammenhang mit dem Großelternerbrecht gibt es da noch etwas nachzureichen: Die *Mehrfacherbschaft* (§ 1927 BGB). Nach deutschem Erbrecht kann es geschehen, daß ein Erbe gleichzeitig mehrmals erbt. Dies passiert dann, wenn Cousin und Cousine geheiratet haben. Das gemeinsame Kind von Cousin und Cousine kann dann bei bestimmten Konstellationen sowohl im mütterlichen als auch im väterlichen Stamm erben. Doch diese Mehrfacherbschaft kommt nicht allzu häufig vor.

Gibt es noch weitere Ordnungen?

Es gibt noch unendlich viele weitere Ordnungen. Und die können durchaus auch aus erbrechtlicher Sicht interessant werden, wenn es in einer Familie über Generationen sehr wenig Nachwuchs gibt und die-

ser dann stirbt, ohne selbst Kinder in die Welt gesetzt zu haben. Dann kann es schon einmal passieren, daß Sie durch den Tod des unbekannten „Verwandten aus Amerika" plötzlich reich werden. Aber die Wahrscheinlichkeit ist doch sehr gering, da fast immer an einer Verästelung des Stammbaums noch Verwandte vorhanden sind, die vor Ihnen stehen und Sie von der Erbfolge ausschließen.
Eine Erbfolge kann übrigens auch daran scheitern, daß das Nachlaßgericht die Erben nicht mehr ausfindig machen kann. Tritt tatsächlich einmal der Fall ein, daß niemand aufzufinden ist oder alle das Erbe ausschlagen (siehe Seite 40), erbt der Staat.

Was bekommt das nichteheliche Kind?

Zuerst einmal ist ein häufiges Mißverständnis aufzuklären: Natürlich erbt das nichteheliche Kind von seiner Mutter als ganz normaler Erbe, auch wenn es noch andere Kinder der Mutter gibt, die ehelich geboren worden sind. Neben dieser Selbstverständlichkeit gibt es aber noch eine wesentlich spannendere Frage: Was bekommt das nichteheliche Kind von seinem Vater?
Über Jahrhunderte war das nicht unter dem Dache einer rechtsgültigen Ehe geborene Kind ein von vielen diskriminiertes und bedauernswertes Geschöpf. In Deutschland trat erst am 1.7.1970 das Gesetz über die Stellung der nichtehelichen Kinder in Kraft. Und erst seit diesem Zeitpunkt war das nichteheliche Kind auch mit seinem Vater verwandt. An dieser Stelle haben sich wirklich die schlimmsten patriarchalischen Strukturen sehr lange gehalten.
Zurück zum nichtehelichen Kind: Durch die fehlende Verwandtschaft mit dem Vater hatte das nichteheliche Kind bis 1970 keinerlei erbrechtliche Ansprüche auf den Nachlaß seines Vaters. Erst seit dem 1.7.1970 ist das nichteheliche Kind durch die Verwandtschaft mit seinem Vater erbberechtigt und hat eine deutliche Verbesserung seiner wirtschaftlichen Absicherung erfahren. Allerdings muß auch gesagt werden, daß das nichteheliche Kind immer noch erheblich benach-

teiligt wird. So hat es zum Beispiel bei der Geltendmachung von *Unterhaltsansprüchen* nur zwei Instanzen vor Gericht, um diese Ansprüche durchzusetzen. Das bedeutet, daß nach der Berufung vor dem Landgericht seine Klagemöglichkeiten erschöpft sind. Das eheliche Kind hat im Vergleich dazu drei Instanzen. Es hat die Möglichkeit, auf dem Klageweg bis vor das höchste deutsche Zivilgericht, den Bundesgerichtshof (BGH), zu gehen.

Achtung: Es ist eine Gesetzesänderung geplant, durch die das nichteheliche Kind in vollem Umfang gleichberechtigt werden soll. Zum Zeitpunkt der Drucklegung dieses Buches waren diese Planungen aber noch nicht abgeschlossen. Dennoch muß hier im folgenden die alte Rechtslage noch ausführlich dargestellt werden. Denn einerseits mahlen die Mühlen des Gesetzgebers langsam, und es kann noch eine ganze Weile dauern, bis diese Planungen auch geltendes Recht werden. Und andererseits wird diese Gesetzesänderung nicht für alle nichtehelichen Kinder gelten. So werden voraussichtlich alle nichtehelichen Kinder, die vor dem 1. Juli 1949 geboren sind, weiterhin nach altem Recht behandelt werden. Die Gründe dafür liegen nach Argumentation des Bundesjustizministeriums in der Rechtssicherheit und im Vertrauensschutz. Denn nach Ansicht des Justizministeriums könnten die Väter dieser Kinder nicht
„nach über 40 Jahren unversehens mit Pflichtteilsansprüchen konfrontiert werden, die sie bei ihren vermögens- und erbrechtlichen Dispositionen nicht berücksichtigt“ hätten.

Wir müssen uns also leider auch weiterhin mit den erbrechtlichen Folgen der Nichtehelichkeit von Kindern beschäftigen.

Die Nichtehelichkeit eines Kindes

In der Bundesrepublik werden immer mehr Kinder nichtehelich geboren. Waren es im Jahre 1970 noch knapp 5 Prozent aller geborenen Kinder, so wuchs diese Zahl auf über 10 Prozent im Jahr 1990 in den alten Bundesländern. Im Bereich der neuen Bundesländer stieg diese Zahl im gleichen Zeitraum von 13 auf über 33 Prozent.

Wann wird ein Kind als nichteheliches Kind geboren? Gesetzlich wird davon ausgegangen, daß ein Kind, das nach der Eheschließung geboren wurde, dann ehelich ist, wenn „die Frau es vor oder während der Ehe empfangen und der Mann innerhalb der Empfängniszeit der Frau beigewohnt hat ..." (§ 1591 I 1 BGB).
Ein Kind kann vom Vater als ehelich anerkannt werden, wenn die oben genannten Voraussetzungen nicht vorliegen und die gesetzliche Vermutung der Ehelichkeit nicht gilt. Fragen Sie dazu ruhig einmal den für Sie zuständigen Standesbeamten.

Die *Vermutung der Ehelichkeit* soll dann nicht gelten, wenn der Vater die Ehelichkeit vor seinem Tod angefochten hat.

Die Anfechtung der Ehelichkeit eines Kindes

Bei der Anfechtung der Ehelichkeit eines Kindes ist es wichtig, daß eine Frist von zwei Jahren eingehalten wird. Diese Frist beginnt zu laufen, sobald der Mann von den Umständen Kenntnis erhält, die für die Nichtehelichkeit des Kindes sprechen. Nach Ablauf dieser Frist kann die Ehelichkeit nicht mehr angefochten werden.

Nichtehelich ist ein Kind auch, wenn es in einer sogenannten Nichtehe geboren wurde.

Was ist eine Nichtehe?

Eine Nichtehe oder auch „Scheinehe" liegt dann vor, wenn bei der Eheschließung Formvorschriften verletzt worden sind oder der Ehe z. B. das Verbot der Doppelehe entgegenstand.
Nichtehelichkeit liegt ferner dann vor, wenn die Ehelichkeit des Kindes vom „Vater" wirksam angefochten worden ist, nicht aber bei Kindern aus nichtigen oder geschiedenen Ehen.

Heute gehört das nichteheliche Kind zu den Abkömmlingen des Erblassers und ist somit ein Mitglied der ersten Erben-Ordnung, wie die ehelichen Kinder des Erblassers auch. Allerdings hat der Gesetzgeber einen Unterschied zu den ehelichen Kindern gemacht, indem er dem nichtehelichen Kind neben ehelichen Kindern und dem Ehepartner keinen Erbanspruch gegeben hat, sondern nur einen *Erbersatzanspruch* (§ 1934a BGB) zu derselben Quote.

Der Erbersatzanspruch beschränkt das nichteheliche Kind auf einen Geldanspruch. Dieser ist so viel wert wie sein Erbteil, wenn das Kind ehelich wäre. Das nichteheliche Kind bekommt also Geld und nicht einen Teil des Erbes. Es wird deshalb nicht Miteigentümer der Nachlaßgegenstände des Erblassers.

Nur wenn es keine ehelichen Kinder und keinen Ehepartner, sondern nur andere Verwandte gibt, dann wird das nichteheliche Kind Erbe (§ 1934a I BGB). Existieren aber eheliche Kinder und/oder eine Witwe des Erblassers, dann bilden diese gemeinsam eine *Erbengemeinschaft* und entscheiden zusammen, was mit dem Nachlaß zu geschehen hat. Auf diese Entscheidungen hat das nichteheliche Kind dann keinen Einfluß.

Bei der Erfindung des Erbersatzanspruchs ist der Gesetzgeber von der Vermutung ausgegangen, daß die Gefahr von Unfrieden unter den Angehörigen größer wird, wenn ein nichtehelich geborenes und damit oft auch familienfremdes Kind zu der Miterbengemeinschaft gehören würde.

Ob diese Vermutung heute noch zutrifft, ist fraglich, da der Gesetzgeber 1970 noch von den Wertvorstellungen der 50er und 60er Jahre ausgegangen ist. Auf die geplanten Gesetzesänderungen bin ich schon weiter oben eingegangen.

Das nichteheliche Kind kann auch Erbe werden, wenn der Vater bei seinem Tod weder einen Ehepartner noch eheliche Kinder hinterläßt. Dann erben nicht etwa die Eltern des Verstorbenen, sondern das nichteheliche Kind wird *Alleinerbe*. Es hat also keinen Erbersatzanspruch, sondern wird Eigentümer des gesamten Nachlasses. Wenn ein Erblasser dies nicht möchte, bleibt ihm folgender Weg: Damit das nichteheliche Kind seine erbähnliche Position verliert, muß es enterbt werden (§ 2338a BGB). Dem nichtehelichen Kind bleibt dann nur ein *Pflichtteilsanspruch*.

Was bekommt der Abkömmling des nichtehelichen Kindes?

Da das nichteheliche Kind mit dem Vater verwandt ist, gehört es zusammen mit seinen eigenen Abkömmlingen in die erste Ordnung. Stirbt also das nichteheliche Kind, fällt der Erbersatzanspruch an seine eigenen Kinder oder Kindeskinder. Obwohl die Abkömmlinge erben, nennt sich der Anspruch gegen den Nachlaß allerdings ebenfalls Erbersatzanspruch (§ 1934a BGB).

Was bekommt der Vater eines nichtehelichen Kindes?

Auch dem Vater eines nichtehelichen Kindes steht bei dessen Tod ein Erbersatzanspruch zu, wenn sein Kind keine Abkömmlinge hat. Es gelten also die erbrechtlichen Grundsätze weiter, wonach die Eltern die Kinder beerben, wenn diese keine Nachkommen haben (§ 1934a II BGB).

Der Anspruch auf vorzeitigen Erbausgleich

Das nichteheliche Kind kann von seinem Vater zu Lebzeiten zwischen seinem 21. und seinem 27. Lebensjahr einen vorzeitigen Ausgleich in Geld verlangen (§ 1934d I BGB). Diese Abgeltung hat den Sinn, daß das nichteheliche Kind, das nach der Vorstellung des Gesetzgebers von 1970 ja fast nie mit seinem Vater in einem Haushalt wohnt, genau wie die ehelichen Kinder schon zu Lebzeiten des Vaters eine Unterstützung erfahren soll.

Die Höhe eines solchen Anspruchs beläuft sich auf das Dreifache des Unterhalts, den der Vater im Durchschnitt der letzten fünf Jahre, in denen das Kind voll unterhaltsbedürftig war, zu leisten hatte.

In Ausnahmefällen ist auf „das Angemessene" auszugleichen. Und das ist bei schlechten wirtschaftlichen Verhältnissen des Vaters weniger als dieser gesetzlich bestimmte Betrag.

Der Anspruch gegen den Vater richtet sich jedoch höchstens auf das Zwölffache des Unterhalts (§ 1934e II BGB). Über einen solchen vorzeitigen Ausgleich muß ein notariell beurkundeter Vertrag aufgesetzt werden. Wenn dies geschehen ist oder über den Anspruch gerichtlich entschieden wurde, erlöschen das gesetzliche Erbrecht, der Erbersatzanspruch und der Pflichtteilsanspruch (§ 1934e BGB).

KAPITEL III Was bekommt der Ehepartner?

Das Erbe des Ehepartners

Ehepartner sind nach deutschem Recht nicht miteinander verwandt (vgl. § 1589 BGB). Trotzdem gesteht das Gesetz den Ehepartnern ein Erbrecht zu. Und dadurch gehören die Ehepartner zu den gesetzlichen Erben. Das Gesetz fordert eine bestehende Ehe als Voraussetzung für das *Ehepartnererbrecht. Verlobte* erben deshalb nicht.
Das Erbrecht des Ehepartners hat mit dem Güterstand zu tun, der für die Ehe galt.

Was bedeutet Güterstand?

Der Güterstand bezeichnet das eheliche Güterrecht. Das heißt, der Güterstand hat Einfluß sowohl auf die vermögensrechtlichen Beziehungen der Ehepartner untereinander als auch gegenüber Dritten. Kurz gesagt, er bezeichnet, wem in der Ehe etwas gehört und wer darüber verfügen darf.

Früher ging das BGB von dem Güterstand der „Verwaltung und Nutznießung" des Vermögens beider Eheleute durch den Ehemann aus. Das bedeutete zwar nicht, daß die Ehefrau durch die Heirat das Eigentum an den Gütern verlor, die sie in die Ehe einbrachte, sondern „nur", daß sie in der Verwaltung ihres Vermögens und bei Verfügungen erheblich eingeschränkt war. In diesen Zeiten brauchte die Ehefrau zum Beispiel bei der Eröffnung eines Bankkontos die Erlaubnis ihres Gatten! Erst am 1. April 1953 wurde der damalige Art. 117 des Grundgesetzes, der das Güterrecht so regelte, außer Kraft gesetzt. In Bevölkerung und Parlament war es endlich mehrheitsfähig geworden, daß diese Regelung massiv gegen die im Grundgesetz als Grundrecht verkündete Gleichberechtigung verstieß. Was also die Mütter der deutschen Verfassung gegen den Widerstand vieler Männer durchgesetzt hatten, brauchte nach dem Inkrafttreten des Grundgesetzes (23.5.1949) noch einmal fast ein halbes Jahrzehnt, bis der Gesetzgeber auch im Zivilrecht die Konsequenzen zog. Heute ist das BGB und daher auch die Regelung der Rechte der Frau bei weitem fortschrittlicher und gerechter. Im deutschen Recht gibt es nun insgesamt drei verschiedene Güterstände, die die Rechte der beiden Ehepartner in der Ehe regeln können: die *Zugewinngemeinschaft*, die *Gütertrennung* und die *Gütergemeinschaft*.

Die Zugewinngemeinschaft (der gesetzliche Güterstand)

Die Zugewinngemeinschaft ist der gesetzliche Güterstand, weil er „automatisch" von der standesamtlichen Trauung an für die Ehe gilt, wenn nicht in einem Erbvertrag etwas anderes vereinbart wird. Bei der Zugewinngemeinschaft bleiben die Vermögensmassen von Mann und Frau getrennt. Wenn einer der Ehepartner etwas für sich erwirbt, gehört ihm das alleine und wird nicht *Gesamtgut*.

Gesamtgut

Das Gesamtgut ist ein Begriff, der vor allem bei dem (vertraglichen) Güterstand der Gütergemeinschaft eine Bedeutung hat, weil dort alle Gegenstände beiden Eheleuten gemeinsam gehören und das Gesamtgut bilden (siehe Seite 59).
Beim Güterstand der Zugewinngemeinschaft werden nur dann Gegenstände Gesamtgut, wenn sie von beiden Ehepartnern gemeinsam erworben werden.
Gegenstände, die ein Ehegatte alleine erwirbt, können nur in Ausnahmefällen Gesamtgut werden. Es muß sich aber um Gegenstände handeln, die „zur Deckung des täglichen Lebensbedarfs" angeschafft werden. Das sind zum Beispiel Lebensmittel oder Einrichtungsgegenstände und auch die Heizöllieferung.

Bei Scheidungen stellt sich häufig die Frage, ob ein Gegenstand beiden Ehepartnern gemeinsam oder nur einem allein gehört – in der täg-

lichen Praxis für Anwälte ein ständiger Quell für unangenehme Streitigkeiten. Denn bei der Trennung des Haushalts muß ja geklärt werden, wer von beiden Eheleuten zum Beispiel den Rasenmäher, den Fernseher und das Auto zu erhalten hat.
Die Zugewinngemeinschaft hat ihren Namen vom *Zugewinn*, der bei der Beendigung der Ehe (durch Scheidung oder Tod) berechnet wird.

Was bedeutet Zugewinn?

Zugewinn ist der Betrag, um den das *Endvermögen* (am Ende der Ehe) eines Ehepartners das *Anfangsvermögen* (zu Beginn der Ehe) übersteigt. Oder einfach: Es wird errechnet, um wieviel jeder Ehepartner während der Dauer der Ehe reicher geworden ist.

Wenn sich anläßlich der Beendigung der Ehe zwischen den Zugewinnen der Ehepartner eine Differenz ergibt, dann wird diese ausgeglichen (Zugewinnausgleich). Ist also einer der Ehepartner während der Ehe – abgesehen von Schenkungen oder Erbschaften – erheblich reicher geworden als der andere, muß er abgeben. Prinzipiell ist es dabei egal, ob die Ehe durch den Tod oder durch eine Ehescheidung getrennt wird.

Die Gütertrennung (ein vertraglicher Güterstand)

Die Gütertrennung kann nur durch einen *Ehevertrag* vereinbart werden.

Was ist ein Ehevertrag?

Ein Ehevertrag ist eine Vereinbarung zwischen Eheleuten, die meist – aber nicht zwingend – im Zusammenhang mit einer Eheschließung getroffen wird. Im Ehevertrag können sehr verschiedene Dinge vereinbart werden – unter anderem auch ein vom gesetzlichen Güterstand der Zugewinngemeinschaft abweichender Güterstand. Der Ehevertrag muß bei gleichzeitiger Anwesenheit beider Ehepartner vor einem Notar geschlossen werden (§ 1410 BGB).

Übrigens: Für gemischtnationale Ehen oder Ehen von sogenannten Doppelstaatlern (Menschen mit zwei Staatsangehörigkeiten) kann im Rahmen eines Ehevertrags auch vereinbart werden, welches eheliche Güterrecht (also z. B. das deutsche oder das ausländische) für die Ehe gelten soll.
Von dieser Möglichkeit sollte auf jeden Fall Gebrauch gemacht werden – notfalls auch noch nach vielen Jahren Ehe – da sonst die Erben böse Überraschungen erleben können. Denn z. B. die Vereinbarung einer Gütergemeinschaft könnte nach ausländischem Recht unwirksam sein. Und dann könnten die Erben zu völlig anderen Quoten erben, wenn dieses ausländische Recht Anwendung fände. Allerdings sind auch Fälle denkbar, bei denen die Anwendung des BGB Nachteile bringen könnte.

Die beiden Vermögensmassen der Ehepartner bleiben in güterrechtlicher Sicht (z. B. Eigentum, Schuldenhaftung) völlig getrennt – jeder Ehepartner verwaltet sein Vermögen selbst. Die Gütertrennung kann auch nachträglich noch vereinbart werden. Sie kann auch gegen den Willen des Ehepartners nachträglich erreicht werden. Dazu müssen Sie gegen Ihren Ehepartner vor Gericht auf *vorzeitigen Zugewinnausgleich* klagen. Allerdings sind die Voraussetzungen für ein solches Verfahren relativ streng. Gefordert wird ein „schädliches Verhalten des Ehepartners" (§ 1386 BGB).
Vorsicht: Die Gütertrennung hat einen gewichtigen steuerrechtlichen Nachteil. Denn der Ehepartner kann nicht – wie bei der steuergünstigen Zugewinngemeinschaft – im Rahmen der Berechnung der Erbschaftssteuer den *Zugewinnausgleichsfreibetrag* geltend machen (siehe Seite 162). Aber nehmen Sie jetzt schon den Rat mit, daß Sie, wenn Sie für Ihre Ehe Gütertrennung vereinbaren sollten, unbedingt für den Todesfall eine gesonderte Regelung finden sollten. Lassen Sie sich zu diesem Thema von einem Notar beraten. Allerdings machen Sie sich darauf gefaßt, daß der Notar Ihnen in den Ehevertrag, den er Ihnen entwirft, hineinschreibt, daß seine steuerrechtlichen Ratschläge ohne jegliche Verbindlichkeit sind. Das hat eigentlich nur eine Bedeutung: Sie können, falls sich die Ratschläge als falsch herausstellen, den

Notar nicht verklagen. Aber auf eine Tatsache können Sie sich verlassen: Die Ratschläge des Notars stimmen fast immer. Denn dieses Thema ist schließlich sein Job.

Die Gütergemeinschaft (ein weiterer vertraglicher Güterstand)

Ist die Gütergemeinschaft per Ehevertrag vereinbart, wird das gesamte vorhandene Vermögen der Ehepartner gemeinschaftliches Vermögen (Gesamtgut). Zu dem Gesamtgut, das durch die Heirat und den Ehevertrag entsteht, kommt im Laufe der Jahre noch alles hinzu, was Mann oder Frau während der Ehe erwerben. Dieser Erwerb während der Ehe gehört sofort beiden Ehepartnern gemeinsam, ohne daß jeweils ein Vertrag geschlossen werden muß. Und dieses Vermögen wird dann von beiden Ehepartnern auch gemeinsam verwaltet.
Um zu zeigen, welche Brisanz der jeweils für eine Ehe geltende Güterstand für die Beteiligten haben kann, an dieser Stelle ein Beispiel „mitten aus dem Leben".

Das Kurzepos aus dem Adelsgeschlecht

Gräfin Waltraud von Geldwieheu verliebt sich in den Gigolo Hieronimus Hübsch, und die beiden heiraten. Nach der Hochzeit kauft Gräfin Waltraud sich für fünf Millionen Mark ein Schloß. Und in diesem Schloß lebt das Paar nun glücklich und zufrieden. Allerdings verliebt sich Hieronimus zehn Jahre nach der Hochzeit in die Schloßgärtnerin Gundula Grün. Gräfin Waltraud ärgert sich furchtbar, entläßt die Gärtnerin, verkauft das Schloß und läßt sich von Hieronimus scheiden. Nun war es im Verlauf der Zeit Mode geworden, ein Schloß zu besitzen – Schlösser sind wegen der großen Nachfrage sehr teuer geworden. Beim Verkauf des Schlosses macht Waltraud ein Geschäft – sie erhält zehn Millionen Mark als Kaufpreis. Unter dem Strich macht Sie also einen Gewinn von fünf Millionen Mark.
Bei der Scheidung muß jetzt entschieden werden, ob Hieronimus von dem Kaufpreis etwas abbekommt.
Je nach Güterstand ergibt sich folgendes:

a) Wenn bei der Heirat durch Ehevertrag der Güterstand der *Gütertrennung* vereinbart worden ist – bekommt Hieronimus nichts. Denn das Schloß hat Gräfin Waltraud erworben. Hieronimus besaß daran nie Eigentum. Und deswegen steht ihm nach der Scheidung an dem Erlös auch nichts zu.

b) Wenn vertraglich der Güterstand der *Gütergemeinschaft* vereinbart worden ist, dann ist das Schloß, als Gräfin Waltraud es erwarb, das Eigentum von beiden zusammen geworden. Dann kann Waltraud das Schloß gar nicht alleine verkaufen, und die Hälfte des Verkaufpreises steht also dem Hieronimus zu. Diese Hälfte beträgt in unserem Fall fünf Millionen Mark.

c) Wenn nicht in einem Ehevertrag etwas anderes vereinbart worden ist, dann gilt kraft Gesetz, wie wir ja schon wissen, die *Zugewinngemeinschaft.* Dann wurde Gräfin Waltraud während der Ehe um die fünf Millionen, die das Schloß an Wert zunahm, reicher. Und Hieronimus blieb ein armer Schlucker und hatte deswegen keinen Zugewinn. Diese Zugewinndifferenz in Höhe von fünf Millionen DM ist anläßlich der Scheidung auszugleichen. Und deswegen bekommt Hieronimus im Ergebnis von diesem Gewinn die Hälfte ab. Das heißt, er bekommt 2,5 Millionen Mark.

Zurück zum Thema Erbrecht: Auch wenn einer der Ehepartner stirbt und die Ehe also durch den Tod und nicht durch ein Gerichtsurteil endet, so ist es trotzdem von Bedeutung, welcher der möglichen Güterstände zwischen den Ehepartnern vereinbart wurde. Deshalb muß bei der Frage, wieviel der Ehepartner erbt, auch immer unterschieden werden:

Was erbt der Ehepartner neben Erben der ersten Ordnung (den Kindern)?

a) Das Erbe des Ehepartners bei Zugewinngemeinschaft

Durch den Tod endet die Ehe und gleichzeitig die Zugewinngemeinschaft (§ 1371 BGB). Um die komplizierte Berechnung des Zugewinnausgleichs in diesem Falle den Erben zu ersparen und damit auch

Streit zu vermeiden, sieht das Gesetz die Regelung der „pauschalen" Erhöhung des Erbteils des überlebenden Ehepartners vor. Zu seinem Erbteil als gesetzlicher Erbe neben den anderen Erben bekommt der Ehepartner auf diesem Wege noch ein Viertel des Erbes hinzu (§ 1931 III BGB in Verbindung mit § 1371 I BGB).
Der Ehepartner erbt also bei Zugewinngemeinschaft neben Erben der ersten Ordnung insgesamt zur Hälfte. Es kann für den Ehepartner wirtschaftlich wesentlich günstiger sein, wenn er das Erbe ausschlägt. Das Gesetz sieht vor, daß er sich dann über die güterrechtliche Lösung den genauen Zugewinn berechnen lassen kann (§ 1371 III BGB) – in diesem Fall behält der Ehepartner ausnahmsweise auch den Pflichtteilsanspruch – der dann ein Achtel umfaßt (§ 1371 III BGB). Der Ehepartner bekommt also ein Achtel des Nachlasses und dazu noch den genauen Zugewinnausgleich.
Die Ausschlagung empfiehlt sich besonders, wenn ein großer Zugewinn während der Ehe erwirtschaftet wurde. Allerdings gilt auch in diesem Fall für den Ehepartner die Ausschlagungsfrist von sechs Wochen.

b) Das Erbe des Ehepartners bei Gütergemeinschaft

Bei Gütergemeinschaft gehört dem Ehepartner ohnehin schon die Hälfte des gemeinsamen Vermögens. Diese Hälfte fällt nicht in den Nachlaß.
Die andere Hälfte wird unter den Erben nach den gesetzlichen Vorschriften verteilt. Dabei erbt der Ehepartner zu einem Viertel, wenn es Kinder des Erblassers gibt. Wenn es keine Kinder gibt, dann erbt der Ehepartner neben den Eltern zur Hälfte.

c) Das Erbe des Ehepartners bei Gütertrennung

Für den Fall der Gütertrennung erbt der Ehepartner nach den Grundsätzen des § 1931 IV BGB: Neben einem Kind des Erblassers erbt der Ehepartner also jeweils zur Hälfte, neben zwei Kindern erbt der Ehepartner zu einem Drittel. Neben mehr als zwei Kindern erbt der Ehepartner immer zu einem Viertel.

Was erbt der Ehepartner neben Erben der zweiten Ordnung (Eltern)?

Wenn neben dem Ehepartner allerdings nur Erben der zweiten Ordnung (die Eltern oder deren Abkömmlinge) existieren, dann wird der Anteil des Ehepartners größer. Dann beträgt der gesetzliche Erbteil des Ehepartners gemäß § 1931 I BGB die Hälfte.
Bei *Zugewinngemeinschaft* kommt der Anteil von einem Viertel für die Beendigung der Zugewinngemeinschaft noch hinzu. Der Ehepartner erbt dann neben Verwandten der zweiten Ordnung Dreiviertel des Nachlasses.

Was erbt der Ehepartner neben Erben der dritten Ordnung (Großeltern)?

Neben den Großeltern des Erblassers erbt der Ehepartner ebenfalls zur Hälfte, bei Zugewinngemeinschaft noch ein Viertel. Allerdings gilt dieses Erbrecht dann nicht mehr für die Abkömmlinge der Großeltern (§ 1931 I 2 BGB).
Wenn die Großeltern also nicht mehr leben, dann erbt der Ehepartner allein. Neben Erben höherer Ordnungen – bzw. deren Abkömmlingen – erbt der Ehepartner auch allein.

Der enterbte Ehepartner

Zu fragen ist jetzt noch, was geschieht, wenn der Ehepartner gar nicht Erbe wird, weil er durch ein Testament als Erbe ausgeschlossen wird. Dies regelt das BGB in § 1371 in den Absätzen 2 und 3. Wird der Ehepartner nicht Erbe, kann er von den Erben den Zugewinn verlangen. In diesem Fall wird es sich nicht vermeiden lassen, daß der Zugewinn ausgerechnet wird. Und in der Regel bekommen Anwälte und Gerichte in solch einem Fall viel Arbeit.
Und da wir gerade auch beim Thema „Streit" sind, paßt folgender Fall sehr gut an diese Stelle.

Der ungeklärte Todeszeitpunkt oder ein trauriger Fall mitten aus dem Leben:

Peter Pan und Pamela Pan sind jung verheiratet und kinderlos. Peter und Pamela haben sich in einem gemeinschaftlichen Ehegattentestament gegenseitig zu Erben eingesetzt. In einer dunklen Nacht erleiden beide einen schweren Autounfall. Als der Notarzt nach einer Viertelstunde kommt, kann er nur noch den Tod von Pamela und Peter feststellen.
Und jetzt stellen wir uns einmal vor, daß beide jeweils einen Bruder haben und daß beider Eltern nicht mehr leben.

Wo liegt das Problem?

Das Problem liegt im Ehepartnererbrecht.
Denn jetzt geschieht etwas, das im Leben leider sehr häufig vorkommt: Die beiden Brüder geraten in Streit miteinander. Denn sie können sich nicht einigen, wer von beiden das erhebliche Vermögen von Peter und Pamela bekommen soll. Je nachdem, wer – Pamela oder Peter – länger lebte, hat den anderen beerbt. Dabei macht es keinen Unterschied, ob es sich dabei um zehn Minuten oder um nur einige Sekunden handelt. Und nachdem der Längerlebende dann auch gestorben ist, hat er das gesamte Vermögen an seinen Bruder vererbt. Das bedeutet, daß einer von den beiden Brüdern alles erbt und der andere nichts.
Im nachhinein läßt sich oft nur noch sehr schwer klären, wie lange jemand nach erlittenen Unfallverletzungen noch gelebt hat. In einem gerichtlichen Streit müßten dann medizinische Sachverständige versuchen, aufgrund der Todesursache eine Aussage über den Todeszeitpunkt zu treffen. Und nur allzu häufig lassen sich dazu einfach keine Feststellungen mehr machen.
Wenn sich die beiden Brüder nicht einigen können, dann gibt es allerdings auch für diesen Fall eine gesetzliche Regelung: Im *Verschollenheitsgesetz* wird dann angenommen, daß beide Personen im gleichen Moment gestorben sind (§ 11 VerschG). Und somit können sich beide Personen auch nicht beerben.
In unserem Fall fällt das Erbe also jeweils an die gesetzlichen Erben der Verstorbenen. Und damit hätten unsere Brüder noch einmal Glück gehabt, denn die gesetzlichen Erben sind ja jeweils sie, so daß sie die Hälfte des Erbes erhalten würden.

Die Ausbildung der Kinder, die nicht aus der Ehe stammen

Für den Fall, daß der Erblasser Abkömmlinge (also Kinder, Enkel usw.) hinterläßt, die aus einer anderen Ehe stammen oder die nichtehelich geboren wurden, gilt noch eine Besonderheit. Denn dann muß der überlebende Ehepartner diese Abkömmlinge für eine angemessene Ausbildung finanziell unterstützen. Allerdings ist diese Pflicht auf den Teil des Nachlasses (das Viertel) beschränkt, das der Ehepartner bei Beendigung der Zugewinngemeinschaft durch den Tod erhält. Dabei handelt es sich um eine Art Unterhaltsanspruch, der aber nur auf die Ausbildung begrenzt ist. Der Grund für diese Regelung ist, daß die außerhelichen Kinder die gleichen Chancen erhalten sollen wie die in der Ehe geborenen. Denn diese hätten ja zur Finanzierung ihrer Ausbildung auch Mittel erhalten.

Wer bekommt den Hausrat?

Der Anspruch auf den Hausrat heißt *Voraus*. Der Voraus ist ein Anspruch des Ehepartners, der in der Praxis häufig eine große Bedeutung hat.

Was bedeutet der Anspruch des Ehepartners auf den Voraus?

Der Ehepartner ist gesetzlicher Erbe. Als solcher hat er selbstverständlich den Anspruch auf seinen Erbteil. Darüber hinaus hat er jedoch – unabhängig vom Güterstand der Ehe – einen Anspruch auf die zum Haushalt gehörenden Gegenstände und die *Hochzeitsgeschenke*, den sogenannten Voraus. Dabei ist jedoch zu beachten, daß er diesen Anspruch als Erbe neben Erben erster Ordnung (wir erinnern uns – die Abkömmlinge) nur dann hat, wenn er geltend machen kann, daß er diese Dinge benötigt, um einen angemessenen Haushalt führen zu können (§ 1932 BGB). Der Sinn des Voraus ist, dem Ehepartner die gewohnte Umgebung zu erhalten. Dabei richtet sich der Anspruch aber nur auf Dinge, die nicht Zubehör eines Grundstücks sind. Typischer Voraus sind also Einrichtungsgegenstände,

Geschirr, Möbel, der Staubsauger, der Fernseher, der Videorecorder, die Stereoanlage, Haushaltsgeräte, auch das Auto, soweit es sich nicht um ein Luxusfahrzeug handelt, usw.
Rechtstechnisch handelt es sich beim Voraus um ein *gesetzliches Vermächtnis.* Das bedeutet, daß der Ehepartner diese Gegenstände von Gesetzes wegen bekommt, wenn der Verstorbene kein Testament gemacht hat. Das höchste deutsche Zivilgericht, der BGH, hat entschieden, daß der Anspruch auf den Voraus nur dann besteht, wenn der Ehepartner im Rahmen der gesetzlichen Regelung erbt. Das bedeutet, daß der Ehepartner den Voraus nicht bekommt, wenn er durch Testament als Erbe eingesetzt wurde, er auf sein Erbe verzichtet oder die Erbschaft ausgeschlagen hat.

Praktisch hat der Voraus eine große Bedeutung, da die Ansprüche des überlebenden Ehepartners im Vergleich zu den übrigen Erben erheblich aufgewertet werden, wenn der gemeinsame Haushalt den überwiegenden Teil des Nachlasses umfaßt.

Der Verstorbene lebte in Scheidung

Was passiert, wenn der Erbfall eintritt, als der Erblasser in Scheidung lebte?
Das Gesetz klärt diesen Fall in einem einzigen eindeutigen Satz:

§ 1933 BGB: ***[Ausschluß des Ehegattenerbrechts]*** *Das Erbrecht des überlebenden Ehegatten sowie das Recht auf den Voraus ist ausgeschlossen, wenn zur Zeit des Todes des Erblassers die Voraussetzungen für die Scheidung gegeben waren und der Erblasser die Scheidung beantragt oder ihr zugestimmt hatte.*

Voraussetzungen für die Scheidung

Die Voraussetzungen für die Scheidung sind das Scheitern der Ehe (§ 1565 I BGB) und Beantragung der Ehescheidung bei Gericht.

Der Verlust der Erbenstellung des Ehepartners tritt jedoch erst dann ein, wenn der Scheidungsantrag bei Gericht gestellt wurde und dieser Antrag dem Noch-Ehepartner gerichtlich zugestellt wurde.
Der Gesetzgeber hat die Hürde für den Erbausschluß des Ehepartners bewußt sehr hoch gelegt, da mit dieser Regelung vermieden wird, daß die anderen Erben nunmehr Nachforschungen darüber anstellen, ob die Ehe des Erblassers eventuell als gescheitert gelten kann. Denn solche Nachforschungen sind sicherlich nicht im Interesse des Verstorbenen.

Was passiert, wenn noch kein Scheidungsantrag vorliegt?

Wenn ein Scheidungsantrag des Erblassers noch nicht vorliegt oder er einem Scheidungsantrag seines Ehepartners noch nicht zugestimmt hat, dann sind die Voraussetzungen der Ehescheidung noch nicht gegeben, und der Ehepartner wird Erbe.
Dieses Ergebnis mag auf den ersten Blick seltsam erscheinen. Aber der Gesetzgeber hat sich bei den hohen Anforderungen für den Wegfall des Ehepartnererbrechts schon etwas gedacht.

Der grobe Fehler mit der Lebensversicherung

Stellen Sie sich vor, Sie haben in Ihrer Lebensversicherung Ihren Ehepartner als Bezugsberechtigten eingesetzt (siehe Seite 203 ff). Nach einigen Jahren Ehe lassen Sie sich von Ihrem Ehepartner scheiden, und da Sie ihn ja in Ihrer Lebensversicherung begünstigt haben, machen Sie ein Testament, in dem Sie unter anderem erklären:

„... Mein ehemaliger Ehepartner (...) soll die Lebensversicherung nicht bekommen! ...“

Vorsicht: Fehler! Denn nach dem Erbfall bekommt Ihr ehemaliger Ehepartner die Versicherungssumme – auch wenn Sie in Ihrem Testament etwas anderes geäußert haben und Ihre Erben damit ganz und gar nicht einverstanden sein sollten. Woran das liegt?

Für das Versicherungsunternehmen ist Ihr Testament ohne jede Bedeutung, da es aus dem Versicherungsvertrag verpflichtet ist, an den Bezugsberechtigten zu zahlen. Dieses unerfreuliche Ergebnis muß unbedingt vermieden werden – deswegen müssen Sie im Fall einer Scheidung auf jeden Fall daran denken, die *Bezugsberechtigung* Ihrer Lebensversicherung zu überprüfen und notfalls zu ändern (siehe Seite 205).

Am Schluß: Noch ein paar Beispiele für die gesetzliche Erbfolge!

a) Ehemann und Ehefrau haben zwei Kinder, der Ehemann stirbt.
Gesetzliche Erbfolge nach dem Ehemann (bei Zugewinngemeinschaft): Die Ehefrau erbt zur Hälfte – die Kinder erben jeweils ein Viertel.

b) Der Ehemann ist bereits verstorben, die Ehefrau stirbt und hinterläßt vier Kinder.
Gesetzliche Erbfolge nach der Ehefrau: Jedes Kind erbt ein Viertel.

c) Eine Erblasserin hinterläßt keine Kinder, von ihren Eltern lebt nur noch ihre Mutter, sie hat eine Schwester.
Gesetzliche Erbfolge nach der Erblasserin: Die Mutter erbt zur Hälfte – die Schwester erbt zur Hälfte.

d) Ein Erblasser ist verheiratet, hinterläßt seine Ehefrau und seine beiden Eltern.
Gesetzliche Erbfolge nach dem Erblasser (bei Gütertrennung): Die Ehefrau erbt zur Hälfte – die Eltern zu jeweils einem Viertel.

e) Eine Erblasserin hinterläßt ihren Ehemann und zwei Großeltern.
Gesetzliche Erbfolge nach der Erblasserin (bei Gütertrennung): Der Ehemann erbt zur Hälfte – die Großeltern erben zu jeweils einem Viertel.

f) Ein Erblasser hinterläßt Ehefrau und zwei Kinder.
Gesetzliche Erbfolge nach dem Erblasser (bei Gütertrennung): Der Ehefrau gehört schon die Hälfte des Nachlasses vor der Teilung, geteilt wird nur noch die andere Hälfte, die in den Nachlaß fällt.
Die Ehefrau erbt von dieser Hälfte ein Viertel – die Kinder erben davon zu jeweils drei Achtel.

g) Eine Erblasserin lebte in Gütertrennung, sie hinterläßt ihren Mann, ihre Mutter und eine Schwester.
Gesetzliche Erbfolge nach der Erblasserin: Der Ehepartner erbt zur Hälfte – die Mutter erbt zu einem Viertel – die Schwester erbt zu einem Viertel.

h) Ein Erblasser hinterläßt seine Großeltern und ein nichteheliches Kind.
Gesetzliche Erbfolge nach dem Erblasser: Das nichteheliche Kind erbt alles (kein Erbersatzanspruch, vgl. § 1934a BGB) – die Großeltern erben nicht.

i) Ein Erblasser, ein nichteheliches Kind, stirbt, es leben noch seine Ehefrau (Zugewinngemeinschaft) und sein Vater, seine Eltern waren nie verheiratet.
Gesetzliche Erbfolge nach dem Erblasser: Der Vater bekommt einen Erbersatzanspruch zu einem Viertel (vgl. § 1934a III BGB) – die Ehefrau erbt zu drei Vierteln.

KAPITEL IV Testament, Enterbung und der Erbvertrag

In einem Erbrechtsbuch steht naturgemäß der *Letzte Wille* des Erblassers im Mittelpunkt. Denn nur, wenn Sie unzufrieden sind mit der gesetzlichen Erbfolge, werden Sie ein Testament oder einen Erbvertrag machen wollen.

Testament und Erbvertrag in drei Sätzen

Testament und Erbvertrag erfüllen die Funktion, den Letzten Willen des Erblassers festzuhalten. Das Testament wird von einer einzelnen Person (dem Erblasser) gemacht und kann öffentlich (beim Notar) oder privatschriftlich (zu Hause handschriftlich am Schreibtisch) zu Papier gebracht werden. Der Erbvertrag wird immer beim Notar geschlossen und ist für die beiden Personen (Erblasser und Erbe) bindend.

Im Mittelpunkt des Interesses: Der Letzte Wille des Erblassers ...

Das Gesetz gibt dem Letzten Willen des Erblassers den Vorrang gegenüber der gesetzlichen Erbfolge. Und das bedeutet: Wenn ein Letzter Wille in irgendeiner Form rechtlich wirksam vorliegt, werden nicht die gesetzlichen Erben die Rechtsnachfolger angewendet, sondern es gilt in erster Linie der Wille des Erblassers.

Der Letzte Wille und die gewillkürte Erbfolge

Der Letzte Wille des Erblassers führt, wenn er rechtlich wirksam festgehalten worden ist, zur gewillkürten Erbfolge. Diese tritt an die Stelle der gesetzlichen Erbfolge.
Damit der Letzte Wille rechtlich eine Bedeutung hat, muß er in der Form eines Testaments oder eines Erbvertrags vorliegen. Dafür gibt es den Oberbegriff der Verfügungen von Todes wegen.

Darf jeder ein Testament oder einen Erbvertrag machen?

Gefragt ist hier nach der sogenannten *Testierfähigkeit.* Jeder, der mindestens 16 Jahre alt ist, gilt als testierfähig (§ 2229 I BGB).

Testierung durch Minderjährige

Die Errichtung eines eigenhändigen Testaments durch einen Minderjährigen setzt die Zustimmung seines gesetzlichen Vertreters voraus. Wenn dieser von dem Testament keine Kenntnis erhalten soll, dann bleibt dem Minderjährigen nur der Weg zum Notar, der das Testament aufsetzt und den Letzten Willen beurkundet – dies ist dann ein sogenanntes öffentliches Testament.

Außerdem wird vorausgesetzt, daß es dem Testierenden nicht „wegen krankhafter Störungen der Geistestätigkeit, wegen Geistesschwäche oder Bewußtseinsstörung" (§ 2229 IV BGB) an den Voraussetzungen für die sogenannte Geschäftsfähigkeit mangelt.
Bei älteren Menschen, die durch ein Testament gesetzliche Erben enterbt haben, besteht die Gefahr, daß diese später den Letzten Willen nicht akzeptieren und die Testierfähigkeit des Testierenden in Frage stellen und ihn als senil oder verkalkt bezeichnen. Es empfiehlt sich also in manchen Fällen, daß sich der Testierende amtsärztlich untersuchen und sich eine Bestätigung des Arztes über seine Testierfähigkeit ausstellen läßt, um seinen im Testament geäußerten Willen zu sichern. Eine amtsärztliche Bescheinigung dürfte einen höheren Beweiswert haben als die Bestätigung durch einen Hausarzt.
Menschen, die wissen, daß sie testamentarisch bedacht worden sind, sollten vielleicht im eigenen Interesse auf die Testierfähigkeit des Erblassers achten. Dabei ist es vielleicht wichtig zu wissen, daß bei solchen ärztlichen Untersuchungen auf die Fähigkeit des Untersuchten geachtet wird, einen eigenen Willen zu entwickeln. Ein solcher eigener Wille wird dann ausgeschlossen, wenn der Erblasser nicht mehr „nein" sagen kann, sondern sich bei allen Fragen kooperationswillig zeigt und zu allem bereitwillig ja und amen sagt.

Allerdings muß im Streitfall nicht der Erbe nachweisen, daß der Erblasser beim Testieren noch testierfähig war.
Derjenige, der ein Testament oder einen Erbvertrag angreift, muß die *Testierunfähigkeit* beweisen. Wenn der Richter es nicht für erwiesen hält, daß der Erblasser wirklich testierunfähig war, dann bleibt das Testament oder der Erbvertrag uneingeschränkt wirksam. Das heißt, Zweifel gehen zu Lasten des *Anfechtenden*, und im Zweifel ist das Testament wirksam.
Risikoloser ist jedoch in Fällen, bei denen die Testierfähigkeit problematisch werden könnte, der Weg zum Notar und die Errichtung eines öffentlichen Testaments.
Auf eine ärztliche Bescheinigung kann verzichtet werden, wenn beim Notar ein *öffentliches Testament* errichtet wird, da der Notar sich immer einen Eindruck von der Testierfähigkeit verschaffen und diesen Eindruck protokollieren muß.

Das öffentliche Testament

Ein Testament kann auch mit Hilfe des Notars gemacht werden. Dies ist das sogenannte öffentliche Testament.

Testamentserrichtung beim Konsul

Im Ausland kann das öffentliche Testament statt bei einem Notar auch bei einem Berufskonsul errichtet werden (§§ 10 ff Konsulargesetz).

Auch bei verwickelten Vermögensverhältnissen und wenn Sie unsicher sind, wie Sie Ihren Letzten Willen gestalten sollen, sollten Sie sich von einem Notar helfen lassen (siehe Anhang II: Wichtige Adressen).
Beim Notar erklären Sie mündlich, was mit Ihrem Vermögen geschehen soll (§ 2232 BGB). Bei etwas komplizierteren Nachlaßregelungen empfiehlt es sich, diesen Besuch beim Notar gut vorzubereiten. Der Notar berät Sie und hilft, das Testament juristisch unanfechtbar zu for-

mulieren, und beurkundet Ihr Testament. Das bedeutet, er bestätigt mit Unterschrift und Siegel, daß die Person, die vor ihm sitzt und sich mit Paß oder Personalausweis ausgewiesen hat, den Inhalt der testamentarischen Erklärung bestimmt hat.

Ein notarielles Testament bietet einen fast absoluten *Schutz vor Fälschungen* und Verfälschungen und bedeutet deshalb für den Erblasser eine größtmögliche Sicherheit, daß sein letzter Wille nach seinem Tod nicht mehr erfolgreich angegriffen werden kann. Außerdem achtet der Notar auch darauf, daß dem Erblasser in seinem Testament keine vermeidbaren Widersprüche, Ungenauigkeiten oder Irrtümer unterlaufen sind.

Wie widerrufe ich ein öffentliches Testament?

Ein öffentliches Testament kann jederzeit durch ein anderes Testament aufgehoben werden. Dabei kann es sich auch um ein handschriftliches Testament handeln. Allerdings sollte in einem widerrufenden Testament immer Bezug genommen werden auf das ältere Testament. Zwischen dem öffentlichen Testament und dem eigenhändigen Testament besteht keine Rangfolge. Es gibt nur eine unterschiedliche Sicherheit für Ihren Willen.

Es ist vorgeschrieben, daß das öffentliche Testament in amtliche Verwahrung genommen wird (§ 34 Beurkundungsgesetz). Das geschieht, indem es vom Notar beim Amtsgericht eingereicht, registriert und hinterlegt wird. Aber auch das eigenhändige Testament kann beim Amtsgericht hinterlegt und amtlich verwahrt werden. Der Hinterleger erhält von der Hinterlegungsstelle einen schriftlichen Beleg, den sogenannten *Hinterlegungsschein.*

Wieviel kostet die Hinterlegung?

Die Gebühr für die Hinterlegung richtet sich nach dem Gegenstandswert.

Wert des Nachlasses	Verwahrungsgebühr
bis DM 2.000,–	DM 3,50
bis DM 10.000,–	DM 10,–
bis DM 20.000,–	DM 16,30
bis DM 30.000,–	DM 22,50
bis DM 50.000,–	DM 31,50
bis DM 100.000,–	DM 50,–

Zu der Gebühr kommt noch die Mehrwertsteuer.

Das hinterlegte Testament wird auch über die Standesämter registriert. Nach dem Tod eines Menschen wird das *Standesamt des Wohnorts* des Verstorbenen von dem Todesfall benachrichtigt. Dort wird das Familienbuch weitergeführt und vor allem das *Standesamt des Geburtsortes* benachrichtigt. Denn dort wird sich die Registrierung eines eventuell vorhandenen öffentlichen oder eigenhändigen Testaments finden, und so kann der Weg zu dem Nachlaßgericht zurückverfolgt werden, bei dem das Testament hinterlegt ist. Auf diese Weise kann herausgefunden werden, ob der Erblasser irgendwann einmal in seinem Leben ein Testament hinterlegt hat. Diese Registrierung hilft, das amtlich hinterlegte Testament auch dann zu finden, wenn der Verstorbene zu Lebzeiten mehrmals den Wohnort gewechselt haben sollte.

Rücknahme des Testaments aus der Verwahrung

Mit dem Hinterlegungsschein und dem Personalausweis kann der Testierende jederzeit bei der Hinterlegungsstelle sein Testament zurückverlangen. Durch die Rücknahme des öffentlichen Testaments aus der amtlichen Verwahrung verliert dieses jede Gültigkeit, weil es ja nicht die Formvorschriften eines eigenhändigen Testaments erfüllt, da es ja nicht vom Erblasser mit der Hand geschrieben worden ist.

Die Unwirksamkeit eines Testaments – gleich ob ein öffentliches Testament aus der Verwahrung genommen wurde oder ob ein eigenhändiges Testament formwidrig ist – hat immer zur Folge, daß die gesetzliche Erbfolge angewendet wird, wenn es keine anderen wirksamen Verfügungen von Todes wegen gibt.
Bitte beachten Sie: Das *eigenhändige Testament*, das auch amtlich verwahrt werden kann, verliert bei der Rücknahme aus der amtlichen Verwahrung seine Gültigkeit nicht. Das heißt, daß auch das zurückgenommene Testament noch die Erbfolge regeln kann, wenn der Wille des Erblassers es nicht außer Kraft setzen wollte. Das Testament verliert nach der Rücknahme nur den Schutz der amtlichen Verwahrung.

Manchmal besteht ein besonderes Bedürfnis der Geheimhaltung des Testamentsinhalts:

Geheimhaltung vor dem Notar

Wenn der Erblasser den Inhalt seines Testaments auch vor dem Notar geheimhalten möchte, kann der Erblasser dem Notar eine verschlosse Schrift übergeben, von deren Inhalt der Notar keine Kenntnis erhält. Üblicherweise wird der Umschlag versiegelt.
Dann wird die Beurkundung der Übergabe der verschlossenen Schrift durchgeführt und das Testament in amtliche (= amtsgerichtliche) Verwahrung genommen.

Ein Aspekt ist beim notariellen Testament auch noch von sehr großer Bedeutung: Hat ein Notar ernsthafte Zweifel an der Testierfähigkeit einer Person, dann wird er Niederschrift und Beurkundung verweigern. Bei einem *notariellen Testament* muß der Notar in der Regel auch zu der Tatsache der *Testierfähigkeit* Feststellungen treffen und diese in der Urkunde ausdrücklich vermerken. Solche Feststellungen sind annähernd nie angreifbar und bedeuten deshalb eine große Sicherheit für den im Testament festgehaltenen letzten Willen. Im Ergebnis heißt das, daß hinterher niemand kommen und erfolgreich behaupten kann, daß der Erblasser bei Errichtung des Testaments verrückt oder senil gewesen sei.

Die Kosten eines öffentlichen Testaments

Das Testament beim Notar kostet Geld. Die Kosten des Notars richten sich nach einem Gesetz, der Bundes-Notarordnung, und orientieren sich grundsätzlich am sogenannten Geschäftswert, das heißt hier am Wert des Nachlasses.

Wert des Nachlasses:	Die Gebühr des Notars:
DM 10.000,–	DM 80,–
DM 30.000,–	DM 120,–
DM 100.000,–	DM 260,–
DM 200.000,–	DM 410,–
DM 300.000,–	DM 560,–
DM 400.000,–	DM 710,–
DM 500.000,–	DM 860,–
DM 1.000.000,–	DM 1.610,–

Nach dem Tod sind alle Testamente, die von den Angehörigen oder auch anderen Personen gefunden werden, beim *Nachlaßgericht* abzuliefern. Dies gilt auch für privatschriftliche Testamente (§ 2259 BGB). Bei Nichtablieferung kann man sich strafbar und schadenersatzpflichtig machen, wenn dadurch Ansprüche der Bedachten unterdrückt werden. Mit der Ablieferung des Testaments beim Nachlaßgericht, die auch über einen Notar erfolgen kann, wird ein *Antrag auf Testamentseröffnung* verbunden. Diesem Antrag ist eine *Sterbeurkunde* beizufügen.

Sodann führt das Nachlaßgericht die *Testamentseröffnung* durch. Das bedeutet, daß der Rechtspfleger beim Nachlaßgericht das Testament oder die Testamente (egal, ob eigenhändige oder öffentliche) eröffnet und in Anwesenheit der Angehörigen und Begünstigten verliest bzw. mit einem *Eröffnungsvermerk* versehene Abschriften zusendet (§§ 2260, 2262 BGB).

Das öffentliche Testament ersetzt in manchen Fällen sogar einen *Erbschein.*
Vor allem in *Grundbuchsachen,* das heißt, wenn es um Grundstücke und Wohnungen geht, ersetzt ein öffentliches Testament den Nachweis der Erbfolge durch einen Erbschein (§ 35 GBO).

Die außerordentlichen Testamentsformen

Immer wenn die Gefahr besteht, daß der Erblasser früher stirbt, als eine Beurkundung beim Notar möglich ist, kann ein Testament auch als außerordentliches Testament errichtet werden.
Allerdings haben diese Testamentsformen heute an Bedeutung verloren, da sie vor allem in Zeiten wichtig waren, in denen die Formvorschriften im BGB viel strenger gefaßt waren als heute. Damals boten sie häufig die einzige Chance, unkompliziert sein Testament machen zu können.

Trotzdem seien hier kurz aufgezählt:

Das *Bürgermeistertestament:* Beim Bürgermeister und in Anwesenheit von drei Zeugen kann das Testament auch errichtet werden.
Das *Dreizeugentestament:* Als echtes Nottestament sei hier das Dreizeugentestament genannt, das auch mündlich erklärt werden kann. Voraussetzung ist allerdings nahe Todesgefahr.
Das *Seetestament:* An Bord eines Schiffes kann dieses Testament mündlich vor drei Zeugen errichtet werden.
Darüber hinaus gibt es noch das *Verfolgtentestament* und das *Militärtestament,* deren Bedeutung allerdings nur noch verschwindend gering ist, weil die Situationen, in denen sie Anwendung fanden, heute zum Glück bei uns kaum noch vorkommen.

Wichtig: Alle außerordentlichen Testamente bleiben nur drei Monate lang gültig. Wenn der Erblasser erst nach Ablauf dieser Frist stirbt, gilt das Testament nicht mehr.

Wie kann ein Blinder testieren?

Dafür gibt es im Gesetz in § 2233 II BGB eine eigene Regelung. Ein Blinder kann danach kein eigenhändiges Testament machen, sondern muß ein *öffentliches Testament* machen. Für die Testierung wird er zum Notar gehen und dort mündlich seinen Willen erklären. Der Notar fertigt über die Erklärung eine Niederschrift an und beurkundet diese (§ 2233 BGB).
Vor einem Zeugen oder einem zweiten Notar muß dann noch einmal bezeugt werden, daß dieses Testament auch den Letzten Willen des Blinden enthält – diese Erklärung muß schriftlich erfolgen und von dem Zeugen oder dem zweiten Notar auf dem Testament durch Unterschrift bestätigt werden (§ 22 Beurkundungsgesetz). Die Nichtbeachtung dieser Formvorschrift führt dazu, daß das Testament nichtig ist, es sei denn, daß der Erblasser und alle anderen Beteiligten darauf wirksam verzichtet haben (und dies in der Urkunde vermerkt wurde).

Wie kann ein Stummer ein öffentliches Testament machen?

Ein öffentliches Testament kommt üblicherweise dadurch zustande, daß man dem Notar gegenüber mündlich erklärt, wie die Erbregelungen aussehen sollen.
Für Stumme, denen ja eine mündliche Erklärung nicht möglich ist, sieht das Gesetz eine eigene Regelung vor. Ein Stummer kann ein öffentliches Testament nur durch Übergabe eines Schriftstücks an den Notar errichten (§ 2233 BGB). Der Notar fertigt das Testament aus – das heißt er beurkundet diese Erklärung durch das Anfertigen einer Urkunde, durch Siegel und Unterschrift.

Die Auflagen und wie sie durchgesetzt werden können

Der Erblasser kann in der Verfügung von Todes wegen seinen Erben Auflagen machen.

Was ist eine Auflage?

(§§ 1940 und 2192 ff BGB) Eine Auflage ist eine Verpflichtung eines im Testament Begünstigten zu einer Leistung, ohne daß ein anderer einen Anspruch auf diese Leistung hat. Anders als bei dem *Vermächtnis* ist bei der Auflage kein Berechtigter vorhanden, der einen selbständig klagbaren Anspruch hat. Das bedeutet, der Begünstigte kann bei einer Auflage nicht verlangen, daß die Auflage auch vollzogen wird. Die Vollziehung der Auflage können nur der Erbe oder der Miterbe verlangen.
Mit einer Auflage kann ein Erblasser zum Beispiel bestimmen, daß sein Begräbnis in einer bestimmten Art und Weise stattfinden soll oder daß bestimmte Nachlaßgegenstände in der Familie bleiben sollen und nicht veräußert werden dürfen.

Nicht jede Auflage ist wirksam. Unwirksam sind solche, die gegen die guten Sitten verstoßen oder die unmöglich oder angefochten worden sind.

Was bedeutet Sittenwidrigkeit?

Aus dem letzten Jahrhundert stammt die Definition für Sittenwidrigkeit: Es handelt sich dabei um die Verletzung des „Anstandsgefühls aller billig und gerecht Denkenden".
Auch wenn diese Definition nicht ganz aktuell wirkt, so ist sie doch ständig auf dem laufenden! Denn mit dem Wechsel des Zeitgeistes ändert sich auch das Anstandsgefühl der billig und gerecht Denkenden in der Bevölkerung.

Wenn eine Auflage unwirksam ist, wird normalerweise nicht das gesamte Testament unwirksam. Ein Beispiel für eine sittenwidrige Auflage ist die Einsetzung der Tochter als Erbin unter der Auflage, daß sie nie in ihrem Leben heiraten wird. Denn damit wird die Tochter in ihrer Entschlußfreiheit, sich zu verheiraten, wenn sie das möchte, unzulässig beeinträchtigt.
In einem solchen Fall ist die Erbeinsetzung wirksam, die Auflage jedoch nicht.

Sittenwidrig ist ebenso die Auflage, daß der eingesetzte Erbe in dem gesamten Dorf einen Feind des Erblassers schlecht machen soll. Denn das ist eine Aufforderung zu einer strafbaren Handlung (Verleumdung – § 187 StGB) und als solche immer deswegen schon sittenwidrig.
Auch die Zuwendung an die bedachte Person wird nicht unbedingt unwirksam, sondern nur dann, wenn anzunehmen ist, daß der Erblasser die Zuwendung ohne die Auflage nicht gemacht haben würde (§§ 2195, 2085 BGB; siehe hierzu auch Seite 192).
Übliche Auflagen sind zum Beispiel die Auferlegung der *Grabpflege, Geldrenten* an Angehörige, *Spenden an Bedürftige* usw.
Ein Problem stellt sich aber noch im Zusammenhang mit den Auflagen: Wer paßt eigentlich auf, ob die Auflagen auch befolgt werden? Wenn andere Erben vorhanden sind, können diese verlangen, daß ein Erbe auch seine Auflagen erfüllt. Es kann Probleme geben, wenn der Erblasser sich Auflagen einfallen läßt wie die folgende:

Mein Testament:

Meine Erbin soll meine Tochter Kathrin werden. Kathrin soll aber DM 10.000,– an die Armen zahlen, weil sie aus der Kirche ausgetreten ist und ich mir Sorgen mache, daß sie später nicht in den Himmel kommt.

Baden-Baden, den 20.06.94 Wilhelm Meister

Bei diesem Beispiel wird klar, daß niemand eine Möglichkeit hat, von der Tochter vor Gericht das Geld einzuklagen. Und da könnte es ja schon einmal passieren, daß die Erbin die ihr gemachte Auflage einfach „vergißt".
Für solche Fälle bietet es sich an, im Testament einen Testamentsvollstrecker einzusetzen, der die Erfüllung der Auflagen auch überwacht.

Die Auslegung des Letzten Willens: Was hat der Erblasser gewollt?

Wenn Menschen versuchen, sich verständlich zu machen, kann es zu Mißverständnissen kommen. In Testamenten gibt es für solche gescheiterten Verständigungsbemühungen natürlich auch mehr als genug Gelegenheiten.
Wenn der Erblasser sich widersprüchlich, mißverständlich oder einfach unverständlich ausgedrückt hat, dann muß der Letzte Wille ausgelegt werden.

An dieser Stelle schon einmal hierzu ein paar Tips im Hinblick auf Ihr Testament:

1. Überlegen Sie sich zuerst, welcher Nachlaßwert vorhanden ist und wer Ihre gesetzlichen Erben sind.
2. Benennen Sie Ihre Erben. Wenn Sie die Erben benannt haben, dann ist es unmißverständlicher und schließt *Anfechtungsmöglichkeiten* aus, wenn Sie Ihre gesetzlichen Erben, die Sie enterbt haben, noch einmal beim Namen nennen.
3. Treffen Sie eine *Teilungsanordnung*. Sind im Nachlaß sehr viele Wertgegenstände vorhanden, dann können Sie Streit vermeiden, wenn Sie eine Teilungsanordnung treffen, das heißt jetzt schon festlegen, an wen dieser oder jener Gegenstand fallen soll.
4. Überlegen Sie sich, ob Ihre Erben bestimmte Auflagen erfüllen sollen.
5. Sie sollten sich überlegen, ob Sie einer Person, die nicht Ihr Erbe werden soll, ein *Vermächtnis* zukommen lassen wollen.
6. Zuletzt sollten Sie entscheiden, ob es sich für Ihren Fall lohnt, einen Testamentsvollstrecker einzusetzen. Ein *Testamentsvollstrecker* kostet Geld, kann aber auch Streit verhindern und entscheiden.

Für den Fall, daß ein Mensch sich nicht klar ausdrückt, existieren im BGB allgemeingültige *Auslegungsregeln*. Und wenn diese nicht weiterhelfen, dann gibt es im Erbrecht (in den §§ 2065 ff) eine Reihe von Auslegungsregeln, die speziell für das Erbrecht gelten. Wenn jemand zum Beispiel bestimmt hat, daß sein Vermögen „an die Armen“ fallen soll, dann gibt es dafür im BGB sogar eine eigene Vorschrift (§ 2072 BGB).

Generell gilt für jeden Erblasser: Bemühen Sie sich bitte um Präzision (nicht zuletzt im Interesse Ihrer Erben).

Das Testament aus alten Zeiten (vor einer Scheidung)

Wie erwähnt wird ein Ehegatte nach einer rechtswirksamen Scheidung nicht mehr gesetzlicher Erbe. Dies gilt unter Umständen schon, wenn die Scheidung eingereicht worden war (§ 1933 BGB).
Eine ähnliche Regelung gilt, wenn z. B. die Ehe des Verstorbenen vor dem Tod rechtswirksam geschieden wurde, sich aber ein Testament findet, in dem der geschiedene Ehegatte als Erbe eingesetzt wird (§ 2077 I BGB).
Das Gesetz geht davon aus, daß ein verheirateter Erblasser bei der Abfassung eines Testaments nicht damit rechnet, daß die Ehe vor seinem Tod geschieden wird. Wenn die Ehe nun vor dem Tod aufgelöst wird, dann soll das Testament, in dem der ehemalige Ehegatte als Erbe eingesetzt wurde, unwirksam sein. Allerdings ist diese Vorschrift, so zwingend sie auch formuliert ist, nur als Auslegungsregel zu verstehen, denn wenn anzunehmen ist, daß der Erblasser die Erbeinsetzung auch für einen solchen Fall getroffen haben würde, dann gilt dieser Gesetzesparagraph nicht.
Vorsorglich sollten Sie als Erblasser das alte Testament deshalb durch ein neues Testament ausdrücklich aufheben. Ohne einen solchen Widerruf muß im Streitfall nun seitens des Gerichts geprüft werden, ob tatsächlich Anhaltspunkte dafür vorliegen, daß der Erblasser seinen ehemaligen Ehepartner als Erben behalten wollte. Das Gericht wird bei der Lösung des Falls die Frage beantworten müssen: Was hätte der Erblasser gewollt, wenn er gewußt hätte, daß seine Ehe scheitern würde? Ähnlich ist auch die *Erbeinsetzung des Verlobten* bei *Auflösung des Verlöbnisses* vor dem Tod des Erblassers geregelt (§ 2077).

Das Teilungsverbot

Der Erblasser kann in seinem letzten Willen genau bestimmen, an wen welche Nachlaßgegenstände bei der Teilung fallen sollen (*Teilungsanordnung*). Auf der anderen Seite hat er aber auch die Möglichkeit, in seiner letztwilligen Verfügung ein *Teilungsverbot* auszusprechen. Für die Dauer von bis zu 30 Jahren nach dem Erbfall kann die Aufteilung des Nachlasses unter den Miterben ausgeschlossen werden. Dies kann geschehen, um zum Beispiel ein Familienvermögen zusammenzuhalten, aber auch, um den Kindern des Erblassers das Vermögen bis zur Volljährigkeit zu erhalten.

Was geschieht, wenn der Erblasser nur einen Teil an seine Erben verteilt hat?

Manchmal geschieht es, daß der Erblasser für bestimmte Nachlaßgegenstände eine Erbfolge vorsieht. Was gilt in einem solchen Fall für den Rest des Nachlasses? Wenn nicht alles vom Erblasser verteilt wurde, dann gilt für den Rest die gesetzliche Erbfolge.

Die Anwachsung

Wenn mehrere Personen testamentarisch als Erben eingesetzt wurden und einer von diesen vor dem Erbfall wegfällt, dann kommt es auf den mutmaßlichen Willen des Erblassers an, was für diesen Fall nunmehr gelten soll.
Was für eine Brisanz hinter diesen unscheinbaren Zeilen stecken kann, sei anhand eines kleinen Falles gezeigt.

Der Fall aus dem europäischen Hochadel

Graf Siech zu Seichhorst schreibt in seinen letzten Tagen – allerdings noch voll testierfähig – folgende Zeilen:

Mein Letzter Wille:

Meine Erben sollen mein Sohn Fridolin zu einem Zehntel und meine Tochter Kunigunde zu zwei Zehnteln werden. Die restlichen sieben Zehntel soll das Malteser Kreuz erben, weil die mir immer so nette Ziwildienstleistende auf das Schloß geschickt haben, die mich, der ich so lange an einer bösen Krankheit zu leiden hatte, aufopfernd pflegten.

Baden-Baden, 20. Juni 1994 Graf Siech zu Seichhorst

Nun geschieht es, daß der Sohn Fridolin, einen Tag nachdem er von dem Testament erfahren hat und noch vor dem Tod seines Vaters, mit seinem Maserati bei Tempo 210 auf der Allee des Schloßparks in einer Kurve die Bodenhaftung und damit auch das Leben verliert.
Es läßt sich nicht mehr nachvollziehen, ob Fridolin so unvernünftig gerast ist, weil er sich darüber freute, nicht ganz enterbt worden zu sein, oder ob er sich ärgerte, daß er nur ein Zehntel bekam.
Aber nach dem Tod des Grafen wird nun zwischen den Anwälten des Malteser Kreuzes, der großen Hilfsorganisation und dem Anwalt von Kunigunde um das eine Zehntel von Fridolin gestritten. Und da es sich bei diesem einen Zehntel um insgesamt eine Millionen Mark handelt, kommt es zu keiner gütlichen Einigung, und es werden die Gerichte bemüht. Nun die Frage: Wer bekommt wieviel?

Es ist zu klären, was mit dem Erbteil des Sohnes geschieht. Es wären folgende Möglichkeiten denkbar:

a) Für den Anteil des Fridolin könnte die gesetzliche Erbfolge greifen. Dann würde die Tochter als Erbin der ersten Ordnung alles erben, also die eine Million Mark.

b) Oder der Anteil würde zwischen den Erben im Verhältnis ihrer Erbquote aufgeteilt werden. Dann würde die Tochter plötzlich deutlich weniger erben.

Der Wille des Erblassers ist also ausschlaggebend. In unserem Fall hilft das BGB bei der Auslegung des Willens, und deshalb wird Kunigunde vor Gericht Pech haben. Es gibt im Gesetz eine Regelung auch für diesen Fall (§ 2094 I 1 BGB). Die Vorschrift besagt, daß der Erblasser, wenn er sein gesamtes Vermögen unter seinen Erben verteilt hat – und also alle anderen enterbt hat –, auch für den Fall des Wegfalls eines Erben wollte, daß das Geld nicht an andere Personen fällt. Daher wird das Geld zwischen Kunigunde und dem Malteser Kreuz entsprechend ihrer Erbquote aufgeteilt werden müssen.

Wie wird die Verteilung berechnet?

Vor dem Tod von Fridolin sollten Fridolin 10/100, Kunigunde 20/100 und das Malteser Kreuz 70/100 erben.
Kunigunde bekommt also jetzt nach dem Wegfall von Fridolin von dessen Anteil 20/90 und das Malteser Kreuz 70/90 hinzu.
Und das macht für Kunigunde (1.000.000 mal 20, geteilt durch 90) im Ergebnis: 222.222,22 Mark. Und das Malteser Kreuz bekommt (1.000.000 mal 70, geteilt durch 90) 777.777,78 Mark. Zusammen ist das auf den Pfennig eine Million.

Wer darf ein Testament oder einen Erbvertrag vernichten?

Wenn der Erblasser sich eine Verfügung in seinem Testament anders überlegt, stellt sich die Frage, wie er das bisherige Testament wieder aus der Welt schaffen kann. Der einfachste Weg ist immer das Zerreißen des Papiers und der Wurf in den Papierkorb. Allerdings darf wirklich auch nur der Verfasser eines Testaments (der Erblasser) ein Testament auch wieder vernichten! Bei anderen Personen hat der Staatsanwalt ein Wörtchen mitzureden, d. h., für andere Personen ist es strafbar.

Der Erblasser kann ein Testament jederzeit durch Streichungen oder Zusätze verändern. Es ist jedoch nicht nur aus optischen Gründen gut, wenn ein Testament dazu noch einmal abgeschrieben wird - die Gefahr, daß irgend jemand eine *Manipulation* vermutet, ist dann geringer. Das alte Testament, das nicht mehr gelten soll, kann vernichtet oder aber - am besten mit einem unübersehbaren und nicht entfernbaren Hinweis auf das neue Testament - aufbewahrt werden.

Achtung: Ein Erbvertrag darf vom Erblasser nicht angetastet werden!

Ein Erbvertrag ist immer bindend und kann vom Erblasser allein nicht mehr aus der Welt geschafft werden (siehe Seite 110).

Das Testament - Was muß unbedingt beachtet werden?

Das Äußere eines Testaments

Weil es so wichtig ist, gleich am Anfang die Formalitäten: Ein Testament ist nur dann wirksam, wenn es wie folgt erstellt worden ist:

1. vom Erblasser von vorne bis hinten handschriftlich geschrieben,
2. lesbar, unmißverständlich und ohne Widersprüche,
3. darunter das Datum
4. und die Ortsangabe
5. und die Unterschrift.

Ein Testament muß unbedingt diesen Vorschriften entsprechen. Denn es soll ja mit möglichst großer Sicherheit beweisbar sein, daß das Testament auch vom Erblasser stammt. Ein solches eigenhändiges oder privatschriftliches Testament kann im Vergleich zum öffentlichen Testament fast jeder, jederzeit und an jedem Ort aufsetzen. Man braucht keinen Notar und zahlt dafür kein Geld. Wichtig ist auch, daß das Testament leserlich – das heißt zumindest einigermaßen lesbar – ist. Denn ein unleserliches Testament ist ungültig (§ 2247 BGB). Ein eigenhändiges Testament könnte etwa so aussehen:

> Mein Letzter Wille:
>
> Die Erben meines Vermögens sollen nach meinem Tod meine Skatschwestern zu einem Viertel und mein Hausmeister Herbert Schussel zu drei Vierteln sein.
>
> Baden-Baden, den 20.06.94 Wilhelm Meister

Wozu gibt es Formvorschriften für das Testament?

Da ein Mensch seinen Willen nach dem Tod nicht mehr äußern kann und die Gefahr besteht, daß der letzte Wille verfälscht werden könnte, hat das BGB ursprünglich einmal sehr strenge Formvorschriften aufgestellt. In den ersten knapp 40 Jahren der Geltung des BGB kam es deshalb häufig vor, daß Testamente wegen Formmängeln nicht wirksam waren. Unter der politischen Herrschaft der Nationalsozialisten wurden zahlreiche Änderungen im Erbrecht vorgenommen, von denen viele am 31.7.1938 in Kraft traten. Die meisten betrafen die Regelung der Erbfolge von Menschen, denen die menschenverachtende Rassenlehre der Nationalsozialisten das Recht auf Leben absprach. Unter den geänderten Gesetzesstellen waren auch die Formvorschriften. Viele Eingriffe in das BGB wurden nach dem Krieg wieder aufgehoben – die Formvereinfachungen blieben erhalten.
Allerdings gibt es auch heute noch viele Möglichkeiten, Formverstöße zu begehen. Die Zahl der mit der Schreibmaschine geschriebenen und deswegen null und nichtigen Testamente ist unglaublich hoch. Wenn allerdings die zuvor genannten Grundsätze beherzigt werden, dann ist das Testament in fast allen Fällen wirksam. Das Testament

kann im wesentlichen nur noch dann unwirksam sein, wenn der Inhalt sittenwidrig ist oder bewiesen werden kann, daß der Erblasser nicht testierfähig war.

Das sogenannte „Konkubinentestament"

Ein schon etwas älteres und vielleicht auch nicht mehr so aktuelles Problem tritt auf, wenn jemand seiner Geliebten oder seinem Geliebten durch sein Testament etwas zukommen läßt und dabei vielleicht sogar noch den Ehepartner oder die leiblichen Kinder enterbt.
Zu Zeiten, als diese Erbeinsetzung noch Konkubinentestament genannt wurde, galt eine solche Erbeinsetzung grundsätzlich als sittenwidrig und damit als unwirksam und anfechtbar. Heute haben sich die Ansichten über dieses Thema verändert, und jeder Einzelfall muß für sich betrachtet werden.
Als Erblasser oder Erblasserin können Sie der Gefahr der Anfechtung durch Ihre gesetzlichen Erben ausweichen, indem Sie in Ihrem Testament zum Ausdruck bringen, daß viele Gründe – und nicht nur sexuelle – Sie zur Erbeinsetzung Ihres Freundes oder Ihrer Freundin bewogen haben.
Solche anderen Gründe könnten etwa sein:

- daß Ihre Ehe zerrüttet war,
- daß der Freund oder die Freundin Pflegeleistungen erbracht hat,
- daß der Freund oder die Freundin auch Opfer gebracht hat,
- daß Sie ohne die Zuwendung und das Verständnis Ihres Freundes oder Ihrer Freundin das Vermögen nicht hätten erwerben oder erhalten können.

Ein sittenwidriges Testament kann auch wieder wirksam werden. Dies ist der Fall, wenn der Erblasser oder die Erblasserin nach dem Tod des Ehepartners Freundin oder Freund heiratet. Denn dann entfällt der Grund für die Sittenwidrigkeit.

Was geschieht bei Unwirksamkeit eines Testaments?

Bei Unwirksamkeit eines Testaments – also bei Formunwirksamkeit – gilt die gesetzliche Erbfolge.

Die amtliche Verwahrung

Das eigenhändige Testament kann wie das *öffentliche Testament* auch in amtliche Verwahrung genommen werden (§ 2248 BGB). Die Gebühr entspricht derjenigen, die bei Hinterlegung eines öffentlichen Testaments fällig wird, sie ist gering.
Die *Rücknahme eines eigenhändigen Testaments aus der amtlichen Verwahrung* macht das eigenhändige Testament nicht unwirksam – anders als beim öffentlichen Testament. Vielleicht ist für Sie auch noch interessant, daß Sie beim eigenhändigen Testament jederzeit die Verwahrung bei einem anderen Amtsgericht verlangen können, ohne daß die Ortsänderung Kosten verursacht. Das kann dann für Sie wichtig sein, wenn Sie noch nicht wissen, ob Sie Ihr Testament noch verändern wollen. Denn dann könnte es für Sie ja praktischer sein, wenn Sie es zu dem Amtsgericht, das Ihr Testament verwahrt, nicht allzu weit haben.

Die goldenen Regeln für Ihr Testament

1. Wichtig ist, daß Sie die *Formvorschriften* beachten – also im Testament alles von vorne bis hinten handschriftlich schreiben und mindestens mit Vornamen und Nachnamen unterschreiben, besser auch mit Ort und Datum.
2. Auch als Erblasser sollten Sie nichts verbessern oder streichen, da sonst die Gefahr größer wird, daß jemand irgendwann einmal behauptet, daß an dem Testament manipuliert worden sein könnte. Wenn Sie sich verschrieben haben, sollten Sie das Testament lieber noch einmal abschreiben.
3. Sie sollten die geringe Hinterlegungsgebühr investieren und das Testament bei einem Amtsgericht in *Verwahrung* geben, um Ihr Testament und Ihren Letzten Willen zu schützen.
4. Wenn Sie Bedenken haben, daß jemand das Testament angreifen könnte, sollten Sie zum Notar gehen und dort ein *öffentliches*

Testament machen. Das ist zwar noch einmal etwas teurer, sichert aber Ihren Letzten Willen auch besser als ein privatschriftliches (eigenhändiges) Testament.

Wie nutzt man die Vorteile des Ehegattentestaments?

Achtung: Die Interessen bei einem Ehegattentestament können so komplex und schwierig zu durchschauen sein, daß in der Praxis häufig Fehler gemacht werden und das Ergebnis dem Willen des Erblassers zuwiderläuft. Sie sollten sich bei etwas komplexeren Nachlässen anwaltlich oder notariell beraten lassen.

Ehegatten können zusammen ein Testament machen. Das hat Vorteile, auf die ich noch eingehen werde. Vor allem ermöglicht es, daß ein Ehegatte Regelungen trifft, die mit den Verfügungen des anderen zusammenhängen und die nach dem Tod eines von beiden unabänderbar werden.

Die Grundlagen des gemeinschaftlichen Ehegattentestaments

Ein *gemeinschaftliches Testament* darf nur von Ehegatten gemacht werden (§ 2265 BGB). Eine *Verlobung* reicht nicht. Es handelt sich um zwei Testamente in einem Dokument. Solange noch beide Ehegatten leben, entfaltet dieses Testament, anders als beim *Erbvertrag* (siehe Seite 110 ff), noch keine Wirkung. Erst mit dem Tod eines der Ehegatten wird das Ehegattentestament unabänderbar.
Dies wird bedeutsam, wenn der überlebende Ehepartner das gemeinsame Testament aufheben möchte. Während ein normales Testament unbeschränkt durch den Testierenden aufhebbar oder auch durch ein neues ersetzbar ist, kann das gemeinschaftliche Testament nur unter ganz bestimmten Voraussetzungen widerrufen werden (siehe Seite 92).
Häufig ist im Ehegattentestament eine *Wiederverheiratungsklausel* enthalten. Diese beinhaltet folgendes:

Die Wiederverheiratungsklausel

Häufig wird die Einsetzung des anderen Ehegatten als Erben davon abhängig gemacht, daß dieser sich nach dem Tod nicht wieder verheiratet. Dazu wird dann etwa vorgesehen, daß der überlebende Ehegatte sich bei einer solchen Wiederverheiratung mit den Erben auseinandersetzen soll. Eine andere Form der Wiederverheiratungsklausel ordnet an, daß der wiederheiratende Ehepartner an die Kinder des Erblassers ein *Vermächtnis* in Höhe der gesetzlichen Erbteile auszahlen soll.
Der Grund für eine Wiederverheiratungsklausel ist, daß das Vermögen „in der Familie bleiben soll", da ja der in die Familie einheiratende Gatte auch erbberechtigt würde.
Eine solche Klausel ist als Einschränkung des Testamentes gültig.

Formvorschriften des gemeinschaftlichen Ehegattentestaments

Für das Ehegattentestament reicht es, wenn nur einer der Ehegatten das Testament handschriftlich schreibt und unterschreibt und der andere Ehegatte sich nur auf das Unterschreiben beschränkt (das sog. *Formprivileg*).

Wechselbezügliche Verfügungen im Ehegattentestament

Sehr interessant für Ehegatten ist ferner die Möglichkeit, wechselbezüglich zu verfügen. Das klingt kompliziert, ist es aber nicht.

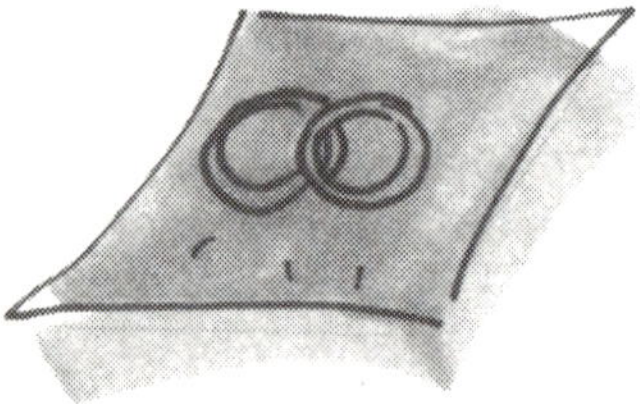

Ein Beispiel:

> Unser Testament:
>
> Wir, die Eheleute Wilma und Wilhelm Meister, setzen uns gegenseitig als alleinige Erben ein. Wenn der letzte von uns stirbt, sollen die Schwester von Wilma und der Bruder von Wilhelm zu gleichen Teilen Erben werden.
>
> Baden-Baden, den 20.06.94
>
> Wilhelm Meister
> Wilma Meister

Hier haben die beiden Ehepartner ein gemeinschaftliches Ehegattentestament aufgesetzt. Darin haben sie bestimmt, daß der Längerlebende der Erbe des Verstorbenen werden soll. Erst wenn dieser verstirbt, sollen die Geschwister zu gleichen Teilen erben. In einem solchen Fall wird vom Gesetz vermutet, daß die Ehepartner der Erbeinsetzung des Verwandten des anderen nur unter der Bedingung zugestimmt haben, daß der eigene Verwandte auch als Erbe eingesetzt wird (§ 2270 II BGB). Das BGB spricht von einer wechselbezüglichen Verfügung.

Was sind wechselbezügliche Verfügungen?

Wenn aus den Umständen hervorgeht, daß die Verfügung eines Ehepartners nicht ohne die Verfügung des anderen getroffen sein würde, dann sind diese beiden Verfügungen wechselbezüglich. Damit nach dem Tode des Erstversterbenden der Längerlebende die Erbfolge nicht mehr verändern kann, hat das Gesetz eine Bindungswirkung für wechselbezügliche Verfügungen vorgesehen. Durch die Bindungswirkung kann sich jeder sicher sein, daß sich der andere Ehegatte an die gemeinschaftliche Verfügung auch nach dem eigenen Tod hält. Für den Widerruf von wechselbezüglichen Verfügungen gelten besondere Regeln.

Der Widerruf von wechselbezüglichen Verfügungen

Zu Lebzeiten beider Ehegatten kann ein gemeinschaftliches Ehegattentestament jederzeit formfrei (d. h., auch durch ein eigenhändiges Testament) widerrufen werden, wenn darin keinerlei wechselbezügliche Verfügungen enthalten sind.

Etwas anderes gilt für solche gemeinschaftlichen Testamente, die wechselbezügliche Verfügungen enthalten. Für den Widerruf von wechselbezüglichen Verfügungen zu Lebzeiten ist die Form der notariell beurkundeten Erklärung nötig. Der andere Ehegatte muß von dem Widerruf Kenntnis erhalten. Dazu wird die Urschrift dieser Widerrufserklärung oder eine Kopie davon dem anderen Ehegatten förmlich durch einen Gerichtsvollzieher zugestellt. Wenn einer der beiden Verfügenden vor einer solchen Zustellung stirbt, wird das gemeinschaftliche Testament bindend und kann grundsätzlich nicht mehr widerrufen werden.

Wahrscheinlich haben Sie es schon gemerkt: Wenn ein Jurist das Wort „grundsätzlich" benutzt, dann gibt es meist eine Ausnahme. So ist das auch hier. Die Bindungswirkung gilt bei wechselbezüglichen Verfügungen dann nicht, wenn der Dritte, der durch das Ehegattentestament begünstigt wird, dem zuerst versterbenden Ehegatten „nicht nahegestanden hat" (§§ 2270 II, 2271 BGB). In diesem Fall kann der überlebende Ehegatte eine andere Verfügung treffen und diesen Dritten zum Beispiel enterben.

Ein Beispiel:

Die Eheleute Paul und Paula haben sehr unterschiedliche Hobbies. Paula geht jeden Sonntag zum Skatklub, und Paul geht dreimal in der Woche zum Kegeln.

Paul und Paula machen ein gemeinschaftliches Testament mit wechselbezüglichen Verfügungen. In diesem Testament bestimmen die beiden unter anderem, daß Pauls Kegelverein nach dem Tod des Letztversterbenden Erbe werden soll.

Sollte Paula zuerst sterben, dann gibt es für Paul keine Bindungswirkung – in diesem Fall kann sich Paul die Erbeinsetzung seines Kegelvereins noch einmal überlegen. Paul kann also auch nach dem Tod von Paula noch ein anderslautendes und trotzdem wirksames Testament machen.

Ein solcher Fall ist aber relativ selten – denn meistens wird in einem gemeinschaftlichen Ehegattentestament jemand bedacht, der beiden Eheleuten nahestand.
Es gibt nur noch eine einzige Möglichkeit, wie sich der überlebende Ehegatte von der Bindungswirkung des Testaments befreien kann: Er muß für die ganze Erbschaft die *Ausschlagung* erklären. Dann wird er frei von der eigenen Verpflichtung (§ 2271 II 1 BGB). Ihm bleibt dann nur noch der Anspruch auf den *Pflichtteil* (§ 1371 III BGB) und den *Zugewinn* (bei *Zugewinngemeinschaft*) übrig. Gleichzeitig kann er über sein eigenes Vermögen wieder frei verfügen.

Das Berliner Testament

Häufig werden die Begriffe *Ehegattentestament* und *Berliner Testament* synonym verwandt. Dabei ist die Form des Berliner Testaments nur eine von vielen Möglichkeiten, ein gemeinschaftliches Ehegattentestament zu gestalten.
Erinnern Sie sich noch an das oben gezeigte Ehegattentestament von Wilma und Wilhelm Meister? Das war ein solches Berliner Testament (§ 2269 BGB). Beim Berliner Testament setzen sich die Eheleute gegenseitig zu Erben ein, meist um einander durch die Erbeinsetzung Sicherheit zu gewähren. Gleichzeitig werden durch ein Berliner Testament auch schon die Weichen für die Erbfolge nach dem Letztversterbenden gestellt – regelmäßig wird also der Übergang des Familienvermögens auf die Nachkommen mitgeregelt.
Es gibt beim Berliner Testament zwei verschiedene Gestaltungsmöglichkeiten, wie der Nachlaß vererbt werden kann. Denn es muß zwischen der *Einheitslösung* und der *Trennungslösung* unterschieden werden.
Bei der Einheitslösung wird der überlebende Ehegatte in vollem Umfang Erbe des Vorverstorbenen, und der Dritte oder die Dritten, mei-

stens die Kinder, werden dann nach dem Tod des Letztversterbenden Erben des gesamten Vermögens.
Bei der Trennungslösung setzen die Eheleute sich gegenseitig als *Vorerben* ein. Der Dritte oder die Dritten werden als *Nacherben* eingesetzt. (Worin der Unterschied zwischen der Einheitslösung und der Trennungslösung mit Vor- und Nacherbschaftsregelung liegt, siehe Seite 99 ff)
Übrigens: Jedes gemeinschaftliche Testament, also auch das Berliner Testament, wird ohne Zutun der Eheleute unwirksam, wenn zu Lebzeiten von beiden die Scheidung von einem der Ehegatten beantragt wird.

Das Vermächtnis – die Übertragung einzelner Vermögensgegenstände

Was ist ein Vermächtnis?

Wenn der Erblasser jemanden in seiner letztwilligen Verfügung nicht zu seinem Erben machen, ihm aber trotzdem etwas zukommen lassen möchte, dann kann er die Form des Vermächtnisses wählen.

Wie funktioniert ein Vermächtnis?

In einem Vermächtnis erhält jemand vom Erblasser durch Einsetzung im Testament Gegenstände aus dem Nachlaß oder eine bestimmte Geldsumme. Der Anspruch aus dem Vermächtnis richtet sich gegen die Erben. Der Vermächtnisnehmer wird kein Erbe, gehört also auch nicht zu der *Erbengemeinschaft.*

Ein Testament mit *Erbeinsetzung* („meine Kinder aus erster Ehe") und zusätzlich einem *Vermächtnis* („mein Sohn Fritz aus zweiter Ehe") kann etwa so aussehen:

Testament:

Meine Erben sollen meine Kinder aus erster Ehe sein, und mein Sohn Fritz aus zweiter Ehe soll nur mein Auto erhalten.

Baden-Baden, den 20.06.94 Wilhelm Meister

Die Einlösung des Vermächtnisses

Die Erben werden im obigen Beispiel mit dem Erbfall auch Eigentümer des Autos. Der Vermächtnisnehmer (in diesem Fall der Sohn Fritz aus zweiter Ehe), kann dann von den Erben die Übereignung (Übertragung des Eigentums) verlangen.

Was ist ein Ersatzvermächtnis?

Wenn der Erblasser es für möglich hält, daß der zunächst Bedachte wegfällt (also zum Beispiel weil er vorher stirbt oder ausschlägt), kann er anordnen, wer an dessen Stelle den Gegenstand erhalten soll. Diese Verfügung ist dann ein Ersatzvermächtnis.

Was ist ein Gattungsvermächtnis?

Wenn der Erblasser sich nicht entscheiden konnte, was zum Beispiel für seinen Enkel die richtige Wagenwahl wäre, dann geschieht es schon einmal, daß einem Vermächtnisnehmer „ein neues Auto" vermacht wird. Man kann sich vorstellen, daß das dem Frieden unter den Erben nicht besonders zuträglich ist, denn bei einem solchen Beispiel ist leider Streit häufig vorprogrammiert – in unserem Fall hat bestimmt jedes Mitglied der Familie eine andere Meinung darüber, welcher Autotyp für den *Vermächtnisnehmer* angeschafft werden muß.

In einem solchen Fall hilft das Gesetz weiter. Wenn tatsächlich ein Gattungsvermächtnis vorliegt, dann muß eine Sache geleistet werden, die „den Verhältnissen des Bedachten entspricht“ (§ 2155 I BGB). – Also, der Student bekommt von den Erben eine Ente, der Jungunternehmer den Mittelklassewagen?

Was ist ein Wahlvermächtnis?

Wenn der Erblasser Entscheidungsschwierigkeiten hat, dann kann er auch zum Beispiel anordnen, daß jemand „eines meiner Autos aus meiner Garage“ bekommt. Der Erblasser kann außerdem anordnen, wer den Wagen aussuchen darf. Wenn er dies nicht anordnet, ist in der Regel der Erbe berechtigt auszusuchen. Wieder eine gute Gelegenheit für Streit. Deswegen die Bitte an die Erblasser: Bitte entscheiden Sie sich!

Was ist ein Vorausvermächtnis?

Der Erblasser kann jemanden zum Erben machen, ihm aber auch zusätzlich ein Vermächtnis zuwenden. Als Beispiel kann folgendes Testament dienen:

> Mein Letzter Wille:
>
> Ich setze meinen Sohn Peter und meine Tochter Petra zu alleinigen Erben ein. Darüber hinaus soll Peter den Porsche erhalten, ohne daß er sich diesen auf seinen Erbteil anrechnen lassen muß.
>
> Baden-Baden, den 20.06.94 — Wilhelm Meister

Dieses Testament hat für Peter den Vorteil, daß er sich das darin enthaltene Vermächtnis bei der Teilung nicht anrechnen lassen muß. Peter erhält also im Ergebnis mehr als seine Quote.

Der Unterschied von Teilungsanordnung und Vorausvermächtnis

Denken Sie sich folgendes Beispiel: Der Erblasser hat in seinem Testament mehrere Erben eingesetzt und ansonsten Ausführungen dazu gemacht, wie einzelne Gegenstände aus dem Nachlaß verteilt werden sollen. In diesem Fall stellt sich ein Problem! Hinter dieser „Verteilungsregelung" kann sich entweder ein Vorausvermächtnis oder eine Teilungsanordnung – auch Auseinandersetzungsanordnung genannt – verbergen.

Was ist eine Teilungsanordnung?

Der Erblasser kann in seiner Verfügung von Todes wegen auch schon Anordnungen treffen, wie der Nachlaß unter den Erben verteilt werden soll. In der Regel empfiehlt sich das sogar, damit Streit vermieden wird. Allerdings kann durch eine Teilungsanordnung kein Erbe eingesetzt werden. Sie müssen also darauf achten, daß Sie jemanden in Ihrem Letzen Willen erst einmal als Erben einsetzen, bevor Sie bestimmen, welche Nachlaßgegenstände er erhalten soll.

Wichtig ist also für Ihr Testament, daß Sie eine klare Unterscheidung treffen, ob sich die Erben das durch die Teilungsregelung Erhaltene auf den Erbteil anrechnen lassen sollen oder nicht, wie im Fall des Vorausvermächtnisses.

Ein kleines Beispiel:

Mein Testament:

Meine Erben sollen meine Tochter Tina und mein Sohn Fritz werden. Tina soll das Bild über dem Kamin erhalten, da sie schon als kleines Kind immer ganz begeistert davorgesessen hat.

Baden-Baden, den 20.06.94 Wilhelm Meister

Nun muß zu unserem Fall noch gesagt werden, daß das Bild ein sehr wertvoller Druck einer Graphik von Picasso mit einem Wert von DM 50.000,– sein soll und daß das sonstige Vermögen genau DM 100.000,– beträgt. Wenn sich Tina das Bild anrechnen lassen muß, dann wird mit einem Betrag von DM 150.000,– für den gesamten zu verteilenden Nachlaß gerechnet. Und Tina hat einen Anspruch auf die Hälfte, also auf DM 75.000,–. Sie bekäme also noch DM 25.000,–. Wenn Tina sich das Gemälde nicht anrechnen lassen muß, dann bekommt sie das Bild sozusagen „vorab" als Vorausvermächtnis, und die DM 100.000,– müssen noch zwischen ihr und ihrem Bruder aufgeteilt werden. Sie erhält also noch weitere DM 50.000,–.

Ich hoffe, dieses Beispiel hat gezeigt, wie wichtig es ist, daß das Testament in Fällen einer „Verteilungsregelung" eindeutig ist.
In einem Fall wie dem Testament von Wilhelm Meister muß das Gericht im Klagefall herausfinden, ob sich Tina das Bild auf ihren Erbteil anrechnen lassen muß. Und dabei kommt es auf den Willen des Erblassers zu Lebzeiten an, der regelmäßig sehr schlecht zu beweisen sein wird. Bei einem Fall wie dem geschilderten kann es zum Beispiel darauf ankommen, ob der Erblasser in der Verfügung von Todes wegen oder irgendwann sonst angedeutet hat, daß beide Erben gleich viel bekommen sollen. Jeder kann sich sicher vorstellen, wieviel Ärger ein solches Verfahren machen kann. Deswegen auch hier wieder die Bitte an den Erblasser: Formulieren Sie bitte eindeutig!

Was ist ein gesetzliches Vermächtnis?

Das wichtigste gesetzliche Vermächtnis ist der *Voraus des Ehegatten.* Der Voraus umfaßt die *Haushaltsgegenstände*, aber auch solche Dinge wie zum Beispiel den Zweitwagen. Allerdings erhält der Ehepartner nur dann den Voraus, wenn Sie kein Testament machen:

Achtung: Sobald Sie ein Testament machen und Sie dem Ehepartner trotzdem den Voraus zukommen lassen wollen, dann müssen Sie das im Testament erwähnen. Sie haben vor allem die Möglichkeit, dem Ehepartner den *Voraus als Vorausvermächtnis* zukommen zu lassen.

Sicherheit für die Nacherben: die Vorerbschaft

Erben in Wartestellung – Die Nacherben

Stellen Sie sich vor, daß Ihre Erben vielleicht noch jung sind und den Nachlaß momentan noch gar nicht verwalten können. Oder Sie wollen einem Ihrer Erben zeit seines Lebens eine Sicherheit verschaffen und jetzt schon festlegen, wer nach dessen Tod das Erbe erhalten soll. Dies sind typische Fälle, wo die *Vor- und Nacherbschaftsregelung* Anwendung findet.

Wenn der Erblasser Vor- und Nacherbschaft anordnet, dann erbt zuerst der *Vorerbe* und erst beim *Nacherbfall* der Nacherbe. Sowohl der Vor- als auch der Nacherbe erben von demselben Erblasser. Um den Unterschied zur normalen Erbfolge zu verstehen, können Sie sich jedoch vorstellen, daß der Vorerbe sein Erbe als Platzhalter antritt. Vielleicht wollen Sie als Erblasser mit der Bestimmung von Vor- und Nacherbschaft verhindern, daß die Nacherben über das Erbe zu früh verfügen können. Der Nachlaß soll erst einmal in der Verwaltung des Vorerben verbleiben. Den Zeitpunkt des Nacherbfalls können Sie bestimmen. Der *Nacherbfall* kann der Tod des Vorerben sein. Sie können aber auch bestimmen, daß der Zeitpunkt der Volljährigkeit bei minderjährigen Kindern als Zeitpunkt für den Nacherbfall gelten soll. Der Vorerbe, häufig der Ehepartner, hat dann auch die Aufgabe, den Nachlaß für die Nacherben, die Kinder, bis zum Nacherbfall zu verwalten und zu erhalten.

Achtung: Der Vorerbe darf über den Nachlaß nicht unbeschränkt verfügen.

Dem Vorerben steht das Erbvermögen nur vorübergehend zu. Lesen Sie doch mal die §§ 2113 bis 2115 BGB.

Wenn der Nachlaß eine Fabrik umfaßt, dann darf der Vorerbe die Gewinne der Fabrik für sich behalten, als würde diese ihm gehören. Allerdings darf er das Grundstück, auf dem die Fabrik steht, nicht veräußern. Er muß so lange Eigentümer dieses Grundstücks bleiben, bis der Nacherbe sein Erbe antritt. Der Nacherbe wird dann unbelasteter Eigentümer und könnte das Erbe also auch veräußern. Gleiches gilt natürlich auch für andere Grundstücke und Häuser usw. Eine Ausnahme gilt dann, wenn der Erblasser einen befreiten Vorerben eingesetzt hat und damit den Vorerben von seinen Beschränkungen entbindet:

Der befreite Vorerbe

Der Erblasser kann den Vorerben von einigen gesetzlichen Beschränkungen und Verpflichtungen befreien (§ 2136 BGB). Damit kann er dem Vorerben im obigen Beispiel zum Beispiel ermöglichen, auch das Grundstück, auf dem die Fabrik steht, zu verkaufen (Befreiung von § 2113 BGB).

Der Ausschluß des Nacherbfalls nach 30 Jahren

Der Nacherbfall ist ausgeschlossen, wenn der Vorerbe den Erblasser länger als 30 Jahre überlebt, ohne daß der Nacherbfall eingetreten ist. Der Nacherbe verliert dann seine Stellung als Nacherbe und alle seine Rechte auf den Nachlaß.

Vor- und Nacherbschaft im gemeinschaftlichen Ehegattentestament

Die größte Bedeutung hat die Regelung der Vor- und Nacherbschaft im Bereich der gemeinschaftlichen Ehegattentestamente. Häufig bestimmen Ehegatten, daß der Längerlebende Erbe wird und nach dessen Tod das Erbe an die gemeinsamen Kinder fallen soll (Berliner Testament).

Wie oben schon geschildert, gibt es beim Berliner Testament zwei Möglichkeiten, die Erbfolge zu regeln: die *Einheits- und die Trennungslösung* (siehe Seite 93).

Die Trennungslösung bedeutet, daß sich die Eheleute gegenseitig als *Vorerben* einsetzen und daß nach dem Tod des Letztversterbenden Dritte, meist die Kinder, die *Nacherben* werden sollen. In einem solchen Fall werden die Kinder mit dem Tod des Letztversterbenden dessen Erben und gleichzeitig die Nacherben des Erstversterbenden.

Wenn in einem Berliner Testament nicht unterschieden wird, ist grundsätzlich die Einheitslösung die Regel. Und das bedeutet, daß nach dem Tod des ersten Ehegatten der Überlebende Vollerbe wird. Erst nach dessen Tod wird das gemeinsame Kind dann Erbe des gesamten Erbes. Dieses Modell hat für den Nachversterbenden den Vorteil, daß dieser nicht in seiner Verfügungsberechtigung eingeschränkt ist. Wenn Sie also den Nachlaß besonders für bestimmte Erben schützen wollen, müssen Sie aktiv werden.

Achtung: Bei der Einheitslösung des Berliner Testaments haben die Kinder einen Pflichtteilsanspruch! Dieser Pflichtteilsanspruch kann den überlebenden Ehepartner finanziell sehr stark belasten.

Ihr Ziel sollte es in diesem Fall sein, die Geltendmachung des Pflichtteils-anspruchs zu verhindern. Das können Sie auf mehreren Wegen erreichen. Ein Weg ist, die sogenannte *Wohlverhaltensklausel* in das Berliner Testament aufzunehmen (lesen Sie dazu auch den Testamentsentwurf Nr. 11, Seite 238). Eine solche Klausel ordnet an, daß die Pflichtteilsberechtigten (meist die Kinder) für den Fall, daß sie nach dem Tod des Erstversterbenden den Pflichtteil geltend machen, damit bestraft werden, daß sie auch nach dem Tod des Letztversterbenden nur den Pflichtteil erhalten. Allerdings müssen Sie in einem solchen Fall daran denken, einen Erben anzugeben, der anstelle der Pflichtteilsberechtigten das Erbe anzutreten hat.
Ein anderer Weg, den überlebenden Ehepartner zu schützen, ist die Möglichkeit, mit den Kindern oder den anderen Pflichtteilsberechtigten einen Erbverzichtsvertrag abzuschließen.

Bei Ausfall eines Erben – die Ersatzerbschaft

Wie können Sie sich eigentlich gegen den Ausfall eines von Ihnen gewünschten Erben wappnen? Dies ist ein Fall für die *Ersatzerbschaft.* Ein *Ersatzerbe* wird vom Erblasser benannt, wenn er befürchtet, daß der

Erbe, den er eigentlich vorgesehen hat, wegfallen könnte, und er zum Beispiel dessen Abkömmlinge als Erben ausschließen möchte.

Der Ersatz-Nacherbe

Eine recht seltene Spezies ist der *Ersatz-Nacherbe*, eine Blüte, auf die nur gutinformierte Erblasser kommen. – Also vielleicht Sie nach der Lektüre dieses Buches?
Ein solcher Ersatz-Nacherbe wird eingesetzt, wenn bei einer Vor- und Nacherbschaftsregelung ein Ersatzerbe für den Nacherben eingesetzt werden muß, beispielsweise für den Fall, daß man die Abkömmlinge des Nacherben nicht als Erben möchte.
Als Beispiel: Ein Erblasser bestimmt seine Frau als Vorerben und seinen Sohn als Nacherben. Dieser Erblasser möchte aber nicht, daß die Kinder seines Sohnes das Vermögen erhalten, wenn er seinen Sohn überleben sollte. Dann wird er einen Ersatz-Nacherben einsetzen, der anstelle des Sohnes Erbe werden soll.

Die Enterbung – Ist es aus mit dem Traum vom vielen Geld?

Die Enterbung gilt im Bewußtsein der Bevölkerung als die härteste Strafe, die ein Erblasser sich für einen seiner Angehörigen ausdenken kann. Der Erblasser ist völlig frei darin, seine sämtlichen Erben, also auch seine allernächsten Angehörigen, durch letztwillige Verfügung ein für allemal von der Erbfolge auszuschließen (§ 1938 BGB).

Was bedeutet die Enterbung im einzelnen?

Den gesetzlichen Erben kann das Erbrecht durch ein Testament einseitig oder durch einen Erbvertrag einverständlich entzogen werden. Das bedeutet jedoch nicht, daß die Enterbten im Erbfall gar nichts mehr bekommen. Auch wenn jemand vom Erblasser ausdrücklich als Erbe ausgeschlossen wird, so haben doch Ehegatten, Abkömmlinge und Eltern, also dem Erblasser besonders nahestehende Menschen, noch den Anspruch auf den sogenannten *Pflichtteil* (§ 2303 BGB). Deswegen lautet die etwas freundlichere Umschreibung für die Enterbung auch *„Setzen auf den Pflichtteil"*.

> **Achtung:** *Geschwister* haben grundsätzlich keinen Pflichtteilsanspruch. Der Ausnahmefall: Wenn der Erblasser von seinen Eltern beerbt wurde und diese sterben, dann können die Geschwister über § 2317 II BGB den Pflichtteilsanspruch erben. Allerdings ist dabei zu beachten, daß für diesen Ausnahmefall die Todesfälle des Erblassers und seiner Eltern sehr dicht aufeinander folgen müssen, da der Pflichtteilsanspruch der *Verjährung* innerhalb von drei Jahren unterliegt (§ 2332 I BGB).

Hinter dem Pflichtteil steckt die Wertung des Gesetzes, daß gesetzliche Erben, die dem Erblasser besonders nahestehen, nicht gänzlich leer ausgehen sollen. Der Pflichtteil besteht in dem Wert der Hälfte des gesetzlichen Erbteils (§ 2303 I 2 BGB). Es handelt sich bei dem Pflichtteil um eine Geldforderung der Pflichtteilsberechtigten gegen den Nachlaß, das heißt gegen die Erben. Bis drei Monate nach dem Erbfall können die Erben die Auszahlung verweigern. Dann müssen die Erben dem Pflichtteilsberechtigten den Gegenwert der Hälfte seiner gesetzlichen Erbquote auszahlen.
Die Berechnung des Pflichtteils erfolgt nach dem Wert des Vermögens. Dabei wird grundsätzlich der Verkehrswert zugrunde gelegt. Interessant ist dabei, daß es mehre Nachlaßwerte geben kann: einen, der für das Finanzamt zur Berechnung der Erbschaftssteuer herangezogen wird, und einen (erheblich höheren), der zur Berechnung des Pflichtteils herangezogen wird (siehe Seite 158).

Achtung!
Die Berechnung des Pflichtteilsanspruchs hat noch eine kleine Tücke:

Bei der Berechnung des Pflichtteilsanspruchs wird unter Umständen nicht von demselben Nachlaßwert ausgegangen wie bei der Berechnung eines Erbteils. Wenn es um die Berechnung von Erbteilen geht, dann wird erst einmal die Differenz zwischen Aktiva und Passiva gebildet, es wird also „von dem, was da ist" alles abgezogen, was noch zu bezahlen ist, bevor die Erben ihr Geld bekommen (siehe Seite 158 ff). Bei der Pflichtteilsberechnung ist das anders. So werden zum Beispiel die Pflichtteilsansprüche vom Nachlaßwert nicht abgezogen. Auch Vermächtnisse und Auflagen sowie die den Erben treffende Erbschaftssteuerschuld werden nicht abgezogen. Gelegentlich kommt es vor, daß bei der Berechnung des Pflichtteils von einem erheblich höheren Nachlaßwert ausgegangen, ja sogar der Nachlaß von den Pflichtteilsansprüchen völlig aufgezehrt wird und für die Erben nichts übrigbleibt. Dies kann dann der Fall sein, wenn zum Beispiel hohe Vermächtnisse zu erfüllen sind.

Wie groß ist der Pflichtteil von Abkömmlingen, wenn ein Ehepartner bei Zugewinngemeinschaft Alleinerbe wird?

Warum das ein Problem ist? Weil nirgends im Gesetz steht, von welcher Erbquote des Ehegatten bei der Berechnung des Pflichtteils auszugehen ist, wenn der Güterstand der Ehe die Zugewinngemeinschaft war. Denn der Ehegatte erbt ja gesetzlich neben den Kindern eigentlich ein Viertel. Wenn der Ehe aber die Zugewinngemeinschaft zugrunde lag, dann kommt noch ein Viertel hinzu – der Ehepartner erbt also zur Hälfte. Das enterbte Kind bekommt nach der Enterbung die Hälfte des gesetzlichen Erbteils. Wie groß ist aber der gesetzliche Erbteil des Kindes? Das Problem ist:

Wovon bekommt das enterbte Kind jetzt die Hälfte – von der Hälfte oder von Dreiviertel?

Um dieses Problem hat es viel Streit unter den Juristen gegeben, und ganze Bibliotheken sind darüber geschrieben worden. Und eigentlich könnte man mit guten Gründen jede der Möglichkeiten für die richtige halten. Nun – der Bundesgerichtshof hat eines schönen Tages ein Machtwort gesprochen, und die vielen Bücher „wurden zu Staub". Seither ist es so, daß man bei der Berechnung des Pflichtteils (von einzelnen Kindern neben alleinerbenden Ehegatten bei Zugewinngemeinschaft) von einem gesetzlichen Erbteil des Ehegatten von der Hälfte ausgeht. Das enterbte Einzelkind bekommt in diesem Fall die Hälfte von der Hälfte, also ein Viertel.

Übrigens: Die Pflichtteilsberechtigten können von den Erben jederzeit Auskunft über den Wert des Nachlasses verlangen (§ 2314 BGB). Die Pflichtteilsberechtigten können auch verlangen, daß das Verzeichnis für die Wertermittlung vom Nachlaßgericht oder einem Notar aufgenommen wird (§ 2314 I Satz 3 BGB). Der Gesetzgeber hat so den Pflichtteilsberechtigten ein recht zuverlässiges Mittel in die Hand gegeben, den Erben auf die Finger zu schauen.

Besonderheiten beim Pflichtteilsanspruch des nichtehelichen Kindes

Bei der Berechnung des *Pflichtteilsanspruchs* des *nichtehelichen Kindes* wird von einem anderen *Nachlaßwert* ausgegangen als bei der Berechnung des *Erbersatzanspruchs* (siehe Seite 53).
Bei der Berechnung des Erbersatzanspruchs wird der Nachlaßwert um sämtliche *Nachlaßverbindlichkeiten* vermindert. Das ist beim Pflichtteilsanspruch anders. Der Unterschied liegt in der Berechnung des Nachlaßwertes: Beim nichtehelichen Kind werden zwar die *Erblasserschulden,* aber nicht sämtliche Nachlaßverbindlichkeiten abgesetzt. Nicht abzusetzen sind etwa die *Vermächtnisse, Auflagen* und *Pflichtteilsansprüche* oder die *Kosten der Testamentsvollstreckung.* Es wird also von einem unter Umständen erheblich höheren Nachlaßwert ausgegangen.
Der Grund für die ungleiche Behandlung liegt darin, daß der Pflichtteilsanspruch des nichtehelichen Kindes erheblich höher ist als die Hälfte des Erbersatzanspruchs. Das kann so weit gehen, daß der Pflichtteilsanspruch die Höhe des Erbersatzanspruchs erreicht oder sogar noch darüber hinausgeht.
Und das bedeutet, daß es unter Umständen für ein nichteheliches Kind besser sein kann, wenn es „enterbt" wird, ihm also der Erbersatzanspruch durch Verfügung von Todes wegen entzogen wird, und es „nur" den Pflichtteil erhält.

Wichtig ist, zwischen der *Entziehung des Erbrechts* und der *Entziehung des Pflichtteils* zu unterscheiden. Wenn jemand im Testament ausdrücklich „nichts erben soll“, dann ist das der Normalfall der *Enterbung* und bedeutet die Entziehung des Erbrechts. Eine solche Formulierung im Testament führt dann dazu, daß der Genannte nicht Erbe wird und nur noch seinen Pflichtteil erhält. Profitieren werden von der Enterbung immer die Erben, weil die Quote jedes einzelnen Erben natürlich mit jeder Enterbung eines anderen Erben größer wird.

Ein Beispiel:

> Mein Testament:
>
> Mein Sohn Peter, dieser Lausejunge, soll nichts von meinem Geld bekommen. Das soll alles meine Tochter Sybille bekommen.
>
> Baden-Baden, den 20.06.94 Wilhelm Meister

Eine Enterbung kann aber auch so aussehen, daß der gesamte Nachlaß auf einmal an einen einzigen Erben vergeben wird, so daß für die übrigen gesetzlichen Erben nichts mehr bleibt.

Ein Beispiel:

> Mein Letzter Wille:
>
> Wenn ich einmal tot bin, soll meine Tochter Sybille alles haben.
>
> Baden-Baden, den 20.06.94 Wilhelm Meister

Die Entziehung des Pflichtteils

In bestimmten Fällen darf der Erblasser auch den Pflichtteil entziehen. Kinder, Eltern und der Ehepartner können ihre Ansprüche auf den Pflichtteil verlieren. Das Gesetz hat die Hürden für die Entziehung des Pflichtteils allerdings sehr hoch gelegt.

Der Pflichtteilsanspruch ist jeweils verwirkt, wenn *Pflichtteilsunwürdigkeit* vorliegt. Man kann sich den Begriff der „schweren Verfehlungen" merken; diese müssen gegenüber dem Erblasser begangen worden sein, damit der Pflichtteil entzogen werden kann (§§ 2333 ff).

Wenn ein Erblasser den Versuch unternimmt, einem Angehörigen den ihm an sich zustehenden Pflichtteil zu entziehen, dann wird dieser Versuch oft scheitern, weil eben keine schweren Verfehlungen vorliegen oder zumindest nicht zu beweisen sind. Denn die Erben müssen die Pflichtteilsunwürdigkeit beweisen, wenn jemand, dem der Erblasser den Pflichtteil entzogen hat, diesen trotzdem gegenüber den Erben geltend macht. Es braucht nicht viel Phantasie, um sich vorzustellen, daß diese Situation schon manche Familie für Generationen entzweit hat.

Feststellung der Pflichtteilsunwürdigkeit

Der einzige Weg für den Erblasser, sich der Wirksamkeit der Pflichtteilsentziehung zu Lebzeiten auch sicher sein zu können, ist der Gang vor Gericht und die gerichtliche Feststellung der Pflichtteilsunwürdigkeit. Der Erblasser muß auf Feststellung klagen, daß er entziehungsberechtigt ist. Wenn das für Sie interessant sein sollte, dann empfiehlt sich der Gang zu einem Rechtsanwalt.

Wenn der Pflichtteil entzogen werden soll, muß unbedingt der Grund für die Entziehung des Pflichtteils im Testament genannt werden. Ein Beispiel für ein Testament, in dem der Pflichtteil wegen Unwürdigkeit entzogen wird, könnte etwa so aussehen:

Mein Letzter Wille:

Mein Sohn Peter, dieser Lausejunge, soll nichts von meinem Vermögen bekommen. Dabei möchte ich, daß er auch nicht seinen Pflichtteil bekommt.
Denn er hat mir mit einem bösartigen Mordanschlag, wegen dem er jetzt im Gefängnis sitzt, nach dem Leben getrachtet.

Baden-Baden, den 20.06.94 Wilhelm Meister

Eher mit Bauernschläue als mit wirklicher Klugheit hat es zu tun, wenn ein Erblasser auf die Idee kommt, jemandem, den er eigentlich enterben möchte, einen ganz kleinen Erbteil – zum Beispiel ein Tausendstel – zu vererben.
Denn die Väter des BGB haben auch an einen solchen Schlaumeier gedacht: Wird jemand, dem ein Pflichtteil zusteht, zu einer solch kleinen Quote als Erbe eingesetzt, daß er weniger als den Pflichtteil bekäme, dann erhält er einen *Anspruch auf Vervollständigung bis zur Höhe des Pflichtteils (Pflichtteilerhöhungsanspruch).* Obwohl vielleicht zu einem Tausendstel als Erbe eingesetzt, bekommt dieser Erbe dann zumindest einen *Differenzzahlungsanspruch* in Höhe seines Pflichtteils.

Kann man sich gegen die Enterbung wehren?

Schlecht bis gar nicht. Der Wille des Erblassers ist frei und nicht korrigierbar. Der einzige Weg ist, zu beweisen, daß es sich bei dem im Testament festgehaltenen Willen gar nicht um den rechtlich relevanten Willen des Erblassers handelt. Dies wäre der Fall, wenn das Testament gefälscht ist, wenn es nach diesem enterbenden Testament einen neuen Letzten Willen gab oder wenn der Erblasser im Moment der

Abfassung des Testaments z. B. wegen Senilität nicht mehr testierfähig war. Aber dieser Weg ist dornenreich ...
Wenn Ihnen jedoch in einem Testament der Anspruch auf den Pflichtteil entzogen worden ist, haben Sie mit der Anfechtung ganz gute Aussichten. Denn häufig liegt eine sogenannte *Pflichtteilsunwürdigkeit* nicht vor oder kann von dem oder den Erben nicht bewiesen werden. Und wenn der Erbe oder die Erben die Pflichtteilsunwürdigkeit nicht beweisen können, selbst wenn diese im Testament steht, dann muß der Enterbte zumindest den ihm zustehenden Pflichtteil aus dem Nachlaß bekommen.

Was bekommt der Ehegatte, wenn er enterbt wird?

Auch der Ehegatte kann natürlich enterbt werden. Die Höhe des Pflichtteils hängt von der Höhe des Erbteils ab, der ihm ohne Enterbung zugestanden hätte. Und wie schon im vorherigen Teil zu lesen war, hängt der Erbteil davon ab, welcher Güterstand der Ehe zugrunde lag. Daher muß diese Frage auch für jeden Güterstand im einzelnen erklärt werden.

a) Gütertrennung

Im Güterstand der Gütertrennung hat der Ehegatte, wenn er nicht enterbt wird, einen Anspruch auf:
- die Hälfte neben einem Kind, ein Drittel neben zwei Kindern (§ 1931 IV BGB), ein Viertel neben mehr als zwei Kindern (§ 1931 I 1 BGB),
- die Hälfte neben den Eltern (§ 1931 I 1 BGB), wenn keine Abkömmlinge existieren,
- und auf alles neben den Großeltern und noch höheren Ordnungen, falls auch keine Eltern und Abkömmlinge der Eltern mehr leben.

Nach einer Enterbung beträgt der Pflichtteil also:
- ein Viertel neben einem Kind, ein Sechstel neben zwei Kindern, mindestens jedoch ein Achtel,
- ein Viertel neben den Eltern,
- die Hälfte neben den Großeltern.

b) Gütergemeinschaft

Bei der Gütergemeinschaft gilt nur die Hälfte des Gesamtguts als Nachlaß. Denn die eine Hälfte des Gesamtguts gehört dem Ehegatten ja bereits. Und von dieser anderen Hälfte erbt der Ehegatte zu der gleichen Quote wie bei der Gütertrennung.

c) Zugewinngemeinschaft

Bei der Zugewinngemeinschaft gab es vor einigen Jahrzehnten viel Streit um die Berechnung des Ehegattenpflichtteils. Dann sprach der Bundesgerichtshof (BGH), das höchste deutsche Zivilgericht, in einer Reihe von Urteilen einige Machtworte. Und seitdem geht die Berechnung folgendermaßen:

Wenn der Ehepartner nicht enterbt, sondern durch Gesetz oder durch letztwillige Verfügung Alleinerbe wird, dann hat er die Möglichkeit zu wählen, ob er den um ein Viertel erhöhten Erbteil haben möchte oder das ganze Erbe ausschlägt und auf der genauen Berechnung des Zugewinnausgleichs besteht und ferner den kleinen Pflichtteil erhält.

Wird der Ehepartner enterbt und daher nicht Erbe, kann er neben dem Zugewinnausgleich den Pflichtteil nach dem nicht erhöhten Erbteil fordern – den sogenannten kleinen Pflichtteil. Der enterbte Ehepartner hat also Anspruch auf ein Achtel des Nachlasses plus den Zugewinnausgleich.

In welchem Fall macht man einen Erbvertrag?

Der Erbvertrag ermöglicht es, daß mehrere Personen bindende Verfügungen von Todes wegen zu treffen, wenn diese Personen kein *gemeinschaftliches Ehegattentestament* machen können. Auch für Eheleute ist der Erbvertrag geeignet, wenn sie eine besonders große Bindungswirkung wünschen.

Kurz vorneweg: Es ist einfacher, den Erbvertrag zu verstehen, wenn man ihn mit dem Testament vergleicht. Genau wie das Testament beinhaltet ein Erbvertrag den Letzten Willen des Erblassers. Allerdings

sind am Erbvertrag mindestens zwei Personen beteiligt – der Erbe und der Erblasser. Diese vereinbaren gemeinsam eine Erbfolge. Die Vereinbarung ist auch für beide bindend und kann zum Beispiel vom Erblasser allein nicht wieder aufgehoben werden.
Als Erblasser haben Sie jetzt vielleicht Bedenken, daß Ihnen durch den Erbvertrag die Hände gebunden sind und Sie eventuell zu Lebzeiten nicht mehr über Ihr Eigentum verfügen können. Das ist aber nicht der Fall. Der Erbvertrag betrifft nur die Erbfolge – durch den Erbvertrag sind Sie nur insoweit gebunden, daß Sie keine anderslautenden letztwilligen Verfügungen mehr treffen dürfen.
Wenn Personen sich gegenseitig zu Erben einsetzen, dann haben sie eine gewisse rechtliche Unsicherheit. Denn ein Testament kann jederzeit widerrufen werden. Anders ist das nur bei Ehepaaren, da diese ein Ehegattentestament mit *wechselbezüglichen Verfügungen* machen können. Für nichtverheiratete Personen (Geschwister, Eltern und Kind, nichteheliche Lebensbeziehung, Nachbarn) gibt es dann den Weg, sich durch einen Erbvertrag gegenseitig als Erben einzusetzen.

Ein typisches Anwendungsbeispiel für einen Erbvertrag:

Die Gummihandschuh-Connection

Stellen wir uns mal vor, daß ein Unternehmer im Schwäbischen einen Sohn hat, auf den er sehr stolz ist. Nennen wir den Unternehmer mal Dr. Kunibert Klötzle und seinen Sohn Waldemar. Dr. Klötzle hat sich einen Namen und ein Vermögen mit der Produktion von Haushaltshandschuhen gemacht.
Waldemar ist 24 Jahre alt und hat vor kurzem sein Studium der Betriebswirtschaftslehre mit großem Erfolg abgeschlossen. Gerade hat er bei einem großen deutschen Automobilunternehmen eine Stelle angeboten bekommen. Vater Klötzle möchte gerne, daß sein Sohn in den väterlichen Betrieb eintritt und diesen später auch einmal übernimmt. Waldemar aber will Karriere machen, und dazu muß er möglichst bald Berufserfahrung sammeln.

Vater Dr. Klötzle ist enttäuscht. Denn er hatte sein Leben lang gehofft, daß sein Sohn mal in seine Fußstapfen treten und daß die mit seinem Namen verbundene Produktion von Haushaltshandschuhen fortgesetzt würde. Sein Sohn ist hin und her gerissen. Einerseits möchte er den väterlichen Betrieb schon irgendwann einmal übernehmen. Aber er hat Bedenken, daß sein Vater sich seine Entscheidung einmal anders überlegt. Denn es gibt noch den Bruder Balduin, der gerade sein Studium des Maschinenbaus begonnen hat. Und es könnte ja sein, daß der Vater eines schönen Tages einmal dem Bruder den Vorzug geben würde und er dann das Nachsehen hätte.

Dies ist ein typischer Fall für einen Erbvertrag.

Denn ein Testament, in dem Waldemar zum Erben des väterlichen Betriebs eingesetzt würde, wäre ja jederzeit widerrufbar. Deswegen hätte Waldemar keine Sicherheit. Für diese Situation ist der Erbvertrag wie geschaffen. Vater und Sohn müssen zu einem Notar gehen, und dort könnten sie in der Form eines Erbvertrages folgendes vereinbaren:

1. Der Sohn wird der alleinige Erbe des Familienbetriebes.
2. Der Sohn verpflichtet sich, das Angebot des Automobilkonzerns auszuschlagen, in den väterlichen Betrieb einzutreten und dort seine Arbeitskraft einzubringen.

Der Notar wird diesen Vertrag beurkunden und beim Amtsgericht hinterlegen lassen.

Grundlagen zum Erbvertrag

Ein Testament kann ohne große Schwierigkeiten aufgehoben werden und wird null und nichtig, wenn der Erblasser es so will (denken Sie aber an das Ehegattentestament, wo zumindest für wechselbezügliche Verfügungen etwas anderes gilt). Für den Widerruf muß der Erblasser nur in einem neuen Testament den Willen äußern, daß die Regelung des Testaments nicht mehr gelten soll. Und das bedeutet auch, daß ein Begünstigter sich nicht auf eine Verfügung in einem Testament verlassen kann. Ein Erblasser ist nicht an sein Wort in einem Testament gebunden. Beim Erbvertrag ist das anders. Der Erbvertrag kann nicht vom Erblasser einfach wieder aus der Welt geschafft werden, sondern bindet den Erblasser an die einmal getroffene Verfügung.

Ein Erbvertrag kann einseitig oder zweiseitig (§ 2298 BGB) angelegt werden. Bei einem *einseitigen Erbvertrag* trifft der Erblasser eine oder mehrere vertragsmäßige Verfügungen von Todes wegen. Die andere Vertragspartei erklärt nur die Annahme dieser Erklärung. Eine solche Vertragskonstellation hat Ähnlichkeit mit einem Testament, da ebenfalls nur eine Person Verfügungen trifft. Mit der Annahme dieser Verfügungen durch den Vertragspartner tritt die *Bindungswirkung* ein. Von diesem Moment an kann der Erblasser den Erbvertrag nicht mehr einseitig widerrufen.

Meist wird in den einseitigen Erbvertrag eine Rücktrittsmöglichkeit für den Erblasser aufgenommen. In unserem Fall – der Gummihandschuh-Connection – wird der Vater sich den Rücktritt für den Fall offenhalten, daß der Sohn eventuell doch nicht in die väterliche Fabrik einsteigt.

Beim *zweiseitigen Erbvertrag* treffen beide Vertragsparteien bindende Verfügungen von Todes wegen. Häufig werden nichteheliche Lebensgemeinschaften einen Erbvertrag wählen, da ihnen die Form des Ehegattentestaments gesetzlich nicht zur Verfügung steht. Ähnlich wie beim Ehegattentestament stehen beim zweiseitigen Erbvertrag *wechselbezügliche Verfügungen* im Mittelpunkt. Zur Erinnerung: Das sind Verfügungen, die im Hinblick auf die Verfügung des anderen getroffen werden und die voneinander abhängig sind. Wechselbezüglichkeit liegt etwa vor, wenn die Ehefrau ihren Ehemann nur unter der Bedingung als Erbe einsetzt, daß er auch sie einsetzt. Regelmäßig wird in einen zweiseitigen Erbvertrag eine *Widerrufsmöglichkeit* in Form eines *Rücktrittsrechts* aufgenommen.

Beim zweiseitigen Erbvertrag wird gesetzlich vermutet, daß die Verfügungen der Vertragspartner wechselbezüglich sind (§ 2298 I, II). Das hat zur Folge, daß die Nichtigkeit einer vertragsmäßigen Verfügung den ganzen Erbvertrag nichtig werden läßt (§ 2298 I BGB).

Form und Folge

Der Erbvertrag muß vom Notar beurkundet werden. Und von diesem Moment an sind Erblasser und Erbe an diesen Vertrag gebunden. Ohne wirksame notarielle Beurkundung ist der Erbvertrag unwirksam. Es gilt dann die gesetzliche Erbfolge, wenn es nicht einen anderen Letzten Willen gibt.

Allerdings bedeutet das nur – wie oben schon gesagt – eine erbrechtliche Bindung an den Erbvertrag. Das heißt, der Erblasser ist noch immer Eigentümer seines Vermögens und kann darüber verfügen und es zum Beispiel für sich verbrauchen oder verschenken (siehe auch Seite 200). Er kann nur kein Testament mehr machen, in dem er etwas anderes bestimmt als im Erbvertrag.

Die Bindung an den Erbvertrag

Die Bindung an den Erbvertrag ist grundsätzlich nicht einseitig widerrufbar. Sowohl Erblasser als auch Erben müssen zu ihrer Unterschrift stehen.

Wie bei jedem anderen Vertrag auch, können allerdings die Parteien einen *Änderungsvertrag* oder auch einen *Aufhebungsvertrag* abschließen und darin Änderungen vereinbaren oder den Erbvertrag aufheben. Der Erblasser kann nur dann gegen den Willen des Erben aus dem Vertrag „herauskommen", wenn er die Möglichkeit des *Rücktritts vom Erbvertrag* hat.

Zurücktreten darf er nur, wenn er sich diese Möglichkeit ausdrücklich im Erbvertrag vorbehalten hat (*Rücktrittsvorbehalt*) oder wenn Voraussetzungen vorliegen, die den Erblasser berechtigen, dem Erben den Pflichtteil zu entziehen (§ 2294 BGB). Das bedeutet, daß der Erblasser dann nicht mehr an den Erbvertrag gebunden ist, wenn der Vertragspartner ihn etwa schwer mißhandelt oder sogar versucht hat, ihn umzubringen. In diesen Fällen muß der Erblasser gemäß § 2296 II 2 BGB eine notariell beurkundete Erklärung gegenüber dem Vertragspartner abgeben. Es geht allerdings auch einfacher mit einem *eigen-*

händigen Testament (§ 2297 BGB). Jedoch ist in diesem Fall darauf zu achten, daß ein solches Testament nicht angreifbar sein darf. Wenn Sie die Möglichkeit haben, sollten Sie den Weg über ein *notarielles Testament* wählen.

Kann gegen den Erbvertrag denn hinterher gar nichts gemacht werden?

Der Erblasser kann zu Lebzeiten versuchen, den Erbvertrag wegen Irrtums oder wegen widerrechtlicher Drohung anzufechten. Damit könnte der Erbvertrag beseitigt werden (§§ 2281 ff i. V. m. §§ 2078 f BGB). Dabei berechtigt zum Beispiel ein *Motivirrtum* zur Anfechtung. Ein solches Versehen muß beim Erblasser bei Abschluß des Vertrags vorgelegen und ihn zum Vertragsschluß verleitet haben. Dieser Motivirrtum muß einen vergangenen, gegenwärtigen oder zukünftigen Umstand betreffen.
In unserem Beispiel über die schwäbischen Gummihandschuh-Hersteller wäre zum Beispiel ein Motivirrtum des Erblassers gegeben, wenn der Sohn Waldemar sein Examen nicht bestanden oder gar kein Angebot des Automobilunternehmens vorgelegen hätte.

KAPITEL V Die Verteilung des Nachlasses

Jeder Erbe will möglichst schnell seinen Anteil vom Nachlaß bekommen. Gleichzeitig will er für die Schulden, die mit dem Erbe verbunden sind, am liebsten gar nicht oder höchstens mit seinem Erbteil haften. Denn das Risiko für jeden Erben ist nicht ganz unerheblich – unter Umständen kann ein Erbe im übertragenen Sinne mit dem Hals in der Schlinge hängen. Und das bedeutet, daß er mit seinem eigenen Vermögen für fremde Schulden haftet.
Solange nur mit dem Nachlaß gehaftet wird, ist das Privatvermögen nicht gefährdet. Deswegen sollte es Ihr Ziel als Erbe sein, möglichst bald die Haftung auf den Nachlaß zu beschränken. Wie das geschehen kann, wird im folgenden ausführlich behandelt.
Neben den Interessen der Erben und der Gläubiger des Erblassers gibt es noch die Interessen von *Pflichtteilsberechtigten* und *nichtehelichen Kindern*, welche eigentlich auch zu den Gläubigern gehören, aber trotzdem andere Interessen haben. Diese Personen werden daran interessiert sein, daß von dem Nachlaß viel erhalten bleibt, damit ihr Anteil möglichst groß ist, denn ihr Anteil schrumpft mit jedem anderen Gläubiger, der sein Geld bekommt ...
Tja, und dann gibt es noch andere, die über dem Erbe ihre Kreise ziehen: Auch die Mitarbeiter des Finanzamtes melden Wünsche an – der Staat will seine *Erbschaftssteuer*.
Doch zuerst einmal zu einigen Begriffen, die Sie kennen sollten: das *Nachlaßgericht*, der *Testamentsvollstrecker* und der *Erbschein*.

Welche Begriffe sind wichtig?

Das Nachlaßgericht

Das Nachlaßgericht ist das Amtsgericht, das für den Ort des letzten Wohnsitzes des Erblassers zuständig ist (§ 73 FGG).

Die Aufgaben des Nachlaßgerichts sind heute weitgehend dem Rechtspfleger übertragen.

Der Rechtspfleger

Der Rechtspfleger ist ein Beamter, der allerdings selbständig entscheidet und nur dem Gesetz unterworfen ist. Seine Tätigkeit ist je nach Einsatzgebiet äußerst unterschiedlich und reicht von Vormundschafts-, Nachlaß- und Teilungssachen über Vereins-, Handels- und Grundbuchsachen, ferner Zwangsversteigerung, -verwaltung und -vollstreckung. Außerdem Konkurs- und Vergleichsverfahren, Kostenfestsetzung und Strafvollstreckung.
Der Rechtspfleger arbeitet in vielen Fällen einem Richter zu und ist auch gezwungen, diesem einzelne Akten zur Entscheidung vorzulegen, wenn er von einer richterlichen Stellungnahme abweichen möchte.
Entscheidungen des Rechtspflegers werden mit dem Rechtsbehelf der Erinnerung angefochten, über die der Richter entscheidet.

Nur schwierige Vorgänge, wie z. B. die *Erteilung eines Erbscheins* oder eines *Testamentsvollstreckungszeugnisses*, die Anordnung einer *Nachlaßverwaltung* oder *Nachlaßpflegschaft* usw. sind dem Nachlaßrichter vorbehalten (§ 3 Nr. 2c, § 16 RPflG)

Der Testamentsvollstrecker

Die Aufgabe des Testamentsvollstreckers ist es, den Willen des Erblassers nach dessen Tod zu vertreten. Es gibt Fälle, wo die Bestimmung eines Testamentsvollstreckers viele Probleme lösen kann. Der Testamentsvollstrecker kann als Schiedsrichter bei Streitigkeiten eingesetzt werden, er kann die Interessen minderjähriger Erben schützen und den Nachlaß verwalten, bis diese volljährig sind. Allerdings gibt es nicht bei jeder Nachlaßregelung einen Testamentsvollstrecker.

Achtung: Eine Testamentsvollstreckung dürfte in der Regel nur bei großen und unübersichtlichen Nachlässen notwendig sein. Bei kleineren Vermögen lohnt sich die Einsetzung eines Testamentsvollstreckers meist nicht.

Zum Testamentsvollstrecker kann jede voll geschäftsfähige Person berufen werden (§ 2201 BGB), also jeder Mensch über 18 Jahren, dem die Geschäftsfähigkeit nicht beschränkt wurde. Der häufigste Fall wird sein, daß der Erblasser durch Verfügung von Todes wegen einen Menschen seines Vertrauens als Testamentsvollstrecker bestimmt. Die Auswahl des richtigen Testamentsvollstreckers sollte sehr sorgfältig geschehen. Der Erblasser kann jedoch auch in seinem Testament das Nachlaßgericht ersuchen, einen geeigneten Testamentsvollstrecker zu ernennen (§§ 2197 ff BGB). Auf Antrag erhält der Testamentsvollstrecker vom Nachlaßgericht eine Bestätigung über seine Ernennung, das sogenannte *Testamentsvollstreckerzeugnis.*

Die Aufgabe des Testamentsvollstreckers ist nicht einfach. Deswegen sollte sich der Erblasser gut überlegen, wen er zu seinem Testamentsvollstrecker macht. Denn dieser Mensch befindet sich während der Nachlaßabwicklung mitten in einem spannungsgeladenen Umfeld. Ein Notar äußerte mal den Vergleich mit einem Haifischbecken. Sehr verschiedene Menschen wollen etwas vom Testamentsvollstrecker, und da es sich dabei fast immer um Geld dreht, geht es leicht hoch her. Die Erben verlangen ihren Erbteil. Die *Vermächtnisnehmer* fordern ihr Geld und die zugewiesenen Gegenstände. Die *Pflichtteilsberechtigten* und die *nichtehelichen Kinder* wollen auch Geld. Und die *Gläubiger des Erblassers* aus dessen Lebzeiten pochen auf ihre offenen Rechnungen. Häufig kommt bei großen Vollstreckungen alle paar Tage der *Gerichtsvollzieher,* da mit dem Tod eines Erblassers die Zahlungen regelmäßig erst einmal eingestellt worden sind.

Bei länger dauernden Vollstreckungen kommt irgendwann dann auch ein Mitarbeiter des Finanzamts und will mit großer Sicherheit ebenfalls Geld. Wie man aus dieser Aufzählung ersehen kann: ein Testamentsvollstrecker braucht eine gute Gesundheit und Nerven wie Drahtseile.

Der Testamentsvollstrecker wird den Ablauf der Abwicklung des Nachlasses überwachen und eine Art Schiedsrichter zwischen den Erben spielen, wenn es Streit bei der Verteilung des Nachlasses gibt. Aus der Sicht eines Testamentsvollstreckers kann es schon einmal leichter erscheinen, einen Sack voll Flöhe zu bändigen, als Streit unter den Erben zu schlichten ... Gleichzeitig muß der Testamentsvollstrecker auch noch zwischen den Erben und den Gläubigern vermitteln. Darüber hinaus kann der Erblasser dem Testamentsvollstrecker auch andere Aufgaben zuweisen. Zum Beispiel kann er anordnen, daß der Testamentsvollstrecker über die Erfüllung der im Testament vorgenommenen *Auflagen* wacht.

Das Honorar des Testamentsvollstreckers

Im Gesetz ist ein Honorar des Testamentsvollstreckers nicht genau beziffert. In § 2221 BGB spricht das BGB nur von einem angemessenen Honorar. Es empfiehlt sich für die Erblasser, die Honorarfrage im Testament zu regeln, damit es darüber nach dem Tod keinen Streit geben kann. Üblich ist für Nachlaßwerte bis DM 100.000,– ein Honorar von etwa 3 Prozent des Bruttonachlaßwertes. Und das ist angesichts des Stresses schon bei einer kleineren Vollstreckung nicht zuviel.
Wenn ein Nachlaß in die Millionen geht, kann der Prozentsatz niedriger ausfallen (1 bis 2,5 Prozent).

Ein Grund für den Erblasser, einen Testamentsvollstrecker einzusetzen, kann auch sein, daß die Erben noch jung und im Wirtschaftsleben unerfahren sind und in den ersten Jahren bei der Vermögensverwaltung Hilfe durch einen erfahrenen Beistand brauchen.

Befugnisse des Testamentsvollstreckers

Das Gesetz räumt dem Testamentsvollstrecker weitgehende Befugnisse ein. So darf der Testamentsvollstrecker zur Wahrnehmung seiner Aufgaben sogar Grundstücke, die zum Nachlaß gehören, veräußern.
Es empfiehlt sich also für einen Erblasser in jedem Fall, bei der Auswahl eines Testamentsvollstreckers sehr sorgfältig vorzugehen.

Es gibt niemanden, der den Testamentsvollstrecker direkt kontrolliert. Beim Nachlaßgericht kann nur von einem der Beteiligten der Antrag gestellt werden, den Testamentsvollstrecker zu entlassen (§ 2227 I BGB).

Dann wird das Nachlaßgericht prüfen, ob ein „wichtiger Grund" für eine Entlassung vorliegt. Und nach § 2227 BGB liegt ein wichtiger Grund nur dann vor, wenn dem Testamentsvollstrecker eine grobe Pflichtverletzung vorzuwerfen ist oder Unfähigkeit vorliegt. Bevor Sie als Beteiligter die *Entlassung des Testamentsvollstreckers* beantragen, sollten Sie wegen der Brisanz dieses Schrittes unbedingt anwaltlichen Rat einholen. Denn mit dem Testamentsvollstrecker sollten Sie es sich eigentlich nicht verderben ...

Der Erbschein

Die Funktion des Erbscheins (§§ 2353 ff BGB) hat Ähnlichkeit mit der eines Reisepasses. Denn man hat im Ausland auch ohne einen deutschen Reisepaß die deutsche Staatsangehörigkeit, aber man kann sie nicht so einfach nachweisen. So wie ein Paß die Staatsangehörigkeit nachweist, können Sie mit dem Erbschein die Erbenstellung belegen.

Was kostet ein Erbschein?

Die Ausstellung eines Erbscheins ist nicht ganz billig und richtet sich wie die Kosten eines notariellen Testaments nach dem Wert des Nachlasses (siehe Seite 75). Für den Erbschein ist eine volle Gebühr zuzüglich einer Unkostenpauschale und Mehrwertsteuer zu bezahlen.

Allerdings darf ein Mißverständnis nicht entstehen: Wenn jemand einen Erbschein in der Hand hat, dann ist er nicht automatisch und für alle Zeiten Erbe. Der Erbschein kann jederzeit durch neue Tatsachen, die dem Nachlaßgericht bekannt werden, überprüft und wieder eingezogen werden. Der Erbschein macht also keine Erben! Der Erbschein verkörpert die rechtliche Vermutung, daß derjenige, der in ihm als Erbe ausgewiesen ist, auch tatsächlich der Erbe ist. Wenn Sie also zum Beispiel ein Auto von jemandem kaufen, der zwar nicht im Fahrzeugbrief aufgeführt ist, Ihnen aber einen echten Erbschein vorweist, in dem er als Erbe des Eingetragenen ausgewiesen ist, dann gehört das

Auto auch dann Ihnen, wenn der Erbschein nicht der tatsächlichen Erbfolge entspricht und das Auto gar nicht dem Verkäufer gehörte. Übrigens: Wenn Sie größere Wertgegenstände von einem Erben kaufen, sollten Sie sich, um eventuellen späteren Mißverständnissen vorzubeugen, grundsätzlich eine Kopie dieses Erbscheins verschaffen.
Der Vertrauensschutz gilt natürlich nur für Menschen, die es nicht besser wissen. Wenn jemand also weiß, daß ein Erbschein nicht richtig ist, dann kann er auch nicht geltend machen, daß er auf den Erbschein vertraut hat.
Der Erbschein bezeugt die Person des Erben, den Umfang des Erbrechts und das Fehlen anderer als der angegebenen Erbfolgen und Testamentsvollstreckungen. Naheliegenderweise bekommt man deswegen als *Vermächtnisnehmer* keinen Erbschein, weil man ja kein Erbe wird. Der Erbschein in seiner „Paß"-Funktion kann gegenüber Privatleuten sinnvoll sein, wenn man die Herausgabe von Nachlaßgegenständen verlangen möchte. Denn man hat ja „ein amtliches Papier" in der Hand. Und dann sind die Leute in Deutschland schon viel eher bereit, beispielsweise den vom Erblasser verliehenen Rasenmäher wieder zurückzugeben.

Wann benötigt man gegenüber dem Grundbuchamt einen Erbschein?

Gegenüber dem *Grundbuchamt* müssen Sie sich als Alleinerbe oder auch als Erbengemeinschaft ausweisen, wenn Sie als Eigentümer ins Grundbuch eingetragen werden möchten. Denn nach einem Erbfall ist das Grundbuch fast immer unrichtig, da ja regelmäßig noch der Erblasser und noch nicht der Erbe oder die Erben als Eigentümer eingetragen sind.

> ***Achtung:*** Mit der Umschreibung des Grundstücks im Grundbuch müssen Sie sich ein bißchen beeilen, da diese Formalität nur in den ersten zwei Jahren nach dem Todesfall noch kostenlos ist. Allerdings wird das Grundbuchamt Sie sogar von sich aus auffordern, sobald man dort von der Erbfolge Kenntnis erhalten hat.

Nicht bei allen Behörden wird ein Erbschein benötigt. Zum Beispiel beim Grundbuchamt wird bei der Umschreibung des Grundbuchs auch ein amtlich (notariell) beglaubigtes Testament akzeptiert. Fast immer werden Sie jedoch einen Erbschein brauchen, wenn die Erbfolge aufgrund Gesetzes oder durch ein eigenhändiges Testament eingetreten ist.
Außerdem muß im Fall des öffentlichen Testaments beim „Ausweisen" immer auch das gesamte Testament vorgelegt werden. Und das ist regelmäßig nicht so beliebt, da dann viele Leute ihre Nase in doch meist recht intime Familienangelegenheiten stecken können, die sie nichts angehen.

Wie erhält man einen Erbschein?

Der Erbschein muß beim *Nachlaßgericht* beantragt werden. Mit dem Antrag beginnt das *Erbscheinverfahren.* Bei der Antragstellung müssen folgende Angaben gemacht werden (§§ 2354 ff BGB):

a) Durch Vorlage der Sterbeurkunde muß der Todeszeitpunkt des Erblassers nachgewiesen werden.
b) Ist der Beantragende gesetzlicher Erbe, so muß er das Verwandtschaftsverhältnis nachweisen.
c) Ist er Erbe kraft Testament oder Erbvertrag, so muß er diese zumindest nennen können.
d) Auch soll er angeben, ob und welche weiteren letztwilligen Verfügungen vorliegen und ob ein Rechtsstreit über sein Erbrecht geführt wird.
e) Und dann muß der Erbe Personen nennen, durch die sein Erbrecht möglicherweise in ihrem Erbe gemindert werden oder ganz entfallen könnten.
f) Zuletzt muß die Richtigkeit der Angaben nachgewiesen werden. Dabei genügt eine vor einem Notar oder vor Gericht abgegebene *eidesstattliche Versicherung,* daß dem Beantragenden nichts anderes bekannt sei (§ 2356 BGB).

Die eidesstattliche Versicherung im Erbscheinverfahren

Die eidesstattliche Versicherung (e. V.) muß nach dem Wortlaut des Gesetzes *vor* dem Gericht oder *vor* dem Notar abgegeben werden (§ 2356 II 1 BGB). Dazu reicht es nicht, wenn diese in einem Brief, also schriftlich, ausgesprochen wird. Die e. V. muß vielmehr beim Nachlaßgericht oder dem Notariat zu Protokoll gegeben werden. Das einzelne Verfahren regelt das Beurkundungsgesetz (§§ 1 II, 38 BeurkG). Das Nachlaßgericht kann allerdings die eidesstattliche Versicherung auch erlassen und eine bloß schriftliche Erklärung genügen lassen (§ 2356 II 2 BGB).

Der schwache Punkt des Erbscheins

Es ist vielleicht angebracht, darauf hinzuweisen, daß die Richtigkeit des Erbscheins von der Richtigkeit und Vollständigkeit der Angaben abhängt und der Erbschein deshalb an dieser Stelle seinen schwachen Punkt hat. Denn wenn jemand vor dem Nachlaßgericht die Unwahrheit angibt, kann er auch als Unberechtigter einen Erbschein ausgestellt bekommen.

Es gibt dagegen allerdings mehrere „eingebaute Sicherungen“: Zum einen ist die falsche Versicherung an Eides Statt strafbar und mit Freiheitsstrafe bis zu drei Jahren (§ 156 StGB) zu bestrafen. Außerdem ist der Versuch, sich einen unrichtigen Erbschein zu ergaunern, regelmäßig mindestens ein versuchter Betrug und als solcher ebenfalls strafbar (§ 263 StGB). Und zum anderen dauert das Erbscheinverfahren in den meisten Fällen mehrere Wochen. In dieser Zeit läuft der vermeintliche Erbe Gefahr, daß seine Schwindelei auffliegt, wenn andere Erben einen Erbschein beantragen oder gegen seinen Erbscheinantrag vorgehen.

Wenn Sie nicht am Ort des zuständigen Nachlaßgerichts wohnen, bietet es sich an, die eidesstattliche Versicherung beim Notar abzugeben. Dieser kann dann auch gleich für Sie den Antrag stellen. Natürlich können Sie sich auch selbst zum Nachlaßgericht aufmachen und diese Formalitäten erledigen.

Die Anforderungen an die Genauigkeit des Antrags im Erbscheinverfahren

Der Antrag auf einen Erbschein muß so formuliert sein, daß das Nachlaßgericht ihm stattgeben kann oder ihn zurückweisen muß. Sie müssen also zum Beispiel genau angeben, wie groß etwa Ihr Erbteil sein soll. Es ist nicht möglich, einen Erbschein „entsprechend meinen Rechten aus dem Gesetz" zu beantragen. Allerdings ist es zulässig, mehrere Hilfsanträge zu stellen.
Bei verwickelten Erbfolgen kann es deshalb angebracht sein, sich vor Beantragung eines Erbscheins von einem Notar oder einem Anwalt beraten zu lassen.

Was kann gegen einen Erbschein unternommen werden?

Wenn jemand mit einem Erbschein nicht einverstanden ist, dann kann er jederzeit diese Bedenken dem Nachlaßgericht mitteilen. Bei der *Anfechtung eines Testaments* muß man zum Kreis der anfechtungsberechtigten Personen gehören. Gegen einen unrichtigen Erbschein kann jedermann vorgehen und seine Bedenken gegen die Richtigkeit eines Erbscheins dem Nachlaßgericht vortragen. Der Nachlaßrichter ist verpflichtet, diesen Bedenken nachzugehen. Dazu kann er sich aller Informationen bedienen, die ihm zugänglich sind. So kann er zum Beispiel Nachforschungen über andere Erben oder etwa die Testierfähigkeit des Erblassers anstellen, wenn ein Testament vorliegt.
Wenn Sie zu den *gesetzlichen Erben* gehören, die durch ein Testament oder einen Erbvertrag enterbt worden sind, dann brauchen Sie nicht aktiv zu werden. Denn das Nachlaßgericht wird Ihnen vor der Erteilung des Erbscheins erst einmal Gelegenheit geben, zu dem Antrag auf Erteilung eines Erbscheins Stellung zu nehmen (§ 2360 I BGB).
Aber jetzt zu einem Thema, das für Sie wichtig wird, wenn es nicht nur einen, sondern mehrere Erben gibt. Zusammen bilden alle Erben eine Erbengemeinschaft. In der *Erbengemeinschaft* gibt es häufig Streit. Die Väter des BGB haben sich einige Gedanken gemacht, wie der Streit in der Erbengemeinschaft durch gesetzliche Regelungen in erträglichen Grenzen gehalten werden kann.

Wenn es mehrere Erben gibt: die Erbengemeinschaft

Die Erbengemeinschaft muß mehrere Dinge bewältigen: die *Verwaltung des Nachlasses,* die *Auseinandersetzung* und die *Nachlaßabwicklung.* Beginnen wir aber mit einer Darstellung der Erbengemeinschaft, der Rechte der Miterben und der Nachlaßverwaltung.

Die Erbengemeinschaft und die gemeinsame Verwaltung des Nachlasses

Beerben mehrere Personen einen Erblasser, dann bilden sie eine Erbengemeinschaft. Der Nachlaß gehört erst einmal allen gemeinsam. Das bedeutet zum Beispiel, daß alle Erben eines Grundstücks als Erbengemeinschaft gemeinsam ins Grundbuch eingetragen werden. Das bedeutet aber auch, daß ein einzelner Erbe im Normalfall keine Vertretungsmacht für die Erbengemeinschaft hat. Ohne die Miterben zu fragen, darf ein einzelner Erbe keine Geschäfte im Zusammenhang mit dem Nachlaß abschließen. Wenn ein Miterbe trotzdem zum Beispiel einen Maler beauftragt, das zum Nachlaß gehörende Haus anzustreichen, dann muß er für die Malerrechnung allein aufkommen. Von dieser Regel gibt es die Ausnahme der *Notverpflichtungsgeschäfte* (§ 2038 I 2 BGB).

Beispiel:

Der Glaser kann von einem einzelnen Erben – als Vertreter für die ganze Erbengemeinschaft – beauftragt werden, wenn ein Fenster kaputt ist. Denn ohne Reparatur würde es ja hereinregnen, das könnte das Gebäude beschädigen, und damit wäre der Wert des Nachlasses gefährdet. Im Vergleich dazu dient beispielsweise ein Hausanstrich, so schäbig ein Haus auch aussehen mag, nur der Ästhetik und zählt damit nicht zu den Notverpflichtungsgeschäften.
Die Miterben verwalten zusammen den Nachlaß. Das klingt so einfach: Während der Existenz der Miterbengemeinschaft müssen die Miterben über Maßnahmen, die die *ordnungsgemäße Verwaltung des Nachlasses* betreffen, miteinander reden.

Was gehört zur ordnungsgemäßen Verwaltung?

Dazu gehören Maßnahmen, die der Erhaltung und dem Unterhalt des Nachlasses dienen. Um solche Maßnahmen durchführen zu können, reicht grundsätzlich der Beschluß durch die Mehrheit der Stimmen der Miterben.
Anders ist das bei Maßnahmen, die den Nachlaß in seiner Substanz verändern. Für solche Maßnahmen, die nicht zur ordnungsgemäßen Verwaltung des Nachlasses gehören, ist Einstimmigkeit aller Miterben erforderlich.

Über die Fragen, die mit der ordnungsgemäßen Verwaltung zusammenhängen, kriegt sich über kurz oder lang fast jede länger bestehende *Miterbengemeinschaft* in die Haare. Denn jeder Mensch hat eine eigene Meinung, wenn es um (sein) Geld geht, und da Erben auch Menschen sind, kann es eine Menge Streit schon wegen der kleinsten Kleinigkeit geben.
Das Gesetz sieht dafür eine ganz einfache und klärende Lösung vor: Wenn es keine Einigkeit unter der Miterbengemeinschaft gibt, dann wird abgestimmt. Bei der Abstimmung entscheidet die Mehrheit der Stimmen (§ 2038 II BGB).
Allerdings hat nicht jeder Erbe eine gleichgroße Bedeutung bei der Abstimmung. Vielmehr hat das Stimmrecht der Erben – entsprechend ihren Erbteilen – ein unterschiedliches Gewicht.

Wer trägt die Kosten der ordnungsgemäßen Verwaltung?

Die Kosten, die dabei anfallen, wie auch die anfallenden Gewinne werden entsprechend der Erbquote auf die Miterben übertragen. Wenn ein Erbe in ordnungsgemäßer Verwaltung des Nachlasses eine Verbindlichkeit begründet, so entsteht – neben der Haftung des Erben mit seinem Eigenvermögen *(Eigenschuld)* – ebenfalls eine Nachlaßverbindlichkeit *(Nachlaßerbenschuld)*. Das heißt, der Gläubiger kann sowohl beim Erben als auch beim Nachlaß versuchen, seine Forderungen einzutreiben.

Das Ende der Miterbengemeinschaft: die Auseinandersetzung

Wenn einer der Miterben sein Geld oder seine Anteile an dem Nachlaß haben möchte, dann hat er das Recht, die Auflösung der Erbengemeinschaft und die *Teilung des Nachlasses* zu verlangen.

Der Erblasser will keine Auseinandersetzung

Der Erblasser kann versuchen, die Auseinandersetzung für eine bestimmte Zeit zu verhindern. Dazu kann er in seinem Testament ein *Auseinandersetzungsverbot* anordnen. Allerdings sind die Erben nicht wehrlos. Wenn die Miterben einig sind, dann können sie sich mit einem einstimmigen Beschluß über ein solches Verbot hinwegsetzen.

Die Auseinandersetzung bewirkt die *Beendigung der Erbengemeinschaft.* Über die Art und Weise der Verteilung des Nachlasses wird zwischen den Erben ein Vertrag geschlossen: der *Auseinandersetzungsvertrag.* Dieser Vertrag ist grundsätzlich formfrei (Sie müssen also nicht zum Notar) – wenn einzelne Gegenstände des Nachlasses, zum Beispiel Grundstücke es erfordern, dann kann sich jedoch der Zwang zur notariellen Beurkundung *(Formzwang)* ergeben. Die Auseinandersetzung geschieht durch freie Vereinbarung der Miterben oder – wenn eine solche nicht zustande kommt – nach den gesetzlichen Vorschriften. Das liest sich ganz harmlos. Aber nach der Erfahrung versierter Rechtsanwälte und Notare geht der Streit mit der Auseinandersetzung häufig erst richtig los.
In erster Linie muß der Nachlaß geteilt werden *(Nachlaßteilung).* Dies ist ein Problem, weil die Verteilung des Nachlasses auf die Erben häufig nicht ganz einfach ist. Grundsätzlich wird ein Nachlaß in Natur geteilt. *Teilung in Natur* bedeutet im Ergebnis, daß jeder Erbe von jedem Gegenstand etwas bekommt. Bei der Teilung in Natur ergeben sich oft Schwierigkeiten. Denn in den seltensten Fällen besteht der Nachlaß nur aus Bargeld, das sich einfach verteilen läßt. Häufig gehören Grundstücke, Schmuck und andere Wertsachen, Wertpapiere oder sogar

ganze Wirtschaftsunternehmungen zum Nachlaß. Wie will man zum Beispiel ein Auto teilen oder ein wertvolles Bild? Wo eine Teilung nicht möglich ist, muß sehr sorgfältig auf gerechten Ausgleich geachtet werden. In einem solchen Fall muß versucht werden, durch Verkauf oder Versteigerung (Teilungsversteigerung) einen angemessenen Erlös zu erzielen, der dann in bar verteilt werden kann. Dieses Versilbern von Nachlaßgegenständen hat den großen Nachteil, daß es sich nur in den seltensten Fällen ohne Wertverlust durchführen läßt.
Deswegen wollen die Erben häufig einen Verkauf vermeiden. Und dann muß erst einmal der Wert des Nachlasses festgestellt werden, bevor zur Teilung geschritten werden kann. Im Zusammenhang mit den Verhandlungen über die vorzunehmenden Ausgleiche gibt es viel Anlaß für Streit in der Miterbengemeinschaft.

Die Berechnung des Wertes von Nachlaßgegenständen

Der Wert von Nachlaßgegenständen wird üblicherweise bei *Forderungen* und *Schulden* nach dem *Nominalwert* bestimmt, *Immobilien* nach dem *Vergleichs-*, *Ertrags-* oder *Sachwert*, *Unternehmen* nach dem *Ertrags-* und *Substanzwert*. Die Einzelheiten würden an dieser Stelle zu weit führen – fragen Sie in diesem Zusammenhang bitte einen Rechtsanwalt.

Wie kann der Erblasser zukünftigen Streit vermeiden?

Manchmal ist Streit schon durch vernünftige Anordnungen des Erblassers vermeidbar. Wenn der Erblasser in seiner Verfügung von Todes wegen (Testament oder Erbvertrag) den Wert jedes größeren Gegenstandes für die Erben verbindlich bestimmt, ist das ein gut geeigneter Weg. Noch besser ist es allerdings, wenn der Erblasser im Wege der *Teilungsanordnung* bestimmt, wer welche Teile aus dem Nachlaß bekommen soll (siehe Seite 234).
Der Erblasser kann in seiner Verfügung von Todes wegen aber auch einen Gutachter bestimmen, um diesen Streit zu vermeiden. Kleinliches Gefeilsche kann vermieden und unerfahrene Erben können vor

Übervorteilung geschützt werden, wenn der Erblasser anordnet, daß der Rat von Steuerberatern oder Wirtschaftsprüfern – und bei Grundstücken gegebenenfalls von einem Immobilienkaufmann – eingeholt werden muß.
Es bietet sich sogar an, einen solchen Wirtschaftsfachmann als *Testamentsvollstrecker* zu bestimmen – am besten ist es, wenn dieser gleichzeitig auch Jurist ist. Ohne Testamentsvollstrecker kann bei Streit auch das Nachlaßgericht eingeschaltet werden, das dann auf Antrag vermittelt.

Wann müssen Ausgleichszahlungen an andere Erben geleistet werden?

Bei der Teilung kann es notwendig werden, unter den einzelnen Erben Ausgleichszahlungen vorzunehmen, wenn ein Erbe bereits zu Lebzeiten mehr erhalten hat, als ihm dem Testament oder der gesetzlichen Erbfolge nach zusteht. Auch hier gilt, daß der Erblasser oft Streit im Keime ersticken kann, wenn er klarstellt, ob manches *Geldgeschenk* als schenkweise *„vorweggenommene Erbfolge"* oder etwa als *Zuschuß zum Studium* gemeint war. Denn so etwas muß nicht ausgeglichen werden. Nicht ausgeglichen werden muß die *Aussteuer* – und das gilt natürlich auch für Männer.
Nicht ausgeglichen werden Zuwendungen des Erblassers zu Lebzeiten, die ausdrücklich als *nicht ausgleichspflichtige Zuwendungen* gegeben wurden. Wollen Sie also einem Ihrer Erben etwas zukommen lassen, was dieser sich hinterher nicht anrechnen lassen muß, dann sollten Sie zugunsten dieses Erben unbedingt einen Schenkungsvertrag (Schriftform genügt) aufsetzen, in dem die Zuwendung ausdrücklich als nicht ausgleichspflichtig bezeichnet wird.

Die gerichtliche Überprüfung der Teilung

Die Teilung des Nachlasses kann auch gerichtlich überprüft werden. Wenn Sie als einzelner Miterbe mit Ihren Teilungsvorstellungen bei den anderen Miterben keine Gegenliebe wecken, dann haben Sie die Mög-

lichkeit, vor Gericht zu klagen. Sie können dann Ihren *Teilungsplan* gegen den Willen Ihrer Miterben durchsetzen, wenn Sie die Klage gewinnen. Dazu müssen Sie gegen die Miterben auf Zustimmung zu Ihrem Teilungsplan klagen. Eine solche Klage darf jeder Miterbe erheben. Das rechtskräftige Urteil ersetzt die Zustimmung der übrigen Miterben.
An dieser Stelle eine Warnung: Es ist kaum eine andere Klage vor Gericht so schwierig zu gewinnen wie diese. Sie brauchen bei einem komplizierten Nachlaß einen hervorragenden Anwalt, der in seinem Klageantrag gleichzeitig die vorhandenen Teilungsanordnungen des Erblassers, die Vereinbarungen der Miterben und die gesetzlichen Auseinandersetzungsvorschriften beachten muß. Der Richter hat keinerlei Möglichkeit, auf den Klageantrag Einfluß zu nehmen. Er kann nur über den Antrag des Klägers entscheiden. Und wenn auch nur ein kleiner Fehler in dem Klageantrag vorhanden ist – etwa ein geringfügiger Rechenfehler – dann geht die Klage verloren.

Für welche Forderungen muß der Erbe geradestehen?

Mit dem Erbfall können auf Sie als Erben auch Forderungen zukommen, das heißt, Rechnungen, die Sie bezahlen müssen. Die Frage, für welche Forderungen der Erbe geradezustehen hat, interessiert deshalb bestimmt in höchstem Maße. Es geht hier um die *Erbenhaftung* und die *Nachlaßabwicklung*.
Eigentlich ist das Prinzip der *Haftung der Erben* ganz einfach. Am Anfang, also direkt nach dem Todesfall, haften die Erben noch nicht mit ihrem Privatvermögen, sondern nur mit ihrem Anteil am Nachlaß. Spätestens nach Ablauf der *Ausschlagungsfrist* (sechs Wochen nach Todesfall oder Kenntnis des Todesfalls) wird es ernst. Denn dann haften die Erben mit ihrem Hals, wenn sie vor Ablauf der Ausschlagungsfrist nicht aktiv werden. Die Erben haben die Möglichkeit, für die Zeit nach Ablauf der Ausschlagungsfrist ihr Privatvermögen auch weiterhin aus der Haftung herauszuhalten. Was dazu getan werden muß, können Sie auf den folgenden Seiten erfahren.

Die Nachlaßverbindlichkeiten

Grundsätzlich muß unterschieden werden zwischen den *Erblasserschulden* und den *Erbfallschulden.* Was verbirgt sich hinter diesen Begriffen? Die Erblasserschulden sind die Schulden, die vom Erblasser herrühren (§ 1967 II BGB). Das können Kredite sein, die der Erblasser aufgenommen hat, aber auch Verträge, in denen der Erblasser Dritten gegenüber Verpflichtungen übernommen und vor seinem Tod noch nicht erfüllt hat. Oder auch *Schadenersatzforderungen* von Dritten gegen den Erblasser.

Die Erbfallschulden entstehen durch den Erbfall und sind von den Erben gemeinsam nur aus dem Nachlaß zu erfüllen – das bedeutet, das jeweilige Privatvermögen der Erben ist nicht gefährdet. Erbfallschulden sind insbesondere *Pflichtteilsansprüche, Vermächtnisse* und *Auflagen,* aber auch die *Beerdigungskosten* (§ 1968 BGB) und der Dreißigste.

Was ist der Dreißigste?

Dabei handelt es sich um einen Unterhaltsanspruch der Familienmitglieder des Verstorbenen für die ersten 30 Tage nach dem Erbfall. Der Anspruch gilt jedoch nur dann, wenn das Familienmitglied zum Zeitpunkt des Erbfalls zum Hausstand des Erblassers gehörte und von diesem Unterhalt erhielt. Eine schwangere Frau kann Unterhalt bis zur Entbindung verlangen. Voraussetzung ist allerdings, daß das Kind erbberechtigt sein wird. Ansonsten erlöschen alle Unterhaltsansprüche des Erblassers mit dessen Tod. Eine Ausnahme bilden nur Unterhaltsansprüche gegenüber dem (auch geschiedenen) Ehepartner und solche, die schon fällig waren, das heißt, mit denen der Erblasser im Rückstand war.

Ein Tip für Erblasser: Sie sollten das Recht auf den Dreißigsten vielleicht in Ihrem Testament erwähnen. Zwar steht dieser Anspruch den Familienmitgliedern schon durch das Gesetz zu. Aber wer kennt schon seine Rechte so genau? Und natürlich können Sie in Ihrem Testament für Menschen, die Ihnen nahestehen, Geldrenten bestimmen. Dabei sollten Sie die Form eines Vermächtnisses wählen.

Zu den Erbfallschulden gehören auch die durch Handlungen eines *Nachlaßpflegers, Nachlaßverwalters* oder *Testamentsvollstreckers* entstehenden Verbindlichkeiten und Kosten.
Nicht zu den Nachlaßverbindlichkeiten gehören die sogenannten *Erbenschulden.*

Die Erbenschulden

Es handelt sich dabei um Schulden, die der Erbe beim Erblasser gemacht hat, bevor der Erbfall eingetreten ist.

Vorsicht: Ein Tip, der auch ins Auge gehen kann

Wenn jemand erbt, der so stark verschuldet ist, daß er sein Leben lang von den Schulden nicht wieder herunterkommen wird, und einen Nachkommen hat, dann könnte er erwägen, das Erbe auszuschlagen. Damit könnte der Abkömmling erben, der von dem Nachlaß dann auch etwas hätte.
Allerdings Vorsicht! Dieses Vermögen gehört aber ganz allein dem Abkömmling. Auch Eltern können sich strafbar machen, wenn sie ihren Kindern etwas wegnehmen.

Die Erbenhaftung

Ganz am Anfang kommt für Sie als frischgebackenen Erben zunächst eine unangenehme Wahrheit: Sie sind als Erbe erst einmal in einer bedrohlichen Situation! Denn zunächst haben Sie als Erbe bestimmt die Hoffnung, daß Sie durch das Erbe eine Menge Geld bekommen. Sie müssen aber gleichzeitig sehen, daß der Nachlaß für die gesamten Nachlaßverbindlichkeiten haftet – und damit haften Sie unter Umständen auch mit Ihrem *Privatvermögen.* Das heißt, Sie müssen für die Schulden des Verstorbenen oder Ansprüche von zum Beispiel Pflichtteilsberechtigten mit Ihren eigenen Ersparnissen aufkommen. Vielleicht müssen Sie sogar Ihr Haus verkaufen, um große Schulden zu tilgen, die Sie sich mit dem Erbe eingehandelt haben.

Stellen Sie sich folgende Situation vor: Sie sind Erbe geworden. Die Ausschlagungsfrist läuft in einigen Tagen ab. Und Sie wissen, daß Sie dann als Erbe für die Nachlaßverbindlichkeiten unbeschränkt haften müssen. Das würde bedeuten, daß der Gerichtsvollzieher, der an der Tür klingeln wird, auch Ihr eigenes Auto mitnehmen könnte, damit die Nachlaßschulden bezahlt werden können. Leider haben Sie noch keine Ahnung, wieviel Geld auf dem Nummernkonto in der Schweiz liegt, weil Sie zuviel um die Ohren hatten, um hinzufahren. Und Sie fragen sich, was zu tun ist.

Eines wissen Sie ja schon: Wenn Sie die *Ausschlagung* erklären, dann sind Sie das Erbe und diese Sorgen los. Aber dann haben Sie auch keinen Anspruch mehr auf den Nachlaß. Sie müssen also in der relativ kurzen Zeit der Ausschlagungsfrist (sechs Wochen nach dem Todesfall oder Ihrer Kenntnis) eine sehr genau kalkulierte Abwägung vornehmen und entscheiden, ob Sie annehmen oder nicht. Bei größeren Nachlässen ist zu einem so frühen Zeitpunkt ein Nachlaß oft noch nicht überschaubar, da noch nicht einmal alle Gläubiger bekannt sind. Da kann die Nachtruhe des vorläufigen Erben schon mal etwas gestört sein ...

Fragen können auch in einer anderen Situation auftauchen: Sie erben nicht allein, sondern es erben noch mehrere andere neben Ihnen als Miterben. Kann ein Gläubiger des Erblassers auf Sie zukommen und von Ihnen die Bezahlung einer Rechnung des Verstorbenen verlangen? Und sind Sie dann gezwungen, mit Ihrem Privatvermögen zu bezahlen?

Alle Erben haften erst einmal gemeinsam! Im Gesetz finden wir dazu eine Regelung, die besagt, daß die einzelnen Mitglieder der *Miterbengemeinschaft* für die *Nachlaßverbindlichkeiten* nach außen hin als *Gesamtschuldner* haften (§ 2058 BGB).

Was bedeutet eine Haftung als Gesamtschuldner?

Haftung bedeutet, daß jemand für eine Forderung einzustehen hat. Ein besonderer Fall ist die *gesamtschuldnerische Haftung.*
In diesem Fall gibt es mehrere Schuldner, die alle das gleiche schulden. Das Besondere ist jedoch, daß der Gläubiger von jedem einzelnen Gesamtschuldner seine gesamte Forderung und nicht nur einen Teil davon verlangen kann – insgesamt kann die Forderung natürlich nur einmal verlangt werden.
Die gesamtschuldnerische Haftung hat das Gesetz in vielen Fällen angeordnet, in denen es mehrere Schuldner nebeneinander gibt, die alle das gleiche schulden, aber der Gläubiger die Leistung nur einmal verlangen kann. Im Bereich des Erbrechts kann der Nachlaßgläubiger also jederzeit von allen Miterben gemeinsam die Bezahlung aus dem ungeteilten Nachlaß verlangen (§ 2059 BGB).

Wie ist die Haftung der Erben untereinander – der Jurist sagt dazu: im Innenverhältnis – geregelt?

Der Gesamtschuldner, der an den Gläubiger zahlt, kann von den anderen Gesamtschuldnern einen Ausgleich verlangen. Aber häufig suchen sich die Gläubiger die zahlungskräftigsten Schuldner aus. Und diese Schuldner haben dann keine Möglichkeit, ihren Ausgleichsanspruch durchzusetzen, weil die anderen Erben pleite sind.
Beim Ausgleich im Innenverhältnis ist weiter zu beachten, daß die Erben untereinander nicht in voller Höhe dem Erben, der an einen Gläubiger bezahlt hat, Ersatz leisten müssen. Sie haften also gegenüber ihren Miterben nur in Höhe ihrer Erbteile. Wenn also einer der Erben die Rechnung des Gläubigers bezahlt hat, dann darf er von einem anderen Erben nur einen finanziellen Ausgleich verlangen, der auch dessen Anteil am Erbe entspricht.
Die gesamtschuldnerische Haftung der Miterben besteht grundsätzlich auch nach der Auseinandersetzung der Erbengemeinschaft fort. (Wie die Haftung allerdings beschränkt werden kann, siehe dazu Seite 136 ff)

Die wichtigste Frage ist: Darf sich der Gläubiger irgendeinen der Erben aussuchen und von diesem die ganze Schuld fordern? Es würde

wirklich eine sehr strenge Haftung der Erben bedeuten, wenn der Gläubiger sich zu jedem Zeitpunkt einen der Erben aussuchen könnte und dieser mit seinem eigenen Vermögen für alle Erblasser- und Erbfallschulden haften müßte.
Gleichzeitig haben die Gläubiger natürlich auch ihre schützenswerten Interessen. Die Väter des BGB haben diese Probleme erkannt und versucht, den entgegengesetzten Interessen durch eine Unterscheidung gerecht zu werden: Wenn der Nachlaß noch beisammen ist, gilt etwas anderes, als wenn schon jeder Erbe seinen Teil bekommen hat.

Die Haftung des Miterben vor der Teilung

Vor der *Teilung* ist die *Haftung des Erben* noch nicht so streng. Jeder Miterbe kann die Bezahlung von Forderungen verweigern, sobald sein Anteil am Nachlaß erschöpft ist. Erst einmal bleibt sein Privatvermögen also sicher vor dem Zugriff der Gläubiger. Das heißt, der Gläubiger kann nicht mehr von dem Erben verlangen, als dieser selbst geerbt hat.
Voraussetzung für die beschränkte Haftung ist jedoch, daß der einzelne Erbe seine Haftung auf den Nachlaß beschränkt hat – dies geschieht unter anderem durch Gläubigeraufgebot und Inventar errichtung. Wie das im einzelnen funktioniert, erfahren Sie auf Seite 136 ff.

Achtung: Wenn die Haftung des einzelnen Erben nicht auf seinen Anteil am Erbe beschränkt wurde, dann haftet er jetzt schon mit seinem ganzen Vermögen.
In diesem Fall kann der Gläubiger von dem unbeschränkt haftenden Miterben seine gesamte Forderung auch dann verlangen, wenn der Erbteil viel geringer ist als diese Schuld (§ 2059 I 2 BGB).

Wenn die Haftung beschränkt wurde, darf der Gläubiger auch vor der Teilung die Begleichung der Schuld aus dem gesamten ungeteilten Nachlaß von allen Erben gemeinsam fordern (§ 2059 II BGB).

Die Haftung des Miterben nach der Teilung

Die rechtliche Situation ist eine andere, wenn der Nachlaß geteilt worden ist. Der Gesetzgeber ging von der Lebenserfahrung aus, daß nach der Teilung in fast allen Fällen innerhalb kürzester Zeit von dem Nachlaß nichts mehr übrig zu sein scheint, weil die Erben mit ihren jeweiligen Nachlaßanteilen in alle Winde verstreut sind. Deswegen hat das Gesetz dem Gläubiger in dieser Situation mehr Schutz als vor der Teilung zugebilligt. Folgerichtig ist die Haftung des einzelnen Erben nach der Teilung strenger als vor der Teilung. Der Grundsatz ist jetzt eine „unbeschränkte, aber beschränkbare und gesamtschuldnerische Haftung" des einzelnen Erben (§ 2058 BGB). Nur wenn Sie aktiv werden, können Sie Ihr Privatvermögen durch die Beschränkung der Haftung schützen.

Die *Beschränkung der Erbenhaftung*: Es gibt verschiedene Wege, die teilweise gleichzeitig begangen werden können: das *Gläubigeraufgebot,* die *Inventarerrichtung,* die *Nachlaßverwaltung* und den *Nachlaßkonkurs.*

Das Gläubigeraufgebot

Das Gläubigeraufgebot ist in den meisten Fällen der erste Schritt, den ein erfahrener Anwalt seinem Mandanten rechtzeitig vor Ablauf der Ausschlagungsfrist raten wird, da der Schutz des oder der Erben nach Durchführung des Gläubigeraufgebots ganz erheblich ist.

Das Gläubigeraufgebot

Beim Nachlaßgericht kann ein Aufgebot der Gläubiger beantragt werden. Das Aufgebot soll den Erben helfen, einen Überblick über die Gläubiger zu gewinnen. Die Nachlaßgläubiger werden dann vom Gericht aufgefordert, ihre Forderungen anzumelden. Die Gläubiger sind nicht dazu gezwungen, sich zu melden. Sie werden nur, wenn sie sich nicht melden, per *Ausschlußurteil* nach dem Ablauf einer vom Nachlaßgericht gestellten Frist ausgeschlossen.

Das Gläubigeraufgebot führt nicht dazu, daß die zu spät gekommenen Gläubiger jetzt mit aller Macht „vom Leben bestraft" werden und ihre Ansprüche vollständig verlieren – sie können jedoch später vom Erben zurückgewiesen werden, wenn der Nachlaß durch die Befriedigung der nicht ausgeschlossenen Gläubiger bereits ausgeschöpft worden ist.
Dies ist ein typischer Fall der *Beschränkung der Erbenhaftung auf den Nachlaß*. Geregelt ist das ganze Verfahren in den §§ 1970 ff BGB.
Aber Achtung: Gemäß § 2015 I BGB darf der Antrag auf Erstellung eines Gläubigeraufgebots nur innerhalb eines Jahres nach Annahme der Erbschaft gestellt werden.

Nicht nur bei dem Alleinerben, sondern auch bei der Miterbengemeinschaft kann die Auseinandersetzung einen Aufschub bis zur vollständigen Ermittlung der Gläubiger erfahren.

Die Inventarerrichtung

Gleichzeitig zum Gläubigeraufgebot wird der geschickte Anwalt anregen, daß die Inventarerrichtung betrieben wird.

Was ist das Inventar?

Das Inventar ist ein Verzeichnis sämtlicher beim Erbfall vorhandener Nachlaßgegenstände und Nachlaßverbindlichkeiten.

Die Inventarerrichtung und ihre Wirkung für die Nacherben:

Wenn im Fall von *Vor- und Nacherbschaft* der Vorerbe durch die Errichtung eines Inventars seine Haftung auf seinen Anteil am Nachlaß beschränkt, dann gilt diese Haftungsbeschränkung auch für die Nacherben (§ 2144 II BGB).

Die Inventarerrichtung geschieht durch das Einreichen dieses *Inventarverzeichnisses* beim Nachlaßgericht. Die Gläubiger haben auch das Recht, die *Inventarerrichtung* beim Nachlaßgericht zu beantragen. Das Nachlaßgericht setzt dann eine Frist – meistens ein bis drei Monate, beginnend mit der Annahme der Erbschaft. Die Inventarerrichtung führt nicht zu einer Beschränkung der Haftung auf den Nachlaß. Nur wenn der Erbe ein Inventar nicht innerhalb der ihm vom Nachlaßgericht gesetzten Frist errichtet oder sich gar der *Inventaruntreue* schuldig macht – das heißt, das Inventar absichtlich unvollständig oder unrichtig anfertigt –, dann trifft ihn eine Art Höchststrafe:

> Wenn Sie die Vorgaben des Nachlaßgerichts verletzen, dann verlieren Sie die Möglichkeit, Ihre Haftung auf den Nachlaß zu beschränken. Dann kann sich der Gläubiger notfalls auch durch Zwangsvollstreckung in Ihr Privatvermögen befriedigen und ist nicht auf Ihren Anteil am Nachlaß beschränkt.

Wenn das Gläubigeraufgebot rechtzeitig stattgefunden hat, dann haften Sie nur mit dem Nachlaß – Ihr eigenes Vermögen ist „außen vor". Wenn Sie aber die Frist verpaßt haben oder wenn bei der Inventarerrichtung „herumgeschwindelt" wurde, dann riskieren Sie wieder Ihr ganzes Vermögen.
Wenn sich jetzt nach einiger Zeit herausstellt, daß sich der Nachlaß wirtschaftlich nicht lohnt, dann müssen Sie eine grundsätzliche Frage klären: Wählen Sie die Nachlaßverwaltung, den Nachlaßvergleich oder den Nachlaßkonkurs?

Die Nachlaßverwaltung/-pflegschaft

Der Erbe kann das Erbe gerichtlich unter *Nachlaßpflegschaft* (bedeutet das gleiche wie *Nachlaßverwaltung*) stellen lassen und dadurch auf Dauer eine Trennung des Nachlasses von seinem eigenen Vermögen erreichen. Ist Nachlaßverwaltung beantragt, dann darf der Erbe den Nachlaß weder verwalten noch über ihn verfügen (§ 1984 I BGB). Die Nachlaßverwaltung hat aber auch den Sinn, den Nachlaß in bestimmten Fällen zu erhalten. So kann sie auch von Amts wegen (durch das Nachlaßgericht) eingesetzt werden, wenn etwa die Erben noch nicht aufgefunden werden konnten und der Nachlaß eine Verwaltung

benötigt, um keinen Schaden zu nehmen. Vor der Anordnung von Amts wegen prüft der Nachlaßrichter aber, ob eine die Kosten deckende Masse vorhanden ist (§ 1982 BGB). Ist eine solche nicht vorhanden, findet eine Nachlaßverwaltung nicht statt. Antragsberechtigt sind der Erbe, mehrere Miterben nur gemeinschaftlich und vor der Auseinandersetzung die Erbengemeinschaft (§§ 1981, 2062 BGB) sowie auch ein Nachlaßgläubiger innerhalb von zwei Jahren seit Annahme der Erbschaft, wenn dessen Befriedigung aus dem Nachlaß gefährdet ist.
Wenn einer der Gläubiger den Antrag auf Nachlaßverwaltung gestellt hat und der Nachlaß die Kosten der Verwaltung nicht hergeben würde, dann kann sich der Erbe auf die *Dürftigkeit des Nachlasses* (§ 1990 BGB) berufen. Eine Nachlaßverwaltung, die nicht ganz billig wäre, findet nicht statt. Allerdings muß der Erbe die Nachlaßreste dann an diesen Gläubiger herausgeben. Dies ist oftmals der letzte Strohhalm für einen Gläubiger, wenn ein Nachlaß überschuldet ist und er an die Erben wegen der Beschränkung der Haftung nicht herankommen kann.
Die Nachlaßverwaltung hat auch den Sinn, den Nachlaß von anderen Vermögensmassen zu trennen. Dies ist beispielsweise interessant, wenn ein Ehepaar zusammen ein wirtschaftliches Unternehmen hatte und die Vermögensmassen des Eigenvermögens des überlebenden Ehegatten und des Nachlasses getrennt werden sollen. Eine solche Trennung kann dann erwünscht sein, wenn die Ehefrau nicht Alleinerbin oder das Vermögen des Erblassers überschuldet ist.

Wann wird ein Nachlaßpfleger eingesetzt?

Ein Nachlaßpfleger wird nach einem Antrag beim Nachlaßgericht vom zuständigen Richter eingesetzt, wenn die Erbschaft noch nicht von den vorläufigen Erben angenommen wurde. Seine Aufgabe ist es, den Nachlaß zu verwalten und zu erhalten. Allerdings hat er nicht die Aufgabe, den Nachlaß abzuwickeln. Zu der Abwicklung hat er auch nicht die rechtlichen Voraussetzungen, weil er nicht Vertreter der Erben, sondern nur amtliches Organ ist. Allerdings vertritt der Nachlaßpfleger den oder die Erben vor Gericht. Das führt dazu, daß Ansprüche, die sich gegen den Nachlaß richten, nur gegen den Verwalter geltend gemacht werden (alleinige Prozeßführungsbefugnis). Anders als der *Testamentsvollstrecker,* der sich nur vor den Erben zu verantworten hat, ist der Nachlaßpfleger für die Führung seines Amtes sowohl dem Erben als auch den Nachlaßgläubigern gegenüber verantwortlich (§ 1985 BGB). Ähnlich wie der Testamentsvollstrecker kann auch der Nachlaßpfleger für seine Tätigkeit eine angemessene *Vergütung* verlangen (§ 1987 BGB). Die Nachlaßverwaltung endet durch Eröffnung des *Nachlaßkonkurses* oder des *Nachlaßvergleichsverfahrens,* sonst durch Aufhebung seitens des Nachlaßgerichts nach Berichtigung der Nachlaßverbindlichkeiten (§§ 1986, 1988 BGB).

Der Nachlaßkonkurs und das Nachlaßvergleichsverfahren

Entweder im Anschluß an eine Nachlaßverwaltung oder sofort nach dem Erbfall kann der Nachlaßkonkurs eröffnet werden. Wenn der Nachlaß überschuldet ist, dann sind alle Beteiligten verpflichtet und auch berechtigt, den *Nachlaßkonkurs* zu beantragen (§§ 1975 ff BGB). Grundsätzlich gelten für den Nachlaßkonkurs die gleichen Regeln wie für jeden anderen Konkurs. Das Prinzip ist, daß die Gläubiger ihre Forderungen beim zuständigen Gericht anmelden und dann durch Vollstreckung in das Konkursvermögen alle Gläubiger anteilig befriedigt werden sollen.
Anstelle des Nachlaßkonkurses kann auch ein *Nachlaßvergleichsverfahren* durchgeführt werden (§ 113 VerglO).

Wann wählen Sie den Nachlaßvergleich und nicht den Nachlaßkonkurs?

Das läßt sich mit einem Satz sagen: Der Vergleich bietet sich dann an, wenn noch so viel Geld und andere Vermögenswerte da sind, daß jeder der Gläubiger etwas bekommen kann. Gleichzeitig müssen die Gläubiger die Hoffnung haben oder sich davon überzeugen lassen, daß die Erben in der Zukunft mit dem vorhandenen Nachlaß so weiterwirtschaften, daß in absehbarer Zukunft noch mehr Vermögenswerte da sein werden.

Was ist ein Vergleichsverfahren?

Bei einem Vergleichsverfahren wird das mit Schulden wirtschaftlich belastete Vermögen nicht aufgelöst, sondern es wird versucht, die Gläubiger zu einem teilweisen Verzicht auf ihre Forderungen zu bewegen und damit das Vermögen in seiner Verflechtung und in seiner wirtschaftlichen Funktionsfähigkeit zusammenzuhalten.
Das kann besonders dann für die Gläubiger interessant sein, wenn beispielsweise ein verschuldetes Unternehmen nicht im Rahmen des Konkursverfahrens versteigert wird. Denn dann kann ein Unternehmen weiterarbeiten und möglicherweise in Zukunft bei verbesserter Auftrags- und Ertragslage auch wieder gewinnbringend wirtschaften.
Der *Vergleichsantrag* wird beim *Vergleichsgericht* gestellt. Antragsberechtigt sind alle Personen, die auch den Nachlaßkonkurs beantragen können, mit Ausnahme der Nachlaßgläubiger. Antragsvoraussetzung ist die *Überschuldung des Nachlasses.* Während des Vergleichs darf auch keiner der Gläubiger durch eine Zwangsvollstreckung Zugriff auf den Nachlaß nehmen. Insoweit ist der Nachlaß erst einmal geschützt.
Das Vergleichsverfahren wird durch einen Vermerk im Handelsregister, der in der regionalen Presse veröffentlicht wird, allgemein bekanntgemacht. Anders als beim Konkurs bleiben die Erben während des Vergleichsverfahrens verfügungsberechtigt und können weiterwirtschaften. Damit dies auch im Interesse der Gläubiger geschieht, bestimmt das Nachlaßgericht auch hier einen *Vergleichsverwalter*, der allerdings nur eine überwachende Funktion hat. Den Erben können – nicht selten aufgrund Anregungen des Vergleichsverwalters – gerichtlich Verfügungsbeschränkungen auferlegt werden. Das bedeutet, daß ihnen für eine bestimmte Zeit verboten wird, über den Nachlaß zu verfügen, also zum Beispiel einzelne Nachlaßgegenstände zu verkaufen.

Das Vergleichsgericht bestimmt nach dem Eingang des Vergleichsantrags und der Ermittlung der Gläubiger einen Termin zur Vergleichsverhandlung. Bei einer solchen Vergleichsverhandlung „rauchen die Colts“. Denn es geht meistens um viel Geld, und jeder Gläubiger hat Angst, seine Forderungen möglicherweise schlechter durchsetzen zu können als andere Gläubiger.
Der Antrag auf Nachlaßvergleich kann nicht mehr gestellt werden, wenn der Erbe für die Nachlaßverbindlichkeiten allein oder einzelnen Nachlaßgläubigern gegenüber unbeschränkbar haftet oder wenn der Nachlaß auseinandergesetzt wurde. Es gelten die Vorschriften über das Vergleichsverfahren. Das Nachlaßgericht kann auch während eines Nachlaßkonkursverfahrens einen Zwangsvergleich anregen. Das ist ein Vergleich, der ohne Antrag der Schuldner durchgeführt wird. Das Nachlaßgericht wird dazu prüfen, ob sich der Nachlaßkonkurs durch einen Zwangsvergleich abwenden läßt. Der Sinn des Zwangsvergleichs liegt in einem intensiven Gläubigerschutz.

Schonfristen für die Erben durch Einreden

Die Zeit unmittelbar nach dem Todesfall kann bei komplizierteren Nachlässen durch die Abwicklung des Nachlasses sehr stressig werden. Die Erben sind in dieser ersten Zeit häufig noch nicht in der Lage, sich einen vollständigen Überblick über den Nachlaß zu verschaffen. Der Gesetzgeber hat das erkannt und Regelungen geschaffen, um den Erben nach dem Erbfall Bedenkzeit zu ermöglichen. In der Zeit nach dem Ablauf der Sechswochenfrist für die Ausschlagung haben Sie als Erbe unterschiedlich lange „Gnadenfristen“. Allerdings müssen Sie aktiv werden, um diese Fristen auch nutzen zu können. Denn: Schonzeiten bekommen Sie nur, wenn Sie von Einreden Gebrauch machen.

Für die Erben gelten drei Gruppen von Einreden: die *aufschiebenden Einreden*, die *Unzugänglichkeitseinreden* und die *Ausschließungs-* und *Verschweigungseinreden.*

Was ist eine Einrede?

Eine Einrede ist ein Umstand, der einem Gläubiger entgegengehalten werden kann und die Durchsetzung seines Anspruchs unmöglich macht. Es gibt drei Gruppen von Einreden: Man spricht von rechtshemmenden, rechtsvernichtenden und aufschiebenden Einreden. So ist zum Beispiel die fast jedem bekannte Verjährung eine rechtshemmende Einrede. Der Einwand der Erfüllung ist eine rechtsvernichtende Einrede. Im Erbrecht spielen vor allem aufschiebende Einreden eine Rolle.

Eine Einrede muß, wie der Name schon andeutet, immer geltend gemacht werden. Wenn Sie nicht aktiv werden und zum Beispiel auf eine Zahlungsforderung und eine Mahnung gar nicht reagieren, dann behält der Gegner Ansprüche, die er auch jederzeit durchsetzen kann. Das bedeutet beispielsweise, daß Sie einen Prozeß verlieren, wenn Sie vergessen, die Einrede der Verjährung der Zahlungsforderung des Gegners entgegenzuhalten.

Allerdings genügt es, wenn Sie die Einrede dem Gegner in einem Brief erklären und ihn darauf hinweisen, daß Sie zum Beispiel bis zum Ablauf der Dreimonatsfrist (§ 2014 BGB) als Erbe nichts zu leisten brauchen.

a) Die aufschiebenden Einreden

Die aufschiebenden Einreden haben für Sie als Erben regelmäßig die größte Bedeutung. Es gibt zwei verschiedene aufschiebende Einreden: die *Dreimonatseinrede* (§ 2014 BGB) und die *Aufgebotseinrede* (§ 2015 BGB).

Die *Dreimonatseinrede* verschafft dem Erben eine Frist von drei Monaten nach Annahme der Erbschaft. In dieser Frist kann der Erbe ohne Angabe von Gründen die Berichtigung einer *Nachlaßverbindlichkeit* verweigern, um erst einmal einen Überblick über den Nachlaß gewinnen zu können.

Die *Aufgebotseinrede* gibt dem Erben das Recht in die Hand, während eines Gläubigeraufgebotsverfahrens die Leistung zu verweigern. Der Sinn dieser Regelung ist, daß dem Erben Zeit gelassen werden soll, bis die Nachlaßgläubiger feststehen. Bei dieser Regelung ist aber auch an die Gläubiger gedacht worden. Denn um eine Verschleppung zu verhindern, darf der Antrag auf Aufgebot nur innerhalb eines Jahres nach Annahme der Erbschaft gestellt werden (§ 2015 BGB).

Die *Dreimonatseinrede* und die *Aufgebotseinrede* sind vor allem im Prozeß von Bedeutung. Diese Einreden haben aufschiebende Wirkung. Sie wirken als Verteidigungsmittel also auch nur so lange, wie die aufschiebende Wirkung anhält, danach nicht mehr. Sollte es zum Prozeß kommen und wird gegen den Anspruch eines Erbschaftsgläubigers die Einrede erhoben, passiert folgendes: Der Erbe wird zwar verurteilt, denn das Gericht wird dem geltend gemachten Anspruch stattgeben. Aber es wird in das Urteil den *Vorbehalt der beschränkten Erbenhaftung* aufnehmen und so die Möglichkeit beschränken, vor Ablauf der jeweiligen Fristen aus dem Urteil zu vollstrecken.

Für den juristischen Laien ist meist nur sehr schwer nachvollziehbar, daß ein solches Urteil dem Kläger (Gläubiger) die Möglichkeit in die Hand gibt, die *Zwangsvollstreckung* zu betreiben, daß aber die Beschränkung besteht, daß der Erbe gegen die Vollstreckung vorgehen kann, indem er vor Gericht die sogenannte *Vollstreckungsgegenklage* erhebt. Wenn Sie solche Probleme haben, dann kann ich Ihnen nur dringend raten, sich der Hilfe eines Rechtsanwalts zu versichern.

Noch eine interessante Kleinigkeit: Sie können außerhalb des Prozesses nicht in Verzug geraten, wenn Sie nicht zahlen, solange Ihnen die Einredemöglichkeiten zustehen und Sie die Einrede auch erklärt haben.

Was sind Verzug und Verzugsschaden?

Wenn Sie zu einer Leistung verpflichtet sind – gleich ob Sie Maler sind und ein Haus anstreichen sollen oder als Händler einen Traktor ausliefern sollen –, dann ist vertraglich meistens auch vereinbart worden, zu welchem Zeitpunkt Sie diese Leistung erbringen müssen. Sie geraten dann in Verzug, wenn Sie diesen Zeitpunkt nicht einhalten und daran auch schuld sind. Schuld haben Sie z. B., wenn der Termin vergessen wurde.

Verzugsschaden ist der finanzielle Schaden, der dem anderen entsteht, weil Sie verspätet geleistet haben. Er mußte beispielsweise für die Übergangszeit einen anderen Traktor mieten oder sich für diesen Zeitpunkt Geld von seiner Bank leihen und dafür hohe Zinsen zahlen, usw.

Im Erbrecht gibt es also die Besonderheit, daß Sie in den ersten drei Monaten nach dem Erbfall nicht für den Verzugsschaden haften, der dem Gläubiger entsteht, weil er zum Beispiel sein Geld nicht sofort bekommt.
Wichtig ist aber, daß Sie gegenüber dem Gläubiger die Einrede schriftlich geltend machen und davon eine Kopie aufbewahren, da Sie im Streit vor Gericht die Abgabe dieser Erklärung beweisen müssen.

b) Die Unzulänglichkeitseinreden

Der Sinn und die Wirkung der Unzulänglichkeitseinreden ist einfacher zu verstehen als bei den aufschiebenden Einreden und deren teilweise sehr komplizierter Wirkung. Hinter ihnen steht das Motto: „Einem nackten Mann kann man nicht in die Tasche greifen." Es gibt die *Unzulänglichkeitseinrede* (im engeren Sinn) und die *Überschwerungseinrede.*
Die *Unzulänglichkeitseinrede* (§ 1990 BGB) setzt voraus, daß die Nachlaßverwaltung oder der Nachlaßkonkurs keinen Sinn haben, weil nicht genug da ist, um das Verfahren vor dem Nachlaßgericht zu finanzieren.
Die *Überschwerungseinrede* (§ 1992 BGB) kann erhoben werden, wenn der Nachlaß überschuldet ist, weil er nicht ausreicht, um Vermächtnisse und Auflagen zu erfüllen.

c) Die Ausschließungs- und die Verschweigungseinrede

Die Ausschließungs- und die Verschweigungseinrede können einem Gläubiger entgegengehalten werden, wenn er sich während des Gläubigeraufgebots nicht gemeldet oder er seinen Anspruch erst fünf Jahre nach dem Erbfall geltend gemacht hat. In diesen Fällen kann der Erbe die Zahlung verweigern, wenn sein Anteil am Nachlaß etwa durch die Bezahlung anderer Erbfallforderungen erschöpft ist.

Der Gerichtsvollzieher und andere hartnäckige Gläubiger

Wenn Sie als Erbe plötzlich mit einem Gerichtsvollzieher oder einem hartnäckigen Gläubiger konfrontiert sind, kann sich derjenige, der

seine Rechte kennt, besser wehren oder auch nur jemanden erfolgreicher abwimmeln.
Hierzu sollten Sie zuerst einmal mittels einiger Fragen analysieren, in welcher Situation Sie stehen. Wenn Sie bei einer der Fragen nicht sicher sind und sich über die Antworten informieren wollen, dann sind nachfolgend in Klammern die Stichworte angegeben, die für Sie entscheidend sind. Das Stichwortverzeichnis kann Ihnen in diesem Fall weiterhelfen.

- Wer will von mir Geld haben? Will ein Privatmensch von mir Geld, oder handelt es sich um eine Maßnahme im Rahmen der Zwangsvollstreckung?
  (*Gerichtsvollzieher, Zwangsvollstreckung*)

- Kann ich das Erbe noch ausschlagen?
  (Ausschlagung, Sechswochenfrist)

- Bin ich der einzige Erbe?
  (Miterbengemeinschaft)

- Kann ich den Gläubiger an die anderen Erben verweisen? Wer von den Erben zahlt die Forderung?
  (Gläubigergemeinschaft, gesamtschuldnerische Haftung, Einreden)

- Für wieviel muß ich geradestehen? Habe ich die Haftung auf meinen Anteil am Nachlaß beschränkt, oder muß ich Angst um mein Privatvermögen haben?
  (Erbenhaftung, Beschränkung der Haftung auf den Nachlaßanteil, Gläubigeraufgebot, Nachlaßverwaltung, Nachlaßkonkurs, Nachlaßvergleich)

- Ist mein Privatvermögen hinreichend getrennt von dem Nachlaß, so daß bei einer Zwangsvollstreckung die Gefahr nicht besteht, daß auf mein Privatvermögen zugegriffen wird?
  (Nachlaßverwaltung)

- Kann ich die Zahlung dem Gläubiger gegenüber erst einmal verweigern? Ist seit dem Erbfall schon eine längere Zeit als drei Monate verstrichen?
  (Dreimonatsfrist)

- Welche Auskunftsansprüche besitzt eigentlich der Nachlaßgläubiger?
  (Auskunftsansprüche)

- Ist überhaupt genug Geld da, um das Verfahren des Nachlaßgerichts zu finanzieren?
  (Überschwerungseinrede)

- Richtet sich die jeweilige Forderung eigentlich überhaupt gegen die Erben?
  (Nachlaßforderungen, Erbenschulden)

- Muß ich als Erbe oder als Mit-, Nach-, Vorerbe sowie als vorläufiger Erbe, während des Nachlaßvergleichs, während der Testamentsvollstreckung die Zwangsvollstreckung zulassen, und was kann ich dagegen tun?
  (Dreimonatseinrede, Miterben, Vor- und Nacherbschaft, Nachlaßvergleich, vorläufiger Erbe, Testamentsvollstreckung, Zwangsvollstreckung, Einreden)

- Wenn ich die Forderung bezahle – kann ich dann von den anderen Erben Ersatz verlangen? Und wieviel kann ich von einem einzelnen Miterben bekommen?
  (Miterben, gesamtschuldnerische Haftung)

- Brauche ich einen Rechtsanwalt?
  (Diese Frage müssen Sie für sich selbst beantworten – nur ein Tip am Rande: Mancher hat schon, um ein paar hundert Mark zu sparen, ein Vermögen riskiert, ohne es zu wissen.)

Wann müssen Sie sich unbedingt einen Anwalt nehmen?

Immer wenn das Erbrecht kompliziert und unübersichtlich wird – gleich, ob Sie an einem *Erbschaftskauf* beteiligt sind oder sich über Ihre Haftung bei *Fortführung des ererbten Handelsgeschäfts* (§ 27 HGB) informieren wollen –, dann kann Ihnen dieses Buch nur die Grundlagen vermitteln. Denn alle Einzelheiten können hier nicht dargestellt werden. Auch wegen der hohen Vermögenswerte in diesen Bereichen sollten Sie sich unbedingt an einen in Wirtschaftssachen erfahrenen Rechtsanwalt wenden.

Die Abwicklung von Unternehmen

Die Nachfolge bei Wirtschaftsunternehmen ist sehr heikel. Denn fast immer geht es um größere Vermögenswerte. Deshalb sollten Sie sich, egal ob Sie ein Testament machen wollen oder ob Sie erben, auf jeden Fall von einem in Wirtschaftssachen erfahrenen Anwalt oder auch von einem kompetenten Steuerberater helfen lassen.
Aus diesem Grund werden im folgenden nur die Grundzüge dieses Themas dargestellt.

Die Nachlaßabwicklung bei Personengesellschaften

Was ist eine Personengesellschaft?

Mehrere Personen können sich zu einer Gesellschaft zusammenschließen, um wirtschaftliche Interessen gemeinsam zu verfolgen. Die Mitgliedschaft ist dabei auf die einzelnen Gesellschafter zugeschnitten und daher grundsätzlich nicht übertragbar. Das bedeutet, daß die Mitgliedschaft nur vererbbar ist, wenn die anderen Gesellschafter alle zustimmen. Personengesellschaften haben keine eigene Rechtsfähigkeit – vor Gericht müssen also alle Gesellschafter gemeinsam ihre Interessen geltend machen. Personengesellschaften sind insbesondere die *Gesellschaft bürgerlichen Rechts* (GbR), die *Offene Handelsgesellschaft* (OHG) und die *Kommanditgesellschaft* (KG).

Grundsätzlich ist das Recht auf Mitgliedschaft in in einer Personengesellschaft nicht vererbbar, da es im wesentlichen als ein personenbezogenes und nicht als vermögensbezogenes Recht angesehen wird. Diese Wertung hat zumindest der Gesetzgeber vorgenommen, denn die OHG wird nach dem Tod eines Gesellschafters aufgelöst (siehe Seite 29).

Wenn die Gesellschaft nicht mit dem oder den Erben fortgesetzt wird, dann wird sie beendet. Diese Beendigung heißt genau wie bei der Erbengemeinschaft *Auseinandersetzung.* Im Prinzip ähneln sich die Auseinandersetzung einer Erbengemeinschaft und die einer Gesellschaft, weswegen hier auf die Details auch nicht mehr eingegangen wird.

Eine Ausnahme gibt es allerdings, wenn im Gesellschaftsvertrag etwas anderes vereinbart worden ist. Die Erben müssen sich also zuerst Kenntnis des *Gesellschaftsvertrags* verschaffen und klären, ob darin die Situation nach dem Tod eines Gesellschafters geregelt ist. Wenn nicht, dann haben die Erben keine Chancen, als Mitglieder der Gesellschaft in deren Geschäfte eingebunden zu werden. Wenn im Gesellschaftsvertrag eine Regelung vorhanden ist, dann gibt es zwei Möglichkeiten: Es muß unterschieden werden zwischen der sogenannten *Fortsetzungsklausel* und der *Eintrittsklausel.*

Der Unterschied zwischen Fortsetzungsklausel und Eintrittsklausel

Die Unterscheidung hat für die Erben eines Gesellschafters große Bedeutung. Nach § 138 HGB (Handelsgesetzbuch) können die Gesellschafter mit einer sogenannten *Fortsetzungsklausel* die Fortsetzung der Gesellschaft mit den verbleibenden Gesellschaftern vereinbaren. Diese Vereinbarung ist aber relativ selten, da sie dazu führt, daß die Erben des verstorbenen Gesellschafters einen *Abfindungsanspruch* auf das sogenannte *Auseinandersetzungsguthaben* geltend machen können (§§ 105 II HGB in Verbindung mit § 738 BGB). Und dieser Anspruch belastet die Gesellschaft, da häufig keine großen flüssigen Mittel vorhanden sind und Teile des Unternehmens verkauft werden müßten. Auch für die Erben ist dieser Weg ungünstig, da bei der Berechnung des Abfindungsanspruchs die Wertansätze hinter dem Verkehrswert zurückbleiben.

Um diese Belastung zu vermeiden, wird in vielen Gesellschaftsverträgen eine sogenannte *Eintrittsklausel* verwendet. Diese Klausel hat zur Folge, daß die im Gesellschaftsvertrag genannten Personen als Nachfolger des Verstorbenen in die Gesellschaft eintreten.
Allerdings können in diesem Fall Probleme auftreten, wenn die Personen, die in die Gesellschaft eintreten sollen, nicht zu den Erben gehören. Denn dann fallen Erb- und Gesellschaftsrecht auseinander, und es stellt sich die Frage nach *Ausgleichsansprüchen.* Dabei muß unterschieden werden:

a) Wenn derjenige, der in die Gesellschaft eintritt, zu den ohnehin erbberechtigten Personen gehört und er durch diesen Eintritt mehr bekommt, als ihm nach seiner Erbquote zusteht, dann wird ein Ausgleichsanspruch der Erben bejaht. Der BGH, das höchste deutsche Zivilgericht, hat entschieden, daß der Ausgleichsanspruch sich gegen den in die Gesellschaft eintretenden Miterben richtet.
b) Wenn derjenige, der in die Gesellschaft eintritt, nicht zu den erbberechtigten Personen gehört, dann wird die Fortsetzungsklausel als Eintrittsklausel angesehen. Und dann steht den anderen Erben der Abfindungsanspruch auf das Auseinandersetzungsguthaben zu (siehe Seite 149).

Übrigens: Gesellschaftsverträge können jederzeit von der Gesellschaft neu gefaßt werden – allerdings ist dazu Einstimmigkeit notwendig. Eine *Nachfolgeregelung* kann also auch zu Lebzeiten des Erblassers noch Bestandteil des Gesellschaftsvertrags werden.

Die Nachlaßabwicklung bei Kapitalgesellschaften

Was ist eine Kapitalgesellschaft?

Anders als bei der *Personengesellschaft* ist bei der Kapitalgesellschaft eine Mitarbeit der Gesellschafter nicht vorgesehen. Die Mitgliedschaft der Gesellschafter ist nur auf die reine Kapital(Geld)-Beteiligung zugeschnitten. Die Anteile der einzelnen Gesellschafter können deshalb frei veräußert und auch vererbt werden.

Die Gesellschafter haften nicht persönlich. Kapitalgesellschaften besitzen als juristische Personen die *Rechtsfähigkeit.* Das heißt, sie können unter eigenem Namen und nur vertreten durch die Geschäftsführung ihre Rechte vor Gericht geltend machen.
Kapitalgesellschaften sind die *Aktiengesellschaft* (AG), die *Kommanditgesellschaft auf Aktien* (KGA) und die *Gesellschaft mit beschränkter Haftung* (GmbH).
Die *GmbH* ist eine Kapitalgesellschaft, die aber im *GmbH-Vertrag* ähnlich wie eine *Personengesellschaft* ausgestaltet werden kann. So haftet die GmbH für ihre Verbindlichkeiten selbst mit dem Gesellschaftsvermögen.
Kapitalgesellschaften unterliegen der *Körperschaftssteuer,* dem Gegenstück der Einkommenssteuer.

Tips für Unternehmer

Die Weitergabe eines Unternehmens an die Rechtsnachfolger ist wirtschaftlich und rechtlich ein sehr schwieriges Gebiet. Sie müssen dazu die Hilfe eines Steuerberaters oder sogar eines Wirtschaftsprüfers in Anspruch nehmen oder den Rat eines im Wirtschaftsrecht erfahrenen Anwalts einholen. Damit Sie für diese Beratungsgespräche wissen, welche Gesichtspunkte zu beachten sind, wird im folgenden auf die wichtigsten Aspekte kurz eingegangen.

a) Erhaltung des Familienunternehmens

Wahrscheinlich wird es Ihre Absicht sein, die Zersplitterung Ihres Unternehmens unter den Erben zu verhindern. Sie können die Teilung unter den Erben durch Ihre Verfügung von Todes wegen verhindern, wenn Sie ein *Teilungsverbot* anordnen. Es empfiehlt sich darüber hinaus, genaue Regelungen zu treffen, wie das Unternehmen zukünftig verwaltet werden soll.

b) Sicherheit für Ihre Erben

Nach dem Erbfall kommen auf die Erben unter Umständen erhebliche finanzielle Belastungen zu, wenn *Pflichtteilsansprüche* und andere

Erbfallschulden befriedigt werden müssen. Wenn große Belastungen vorhersehbar sind, dann sollte angestrebt werden, daß die Erben nach dem Erbfall über genügend Liquidität verfügen. Das kann in kleinerem Umfang durch *Lebensversicherungen* und in größerem Rahmen durch *Bankkredite* oder sogar einen teilweisen und geordneten Unternehmensverkauf geschehen.
Um die Haftung der Erben in einem überschaubaren Rahmen zu halten, kann es sich anbieten, ein Unternehmen neu zu ordnen. Eine Betriebsaufspaltung erscheint hier sinnvoll. Üblicherweise wird in eine *Besitzgesellschaft* und eine *Betriebsgesellschaft* getrennt. Während des Betriebs verpachtet die Besitzgesellschaft das Firmengelände und die anderen Produktionsmittel an die Betriebsgesellschaft. So kann es erreicht werden, daß der Grundbesitz nicht für die Schulden des eigentlichen Unternehmens, der Betriebsgesellschaft, haftet.
Auch kann sich eine frühzeitige Umwandlung in eine GmbH anbieten, um eine Haftungsbeschränkung zu erreichen.

c) Die Nachfolge in der Firmenleitung

Ein unter mehreren Aspekten problematisches Unterfangen ist es, einen geeigneten Nachfolger zu finden. Soll dieser Nachfolger aus der eigenen Familie kommen und gibt es mehrere Kandidaten, dann kann die Auswahl des zukünftigen Firmenleiters auch aufgeschoben werden. Anstelle des Erblassers kann jemand anderes oder auch ein Beirat von mehreren Personen diese Entscheidung treffen. Dies bietet sich vor allem an, wenn die Kandidaten noch jung sind und sich noch bewähren sollen.

d) Die Sicherung des Friedens unter den Erben

Eines der zuverlässigsten Mittel, um den Frieden unter den Erben zu sichern, ist die Einsetzung eines *Testamentsvollstreckers,* der bei Streitigkeiten eine Schiedsrichterfunktion übernehmen kann (siehe dazu Seite 117 ff).
Problematisch ist es jedoch, die Fortführung des Unternehmens einem Testamentsvollstrecker zu übertragen. Problematisch, weil die Haf-

tungsfragen kaum zu regeln sind. Denn der Testamentsvollstrecker wird, da er ja nicht auf eigene Rechnung wirtschaftet, von jeder Haftung freigestellt werden wollen. Und das kann wiederum nicht im Interesse der Erben liegen, da dann die Sorgfalt der Verwaltung leiden könnte.

e) Steuerlich vorausdenken!

Unerläßlich ist es, auch die steuerlichen Aspekte vorausschauend zu bedenken. Dem Thema „Erbschaftssteuer" wird mit dem folgenden Kapitel VI: „Steuern sparen!" viel Raum eingeräumt. Deswegen hier nur kurz zu einigen Punkten, die besonders wichtig sind.

So ist zu beachten, daß eine eventuelle Betriebsaufgabe die späteren Erben sehr teuer kommen kann. Denn in diesem Fall wird nicht die normale Erbschaftssteuer erhoben. Vielmehr wird der Unterschied zwischen Buchwert und Verkehrswert des Unternehmens als *Entnahmegewinn* zu versteuern sein. Und das kann im Vergleich zu der geringen Erbschaftssteuer für nahe Verwandte zu einem großen Differenzbetrag durch die erheblich ungünstigere Besteuerung führen.

Weiter ist im Auge zu behalten, daß steuerrechtlich eine Aufteilung des Nachlasses in *Privatvermögen* und *Betriebsvermögen* erfolgt. So wird im Falle der Betriebsaufgabe nur das Betriebsvermögen zur Berechnung eines Entnahmegewinns herangezogen. Das Privatvermögen fällt steuerrechtlich unter die Erbschaftssteuer.

KAPITEL VI Steuern sparen!

„Niemand ist verpflichtet, sein Vermögen so zu verwalten oder seine Ertragsquellen so zu bewirtschaften, daß dem Staate daraus möglichst hohe Steuern zufließen ...“

So das preußische Oberverwaltungsgericht im Jahre 1906

Erbschafts- und Schenkungssteuer: Bitte sowenig wie möglich ...

Niemand möchte dem Finanzamt mehr Geld zukommen lassen als unbedingt nötig. Und wie aus dem obigen Zitat hervorgeht, war man sich schon im Jahre 1906 einig, daß niemand vom Steuerzahler etwas anderes verlangen kann. Um die Steuerlast möglichst klein halten zu können, sollten Sie sich mit den Grundsätzen des Steuerrechts vertraut machen. Denn die Erbschafts- und Schenkungssteuer kann von völliger Steuerfreiheit bis zu 70 Prozent reichen.
Durch ein paar Kniffe und durch geschickte Planung können Sie in so manchem Fall den Steuerbescheid wesentlich beeinflussen. Drum: Nehmen Sie sich dieses Kapitel zu Herzen! Denn es geht um Ihr Geld!

Wie funktioniert die Steuer beim Erben und beim Verschenken?

Ein wichtiger Grundsatz schon ganz am Anfang: Erbfälle und *Schenkungen* unterliegen dem gleichen Steuerrecht. Das heißt, daß das *Finanzamt* die gleichen gesetzlichen Regeln anwendet, egal ob etwas vererbt oder zu Lebzeiten verschenkt wird. Der Grund für diese Regelung ist naheliegend: Wenn nur die Bereicherung durch den Erbfall besteuert werden würde, dann könnte die Erbschaftssteuer in den allermeisten Fällen durch das Verschenken des Nachlasses umgangen werden.

Wie erfährt das Finanzamt von einer Schenkung?

Das Finanzamt muß von jeder Schenkung Kenntnis erhalten (§ 30 ErbschaftsStG). Anzeigepflichtig sind Schenkungen nicht nur dann, wenn auch tatsächlich eine Steuerpflicht besteht. Bei der Schenkung trifft die Anzeigepflicht nicht nur den Erwerber, sondern auch denjenigen, aus dessen Vermögen die Schenkung stammt.
Aber Achtung: Wenn Sie etwas verschenken oder geschenkt bekommen und die Anzeige an das Finanzamt unterlassen, dann können Sie nur dann Ärger mit dem *Staatsanwalt* bekommen, wenn Sie sich einer Steuerpflicht entzogen haben. Ich kann Sie jetzt schon beruhigen: Die meisten Schenkungen, besonders wenn enge verwandtschaftliche Beziehungen bestehen, sind nicht steuerpflichtig. Nach dem Lesen dieses Teils werden Sie genau abschätzen können, ob Sie steuerpflichtig sind oder nicht.

Die Besteuerung geht immer von der Person aus, die die Steuern bezahlen soll. Das ist die Person, die durch den Erbfall oder die Schenkung bereichert wurde. Für die Besteuerung wird immer nur das Verhältnis zwischen dem Bereicherten und dem Erblasser bzw. Schenker betrachtet. Das hat zur Folge, daß die Steuern getrennt berechnet werden, wenn jemand zum Beispiel gleichzeitig von mehreren Personen erbt. Und das führt dazu, daß die Freibeträge mehrmals anfallen – was das bedeutet, erfahren Sie etwas später.

Der Betrag, der an das Finanzamt überwiesen werden muß, ist abhängig von drei Faktoren: dem *Wert* des Nachlasses oder des Geschenks, den persönlichen *Freibeträgen* und anderen Abzügen und der *Steuerklasse.*

Wenn Sie die Steuerbelastung berechnen wollen, müssen Sie zuerst einmal den für das Finanzamt entscheidenden *Wert des Erwerbs* herausfinden. Schon dies bereitet häufig genug Schwierigkeiten – denn nicht alles wird bei der steuerlichen Berechnung mit dem auf dem freien Markt erzielbaren Preis (dem sogenannten Verkehrswert) angesetzt. Vom Wert des Nachlasses oder des Geschenks werden aber noch die jeweiligen *Freibeträge* abgezogen, bevor die Steuerquote angesetzt wird. Mit dem Wert, den Sie dann errechnet haben, können Sie Ihre persönliche *Steuerklasse* herausfinden, die sich auch noch nach Ihrem verwandtschaftlichen Verhältnis zum Erblasser oder Schenker bestimmt. Übrigens: Die *Steuerquote* bleibt nicht immer gleich! Sie wird immer höher, je wertvoller der Erwerb ist. Wie bei der Einkommenssteuer gibt es eine Progression.

Wie hoch ist die Steuer?

Um die Steuer für Ihren Fall abschätzen zu können, müssen Sie in mehreren Schritten vorgehen.

In welche Steuerklasse gehöre ich?

Die Steuerklasse verändert sich mit zunehmendem verwandtschaftlichem Abstand des Steuerpflichtigen (Erbe, Vermächtnisnehmer oder Beschenkter) zum Erblasser oder Schenkenden. Grundsätzlich gilt: Je größer der verwandtschaftliche Abstand, desto schlechter (teurer) wird die Steuerklasse.

a) Die Kinder
Die Kinder, gleich ob ehelich oder nichtehelich, auch die Adoptiv- oder Stiefkinder, gehören in Steuerklasse I. Auch die Kinder von vorverstorbenen Kindern gehören in Steuerklasse I. Die Kinder von noch lebenden Kindern gehören in die Steuerklasse II.

b) Der Ehepartner
Auch der Ehepartner des Verstorbenen gehört in Steuerklasse I.

c) Die Eltern, Großeltern, Enkel und Urenkel
Bei Erwerb von Todes wegen gehören die Eltern und Großeltern in die Steuerklasse II. Ausnahme: Bei Schenkungen unter Lebenden zählen die Eltern und Großeltern nur zur Steuerklasse III.
Die Enkel und Urenkel fallen nur dann in Steuerklasse II, wenn ihre Eltern noch leben. Wenn der Elternteil, über den sie mit dem Erblasser verwandt sind, nicht mehr lebt, dann fallen sie in Steuerklasse I.

d) Die Geschwister, Neffen, Nichten, Stief- und Schwiegereltern, Schwiegerkinder

Diese Personen gehören in Steuerklasse III.

e) Der geschiedene Ehegatte

Für den Fall, daß der geschiedene Ehegatte überhaupt erbt, wird er ebenfalls nach Steuerklasse III besteuert.

f) Alle weiteren Personen und die Zweckzuwendungen

Alle anderen Erben, alle anderen Empfänger von Vermächtnissen, alle anderen Beschenkten gehören in Steuerklasse IV. Dazu gehören der Partner aus der außerehelichen Lebensgemeinschaft, das Kind des Lebenspartners, Nachbarn, juristische Personen, entferntere Verwandte und so weiter. Auch die Empfänger von Zweckzuwendungen werden nach Steuerklasse IV besteuert. Aber bitte denken Sie daran: So manch eine Zuwendung ist trotz der schlechten Steuerklasse steuerfrei, da es besondere Steuerbefreiungen gibt.

Noch einmal alle Steuerklassen auf einen Blick:

Die Steuerklassen

I	II	III	IV
1. Der Ehepartner	1. Die *Abkömmlinge* der Kinder und Stiefkinder, wenn sie nicht in Steuerklasse I Nr. 3 gehören	1. Die Eltern und Großeltern, wenn sie nicht in Steuerklasse II gehören (also zum Beispiel beim Erwerb aufgrund einer Schenkung)	Alle übrigen Erwerber und die Zweckzuwendungen
2. Die Kinder und die Stiefkinder	2. Die Eltern und Großeltern bei Erwerben von Todes wegen	2. Die *Geschwister*	
3. Die Kinder und die *Stiefkinder* verstorbener Kinder		3. Die *Abkömmlinge* ersten Grades von Geschwistern	
		4. Die *Stiefeltern*	
		5. Die *Schwiegerkinder*	
		6. Die *Schwiegereltern*	
		7. Der *geschiedene Ehepartner*	

Wie hoch ist der steuerliche Wert des Erwerbs?

Zuerst müssen Sie den steuerlichen Wert der einzelnen erworbenen Gegenstände herausfinden, bevor Sie sich der Frage zuwenden, wie hoch die jeweilige Steuerquote in Ihrem Fall ist. Denn schon bei der Frage der steuerlichen Bewertung des Geschenkes oder der Nachlaßgegenstände können eine Menge Probleme versteckt sein.

Nehmen wir folgendes Beispiel:

Der Verstorbene besaß ein Grundstück im (Verkehrs-)Wert von DM 600.000,– und einem steuerlichen Einheitswert von DM 80.000–. Dieses Grundstück ist mit Schulden in Höhe von DM 100.000,– belastet. Außerdem hatte der Erblasser noch eine Beteiligung an einem Einzelunternehmen (OHG) in Höhe von DM 120.000,–, ein Sparkonto mit DM 20.000,–, ein Auto mit einem Verkehrswert von DM 30.000,– und ein paar Wertpapiere mit einem Kurswert von DM 10.000,– am Todestag.

Versuchen Sie doch mal, anhand der Tabelle auf der nächsten Seite die Erbschaftssteuer für diesen Beispielsfall zu errechnen oder auch nur Ihren eigenen Fall einzuordnen.

Achtung: Die nebenstehende Tabelle gilt nur für die *steuerrechtliche Wertermittlung*! Für die Ermittlung des Nachlaßwerts zur *Teilung* oder auch zur *Pflichtteilsberechnung* gilt grundsätzlich der *Verkehrswert* der jeweiligen Vermögensgegenstände oder Rechte!

Mit Hilfe der Wertberechnungstabelle können Sie den steuerrechtlich relevanten Wert des Nachlasses errechnen. Besonders teuer wird die Steuer, wenn die Bewertung wie zum Beispiel beim Erwerb einer *Kapitalgesellschaft* (Wertermittlung durch das *Stuttgarter Verfahren*) sich am Verkehrswert orientiert – wenn etwa GmbH-Anteile in den Nachlaß fallen, dann wird die Erbschaftssteuer höher, als wenn zum Nachlaß nur Grundstücke gehören (die Wertermittlung orientiert sich bei Grundstücken am *Einheitswert*).

Die Wertberechnung

Die vorhandenen Vermögenswerte	*Die Berechnung des für das Finanzamt entscheidenden Werts*
Grundbesitz	140 % vom Einheitswert – das sind häufig bloß etwa 25 bis 30 % vom Verkehrswert. Bei Grundbesitz im Ausland gilt leider der Verkehrswert
land- und forstwirtschaftlicher Grundbesitz	100 % vom Einheitswert
Nießbrauchrechte	Kapitalwert der Nutzung (maßgeblich ist das „Bewertungsgesetz" BewG – fragen Sie Ihren Anwalt oder Steuerberater)
Geschäftsvermögen	Es wird für die Besteuerung unterschieden zwischen Einzelunternehmen (Marktwert), Personengesellschaften (Substanzwert) und Kapitalgesellschaften (Marktwert nach dem *Stuttgarter Verfahren*; das bedeutet eine Wertermittlung durch 2/3 Substanzwert und 1/3 Ertragswert
land- und forstwirtschaftliches Betriebsvermögen	Es findet ein Ertragswertverfahren statt, fragen Sie Ihren Anwalt oder Steuerberater (einschlägig ist das BewG)
Investmentanteile	Rücknahmepreis am Todestag oder dem Tag der Schenkung
Wertpapiere, die an der Börse notiert werden, z. B. Aktien, Genußscheine usw.	Niedrigster Kurs am Todestag oder dem Tag der Schenkung, bei Rentenpapieren zuzüglich Stückzinsen
nicht an der Börse notierte Wertpapiere	Marktwert nach dem Stuttgarter Verfahren (s. o.)
sonstige Werte, wie zum Beispiel Autos, Schmuck, sonstige Edelmetalle, die berühmte Briefmarkensammlung usw.	Verkehrs- bzw. Schätzwert (beachten Sie, daß Ihnen für einige Vermögensgegenstände Extrafreibeträge eingeräumt werden – siehe Seite 164)
Sparguthaben und andere *Kapitalforderungen*	Nennbetrag + noch nicht gutgeschriebener Zinsen
Schulden	Schulden sind in voller Höhe abzugsfähig

Sonderproblem Gemeinschaftskonto:

Bei einem Gemeinschaftskonto, wie es gerade bei Ehepaaren häufig vorkommt, fällt es manchmal schwer zu entscheiden, ob und in welcher Höhe das Kontoguthaben versteuert werden muß.
Diese Frage entscheidet sich danach, in welcher Höhe das Guthaben dem Verstorbenen zuzurechnen ist.
Wenn es sich um ein Gemeinschaftskonto einer Gemeinschaft im Sinne des bürgerlichen Rechts (§ 741 BGB) handelt, dann steht den Gemeinschaftsmitgliedern im Zweifel jeweils die Hälfte des Kontoguthabens zu (§ 742 BGB).

Nachdem Sie nun festgestellt haben, in welche Steuerklasse Sie gehören und wie hoch der für Sie steuerrechtlich entscheidende Nachlaßwert ist, müssen wir nun herausfinden, welche *Freibeträge* und sonstigen *Abzugsmöglichkeiten* Ihnen zustehen. Denn um diese Abzüge mindert sich noch einmal der Vermögenswert, der versteuert werden muß. Und erst nach diesem Schritt können Sie dann Ihre Steuerquote ermitteln.

Wie hoch sind meine Freibeträge?

Eine nahe Verwandtschaft zum Verstorbenen oder zum Schenker ist für den Erben oder den Beschenkten sehr günstig. Denn der Staat verzichtet darauf, den ganzen Erwerb zu versteuern. Diesen Verzichtsbetrag nennen wir *Freibetrag.*

Was ist der Freibetrag genau?

Um den Freibetrag mindert sich der zu versteuernde Betrag. Man kann sich vorstellen, daß der Staat einem für den Erwerb in Höhe des Freibetrags die Erbschafts- oder Schenkungssteuer erläßt. Der Freibetrag ist unterschiedlich groß. Er ist abhängig davon, zu welcher Steuerklasse jemand gehört.

Die heute geltenden Freibeträge sind vom Gesetzgeber seit knapp 20 Jahren nicht mehr an die allgemeine Vermögensentwicklung angepaßt worden. Im Zuge der allgemeinen (und volkswirtschaftlich normalen) Geldentwertung ist also die reale Steuerbelastung der Erben stark gestiegen. Denn vor 20 Jahren verkörperten die Freibeträge noch erheblich größere Werte.

Die Tabelle der persönlichen Freibeträge:

Die Freibeträge		
Steuerklasse	*persönlicher Freibetrag*	*Versorgungsfreibetrag*
Ehepartner	DM 250.000,–	DM 250.000,– (nur für Erwerb von Todes wegen, nicht für Erwerb durch Schenkungen)
außer dem Ehepartner die anderen Mitglieder der Steuerklasse I	DM 90.000,–	je nach Alter zwischen DM 50.000,– (bis zu 5 Jahre alt) und DM 10.000,– – (bis zu 27 Jahre alt)
II	DM 50.000,–	keiner
III	DM 10.000,–	keiner
IV	DM 3.000,–	keiner

Mit dieser Tabelle können Sie die für Sie wichtigen persönlichen Freibeträge herausfinden.

Was sind Versorgungsfreibeträge?

Durch § 17 ErbStG werden Ehegatten und Kindern besondere Versorgungsfreibeträge eingeräumt. Der Gesetzgeber wollte damit Steuergerechtigkeit herstellen zwischen den gesetzlichen Versorgungsrenten – die steuerfrei sind – und den vertraglich begründeten Versorgungsrenten – die ohne die Regelung des § 17 besteuert werden müßten.

Für Schenkungen ist es von Bedeutung, daß nur Zuwendungen berücksichtigt werden, die nicht länger als zehn Jahre zurückliegen. Das bedeutet, daß Ihnen die obenstehenden Freibeträge alle zehn Jahre in voller Höhe erneut zustehen. Das gilt jedoch nicht für den Ehepartner. Denn beim Ehegatten fängt die Zehnjahresfrist vor der Auflösung der Ehe nicht an zu laufen (§ 2325 III 2. Halbsatz BGB – siehe auch Seite 169).

Wie hoch sind die sonstigen Abzugsmöglichkeiten?

Vom Betrag des Nachlasses können noch andere Posten abgezogen werden:

a) Der Zugewinnausgleichsanspruch des Ehepartners

Dieser Posten hat eine sehr große praktische Bedeutung für alle Ehen, für die der gesetzliche Güterstand der Zugewinngemeinschaft gilt. Denn durch einen Todesfall wird auch eine bestehende Ehe beendet. In diesen Fällen kann der Ehepartner den Betrag vom Nachlaß abziehen, den er anläßlich der Beendigung der *Zugewinngemeinschaft* erhalten würde (§ 5 ErbStG). Diese Abzugsmöglichkeit nennt sich rechtlich eine *Steuerbefreiung.*

Zur Berechnung des Zugewinnausgleichsanspruchs ein kleiner Beispielsfall:

Stellen wir uns ein Ehepaar vor. Das Anfangsvermögen der Ehefrau betrug DM 0,00 und das des Ehemanns DM 200.000,–. Die Ehefrau starb zu einem Zeitpunkt, als Ihr Vermögen DM 2.000.000,– und das ihres Ehemanns DM 600.000,– betrug. Wie groß ist jetzt der Betrag, den der Ehemann vom steuerlichen Nachlaßwert abziehen darf?

	Zugewinn bei der Ehefrau	Zugewinn beim Ehemann
Endvermögen	2.000.000,–	600.000,–
Anfangsvermögen	0,–	200.000,–
Zugewinn	2.000.000,–	400.000,–

Der *Gesamtzugewinn* der beiden Eheleute in diesem Beispielsfall beträgt DM 2,4 Millionen. Der Ausgleichsanspruch des Ehemanns beträgt also: (2,4 Mio. geteilt durch 2 minus 400.000,–) 800.000,–. Immer vorausgesetzt, das Ehepaar in unserem Beispiel lebt im Güterstand der *Zugewinngemeinschaft,* dann ist ein Betrag in Höhe der Ausgleichsforderung *(Zugewinnausgleich)* des Ehemanns in Höhe von DM 800.000,– steuerfrei.

Diese Einsparungsmöglichkeit bei der Erbschaftssteuer gibt es allerdings nur dann, wenn für die Ehe der Güterstand der Zugewinngemeinschaft galt. Allein an diesem Beispiel können Sie schon sehen, daß sich die *Gütertrennung* im Leben und vielleicht auch für den Fall der Scheidung, aber auf keinen Fall für den Erbfall rechnet. Denn in einem solchen Fall fällt eine große Steuererleichterung weg, und das Finanzamt freut sich.

Ein dringender Rat: Vereinbaren Sie, wenn es für Ihre Ehe unbedingt der Güterstand der Gütertrennung sein muß, für den Todesfall eine gesonderte Regelung. An dieser Stelle ist auch die Gesetzeslage im Fluß – deswegen lassen Sie sich von einem Rechtsanwalt oder Notar beraten.

Achtung: Wenn eine Ehe mit dem Güterstand der Zugewinngemeinschaft durch den Tod beendet wird, dann kann die Lebensversicherungssumme in den steuerfreien Zugewinnausgleichsanspruch einbezogen werden. Lassen Sie sich von Ihrem Anwalt oder einem guten Steuerberater beraten.

b) Nachlaßverbindlichkeiten

Da die Erbschaftssteuer sich nach dem Wert der Bereicherung des Erwerbers richtet, sind alle *Nachlaßverbindlichkeiten* abzugsfähig. Dazu gehören zum Beispiel die *Schulden des Erblassers.* Abzugsfähig sind auch die *Bestattungskosten* des Verstorbenen. Für die Kosten des Bestattungsunternehmens inklusive Grabstein können Sie DM 10.000,– pauschal (ohne Quittung oder sonstigen Nachweis) abziehen.

c) Es gibt noch weitere Abzugsmöglichkeiten

- Für *ererbtes Betriebsvermögen* gilt für alle Erbfälle seit Anfang 1994, daß die ersten DM 500.000,– nicht angesetzt werden. Dieser zusätzliche Freibetrag gilt auch bei vorweggenommener Erbfolge. Darüber hinaus gelten die persönlichen Freibeträge weiter (fragen Sie Ihren Steuerberater).
  Achtung: Dieser Freibetrag entfällt rückwirkend, wenn innerhalb von fünf Jahren nach Erwerb das steuerfrei gestellte Vermögen veräußert oder durch Aufgabe in das Privatvermögen überführt wird.
- Für *Hausrat, Kunstgegenstände* und *Sammlungen* räumt das Gesetz zusätzliche Freibeträge ein. Diese betragen für die Steuerklassen I und II DM 40.000 und für die Steuerklassen III und IV DM 10.000,–.
- Auch für Auto, Boot und andere bewegliche Gegenstände werden Freibeträge eingeräumt. Diese betragen für die Steuerklassen I und II DM 5.000,– und für die Steuerklassen III und IV DM 2.000,–.

d) Sind Nachlaßverwaltungskosten abzugsfähig? Ja und nein

Leider können die Kosten für die *normale Nachlaßverwaltung* nicht abgezogen werden. Das sind die Kosten zum Beispiel für den Gärtner und den Maler, die den Wert des Nachlasses für den Fall der Nachlaßverwaltung erhalten sollen.
Anders verhält es sich aber mit den Kosten der *Testamentsvollstreckung.* So können die Spesen und das *Honorar des Testamentsvollstreckers* abgezogen werden – dafür wird keine Steuer bezahlt. Dies gilt aber nur für den Fall, daß es sich um eine vorübergehende Vollstreckung mit dem Ziel der *Erbauseinandersetzung* handelt. Wenn es sich dagegen um eine *Dauervollstreckung* handelt, dann sind diese Kosten nicht abzugsfähig.

Wie hoch ist meine Steuerquote?

Anmerkung für die Erben und die Beschenkten:
Die folgende Tabelle hilft Ihnen, herauszufinden, wieviel der Fiskus von Ihnen haben will. Sie haben bisher ermittelt, in welcher Steuer-

klasse Sie sich befinden. Dann haben Sie herausgefunden, wie hoch der Wert der erworbenen Gegenstände ist. Von diesem Betrag wurden die Steuerfreibeträge und andere Beträge abgezogen. Jetzt können Sie die Steuerquote als Prozentsatz in der Tabelle ablesen.

Anmerkung für die Erblasser (die Vererbenden):
Mit der folgenden Tabelle können Sie Ihren Erben helfen, Geld zu sparen. Dies gelingt schon dann, wenn Sie mit den Zuwendungen an die einzelnen Personen immer knapp unter der nächsten Progressionsstufe bleiben.

Die Steuerquoten

Wert in DM des zu versteuernden Erwerbs bis jeweils einschließlich (nach § 10 ErbStG)	*Steuerklasse I*	*Steuerklasse II*	*Steuerklasse III*	*Steuerklasse IV*
50.000	3 %	6 %	11 %	20 %
75.000	3,5 %	7 %	12,5%	22 %
100.000	4 %	8 %	14 %	24 %
125.000	4,5 %	9 %	15,5 %	26 %
150.000	5 %	10 %	17 %	28 %
200.000	5,5 %	11 %	18,5 %	30 %
250.000	6 %	12 %	20 %	32 %
300.000	6,5 %	13 %	21,5 %	34 %
400.000	7 %	14 %	23 %	36 %
500.000	7,5 %	15 %	24,5 %	38 %
600.000	8 %	16 %	26 %	40 %
700.000	8,5 %	17 %	27,5 %	42 %
800.000	9 %	18 %	29 %	44 %
900.000	9,5 %	19 %	30,5 %	46 %
1.000.000	10 %	20 %	32 %	48 %
2.000.000	11 %	22 %	34 %	50 %
3.000.000	12 %	24 %	36 %	52 %
4.000.000	13 %	26 %	38 %	54 %
6.000.000	14 %	28 %	40 %	56 %
8.000.000	16 %	30 %	43 %	58 %
10.000.000	18 %	33 %	46 %	60 %
25.000.000	21 %	36 %	50 %	62 %
50.000.000	25 %	40 %	55 %	64 %
100.000.000	30 %	45 %	60 %	67 %
Über 100.000.000	35 %	50 %	65 %	70 %

Mindert sich die Erbschaftssteuer wegen schnell aufeinanderfolgenden Vererbungen desselben Vermögens?

Wenn ein Vermögen innerhalb eines kurzen Zeitraums zum Beispiel in einer Familie durch zwei Generationen vererbt wird und beim ersten Mal schon besteuert wurde, dann muß der Letzterwerbende nicht die volle Erbschaftssteuer bezahlen.Voraussetzung für die Minderung ist, daß das Vermögen innerhalb von zehn Jahren von einer Person der Steuerklasse I oder II an eine Person der Steuerklasse I oder II weitergegeben wird. Ein typischer Fall wäre, daß ein Vater an seinen Sohn vererbt, dieser innerhalb von zehn Jahren stirbt und das Vermögen an sein eigenes Kind, den Enkel des ersten Vererbenden, weitervererbt. In diesem Fall muß der Enkel nicht die volle Erbschaftssteuer bezahlen. Das gleiche gilt für alle Mitglieder der Steuerklassen I und II. Die Erbschaftssteuer mindert sich wie folgt:

Zeitraum zwischen den Erbfällen	*Minderung des Erbschaftssteuersatzes in Prozent*
bis zu einem Jahr	50
mehr als ein Jahr und bis zu zwei Jahren	45
mehr als zwei Jahre und bis zu drei Jahren	40
mehr als drei Jahre und bis zu vier Jahren	35
mehr als vier Jahre und bis zu fünf Jahren	30
mehr als fünf Jahre und bis zu sechs Jahren	25
mehr als sechs Jahre und bis zu acht Jahren	20
mehr als acht Jahre und bis zu zehn Jahren	10
mehr als zehn Jahre	0

Nutzen Sie steuerliche Abschreibungsmöglichkeiten?

Wenn Grund und Boden (Immobilien) zum Nachlaß gehören, dann behalten die Erben in der Regel die steuerlichen Abschreibungsmöglichkeiten des Erblassers. Befragen Sie Ihren Steuerberater zum Thema Mietwertbesteuerung der eigenen Wohnung im Zwei- oder Mehrfamilienwohnhaus. Bei der Selbstnutzung der Wohnung wird der Vorkostenabzug nach § 10e VI EStG gewährt. Fragen Sie doch auch hierzu einen guten Steuerberater.

Kennen Sie die Sonderregelungen für Nutzungsrechte und Rentenlasten?

Im Steuerrecht für Schenkungen und Erwerbe von Todes wegen herrscht der Grundsatz, daß nur die wirkliche Bereicherung besteuert wird. Eine Ausnahme gilt für Nutzungsrechte (zum Beispiel *Nießbrauchrechte*) oder regelmäßig wiederkehrenden Geldrenten (zum Beispiel *Rentenverpflichtungen*), die dem Ehepartner des Erblassers zustehen sollen. Wird ein Erbe vom Erblasser testamentarisch mit solchen Belastungen bedacht, dann darf er den Kapitalwert dieser Belastungen nicht vom Wert seines Anteils am Nachlaß abziehen (§ 25 ErbStG). Die Besteuerung erfolgt also in der Höhe des gesamten Erbteils, obwohl der Erwerber ja einen Teil dieser Werte zur Erfüllung der Belastungen an den Ehepartner des Erblassers wieder verliert. Der Grund für diese Ungleichbehandlung liegt darin, daß angebliche Mißstände durch nicht ernstlich, sondern nur aus steuerlichen Gründen gewollte Nachlaßregelungen verhindert werden sollen. Das Bundesverfassungsgericht hat Verfassungsbeschwerden gegen die Regelung des § 25 ErbStG für unbegründet angesehen.

Anmerkung: Durch eine Geldrente für den Ehepartner kann die steuerliche Belastung für die Erben leider nicht eingeschränkt werden.

Vermeiden Sie die Spekulationsbesteuerung?

Wenn Sie Immobilien geerbt haben, die der Erblasser selbst erst kurz vor seinem Tod gekauft hat, dann sollten Sie es vermeiden, diese allzu schnell wieder zu verkaufen. Wenn die Zeit zwischen Erwerb durch den Erblasser und Verkauf durch den Erben kürzer ist als zwei Jahre, dann unterliegt der gesamte Gewinn der Einkommenssteuer! Da der Verkehrswert erheblich höher ist als der zur Besteuerung sonst herangezogene Einheitswert, würden Sie also ein sehr schlechtes Geschäft machen.

Ein dringender Rat: Verkaufen Sie Grund und Boden frühestens zwei Jahre nachdem er erworben worden ist. Ein zu früher Verkauf kann steuerrechtlich bestraft werden.

Kennen Sie die Stundungsmöglichkeiten?

In § 28 ErbStG gibt es für manche Erben (oder Beschenkten) eine äußerst angenehme Regelung: Beim Erwerb von *Betriebsvermögen*, von *land- und forstwirtschaftlichem Vermögen* bzw. auch bei der Besteuerung von *Familienstiftungen* können Sie vom Finanzamt eine *Stundung der Steuer* verlangen. Das heißt, das Finanzamt berechnet zwar eine Steuer, gleichzeitig wartet es aber, bevor die Steuerforderung geltend gemacht wird. Diese Stundung kann bis auf sieben Jahre ausgedehnt werden, wenn dies für die Erhaltung des Betriebs notwendig ist. Diese Stundung ist vor allem deswegen lohnend, weil sie bei Erwerben von Todes wegen zinslos gewährt wird. Lassen Sie sich dazu von einem Steuerberater (der am besten auch gleichzeitig Rechtsanwalt sein sollte) beraten.

Freibeträge und Steuerbefreiungen ausnutzen!

Eine der wichtigsten Strategien, um den Erben die Steuerlast zu erleichtern, ist eine langfristig angelegte Ausnutzung der Steuerfreibeträge und der Steuerbefreiungen. Auf den folgenden Seiten finden Sie sicher eine Menge Anregungen hierzu.

Richtig vererben!

Als Erblasser können Sie sich das Ziel setzen, Ihr Vermögen so zu vererben, daß Sie die Freibeträge möglichst optimal ausnutzen.

Dann sollten Sie beachten, daß Ihren Kindern ein Freibetrag von DM 90.000,– zugute kommt. Haben Sie mehr zu vererben und wollen Sie das Geld einfach nur in der Familie halten, dann könnte es für Sie interessant werden, Ihre Enkel als Erben einzusetzen, da diese als Mitglieder der Steuerklasse II einen Freibetrag von immerhin DM 50.000,– zugestanden bekommen. Beachten Sie, daß den Ehepartnern Ihrer Kinder als Mitgliedern der Steuerklasse III nur ein Steuerfreibetrag in Höhe von DM 10.000,– zusteht.

Wie sich die konsequente Anwendung der Steuertips damit vereinbaren läßt, Ihren nächsten Angehörigen oder anderen Ihnen nahestehenden Menschen durch die Zuwendungen Sicherheit zu geben, das müssen Sie selbst entscheiden. Das Ziel der Versorgung der Nächsten sollte immer wichtiger sein als die Absicht, dem Fiskus möglichst wenig Erbschaftssteuer zukommen zu lassen.

Rechtzeitig verschenken!

Sie können Ihren Erben jeweils die doppelten Freibeträge ermöglichen, wenn Sie Ihnen rechtzeitig Vermögen zukommen lassen. Denn im Erbschaftsbesteuerungsrecht existiert eine *Zehnjahresfrist.* Für die Freibeträge werden nur die Zuwendungen zwischen zwei Personen im Zeitraum der letzten zehn Jahre berücksichtigt. Das bedeutet, daß alle zehn Jahre die Freibeträge in voller Höhe erneut gewährt werden (§ 14 ErbStG). Wenn Sie also an Ihre Kinder zehn Jahre vor dem Erbfall jeweils DM 90.000,– geschenkt hatten, dann steht den Kindern der volle Freibetrag von DM 90.000,– erneut zu. Bei langfristig angelegten Schenkungen können die Freibeträge auch häufiger anfallen.

Achtung: Für Ehepaare gilt etwas anderes. Eine Schenkung unter Eheleuten führt nicht zu neuen Freibeträgen nach zehn Jahren – denn beim Ehepartner fängt die Zehnjahresfrist während der Dauer der Ehe nicht an zu laufen (§ 2325 III 2. Halbsatz BGB).

Doppelt verschenken – Freibeträge verdoppeln!

Wenn Eheleute gemeinsames Vermögen haben, dann können Sie durch überlegte Schenkungen ihren Erben etwas Gutes tun. Die Eltern können beispielsweise beide gleichzeitig an ihr Kind jeweils DM 90.000,– verschenken und damit jeweils den Freibetrag voll ausnutzen. Denn vom Finanzamt wird immer nur der Vermögensfluß zwischen zwei Menschen besteuert. Wenn bei einem Menschen aus mehreren verschiedenen Richtungen Geld ankommt, wird dieses Geld nicht zusammengerechnet. Im Ergebnis gelingt bei einer Schenkung durch beide Eltern wie in unserem Beispiel eine *Freibetragsverdoppelung* auf DM 180.000,–. Dabei ist zu beachten, daß beide Elternteile Eigentümer der übertragenen Vermögenswerte sein müssen. Denn sonst gibt es ja nur die Schenkung von einer Person in Höhe von DM 180.000,– und nicht zwei Schenkungen von zwei Personen in Höhe von jeweils DM 90.000,–.

Vorsicht bei Kettenschenkungen: Eine Kettenschenkung bedeutet, daß Geld nicht auf dem direkten Weg an jemand anderen verschenkt wird. Hinter der Zuwendung an die erste Person steckt das Ziel, daß diese es an einen Dritten weiterverschenkt. Hierin kann eine Steuerumgehung gesehen werden.

Dazu ein typisches Beispiel:
Denken wir uns ein Ehepaar, bei dem nur einer der Elternteile (A) vermögend ist und dieser zu Lebzeiten an sein Kind (C) DM 90.000,– und an seinen Ehepartner (B) DM 250.000,– verschenkt. In diesem Fall nutzt A die vorhandenen Freibeträge voll aus. Es fällt also keinerlei Schenkungssteuer an. Wenn jetzt A die Schenkung an B mit der Auflage verbindet, daß dieser wiederum DM 90.000,– an das Kind C weiterverschenken soll, dann sieht das auf den ersten Blick nach einer guten Idee aus, um C auf diesem Weg doch noch die Freibetragsverdoppelung zugute kommen zu lassen. Dahinter verbirgt sich allerdings eine sogenannte Kettenschenkung. Und eine solche *Ketten-*

schenkung, mit der in unserem Fall die Freibeträge verdoppelt werden sollen, kann leicht ins Auge gehen, wenn das Finanzamt dahinterkommt.
Wenn das Finanzamt auf diesen Dreh kommt – und das nötige Wissen kann es schon durch eine einfache Bankauskunft erhalten –, kann es geschehen, daß in diesem Fall nicht mitgespielt wird. Denn in dem ganzen Vorgang ist zwar keine strafbare *Steuerhinterziehung,* aber eine unzulässige *Steuerumgehung* zu sehen. Und dann muß nachversteuert werden.

Das steuerfreie Dankeschön für unentgeltliche Pflegeleistungen

Für das Ausnutzen der Freibeträge kann noch ein interessanter Weg aufgezeigt werden. Dazu folgender kleine Beispielsfall:

Zwischen Peter Beck und seinem viele Jahre älteren Nachbarn Johannes Meister hatte sich über die Jahre ein Vater-Sohn-Verhältnis entwickelt. Als Johannes krank wurde und mehrere Jahre lang als Pflegefall Hilfe brauchte, pflegte Peter ihn aufopfernd.
Im Testament des Johannes Meister wurde Peter Beck ohne Angabe von Gründen ein Vermächtnis von DM 5.000,– zugewandt. Unangenehmerweise kam jedoch bald ein Brief vom Finanzamt, in dem Peter zur Zahlung von Erbschaftssteuern in Höhe von DM 400,– aufgefordert wurde. Peter Beck empfand das als sehr teuer.

Und Sie? **Wie würden Sie diesen Fall entscheiden?**

Vermutlich sagen Sie auch, daß dies ziemlich viel Geld ist. Und damit haben Sie recht! Dabei hätte es einen Weg gegeben, um Peter Beck diese hohe Rechnung zu ersparen. Denn wenn Johannes Meister in seinem Testament angegeben hätte, daß Peter Beck die DM 5.000,– als Zuwendung für unentgeltliche Pflege erhält, dann hätte das Gesetz Peter einen Freibetrag von DM 2.000,– zugestanden, den er nicht hätte versteuern müssen. Und mit den DM 3.000,–, die übriggeblieben wären, hätte Peter unter dem Freibetrag aus der Tabelle für persönliche Freibeträge gelegen – und wäre steuerfrei geblieben.

Die Zweckzuwendungen – steuerrechtlich keine Schenkungen

Schenken Sie zum Beispiel Ihrem Enkel DM 60.000,– zur Finanzierung seines Studiums, dann ist das eine *Zweckzuwendung für Ausbildungszwecke.*

Die Zweckzuwendung für Ausbildungszwecke

Steuerrechtlich ist eine Zweckzuwendung keine Schenkung, sondern eine „Zuwendung ... die mit der Auflage verbunden ist, zugunsten eines bestimmten Zwecks verwendet zu werden ...". Nach § 13 I Nr. 12 ErbschaftsStG bleiben „Zuwendungen unter Lebenden ... zur Ausbildung des Bedachten" steuerfrei.
Achtung: Der Betrag der Zuwendung muß „angemessen" im Sinne des Gesetzes bleiben – das heißt, der Betrag der Zuwendung muß den Lebensverhältnissen und der Lebensstellung des Bedachten entsprechen. Eine dieses Maß übersteigende Zuwendung ist in vollem Umfang steuerpflichtig.

Der Enkel bleibt im Beispiel steuerfrei, obwohl der Erwerb über seinem Freibetrag (für Zweckzuwendungen DM 3.000,–) liegt.
Auch eine Zuwendung zum Zweck, den Unterhalt des Begünstigten zu gewährleisten, ist keine Schenkung (§ 13 I Nr. 12 ErbschaftsStG). Voraussetzung ist, daß eine Unterhaltsverpflichtung besteht.

Die Besteuerung des Voraus des Ehepartners

Für alle Angehörigen der Steuerklassen I und II gibt es eine besondere Steuerbefreiung für den Hausrat einschließlich Wäsche und Kleidungsstücken (§ 13 I Nr. 1a ErbschaftsStG). Und diese Steuerbefreiung gilt natürlich auch für den Anspruch des Ehepartners auf den Voraus.

Die Besteuerung des Dreißigsten

Der Dreißigste ist steuerfrei (§ 13 I Nr. 4 ErbschaftsStG).

Die Schenkung an den Ehepartner einmal anders

Sollen die Freibeträge beim Verschenken an die Nachkommen optimal genutzt werden, dann ist es vorteilhaft, wenn beide Ehepartner über eigenes Vermögen verfügen. Deswegen ist es sinnvoll, das Vermögen auf beide Ehepartner gleichmäßig zu verteilen. Aber diese Schenkung zwischen Ehepartnern hat so manchen Haken. Denn einerseits fällt dabei unter Umständen Schenkungssteuer an, der Freibetrag von DM 250.000,– geht verloren oder wird zumindest geschmälert, und nach zehn Jahren fällt kein neuer Freibetrag an. Das muß aber alles nicht sein.
Der Ausweg aus dem Dilemma: Übertragen Sie doch Vermögenswerte – zum Beispiel die Hälfte des Hausgrundstücks – nicht als Schenkung auf Ihren Partner. In dem notariellen Vertrag, der für die Übertragung erforderlich ist, sollten Sie das Wort Schenkung vermeiden. Nehmen Sie lieber in den notariellen Vertrag folgende Passage auf:

„Ich, der Eigentumsübertragende, schätze die Beiträge meiner Gattin zu unserem gemeinsamen Haushalt hoch ein und möchte sie als Gegenleistung auch an den Erträgen unserer gemeinsamen Arbeit teilhaben lassen. Deswegen räume ich ihr ein hälftiges Eigentumsrecht am Grundstück Fl.-St.-Nr. [usw.] ein."

Dies ist eine *unbenannte Zuwendung,* und in der Regel fällt (§ 13 I Nr. 5 ErbschaftsStG) keine Schenkungssteuer an. Zu den Einzelheiten sollten Sie sich allerdings noch einmal beraten lassen. Es muß übrigens nicht immer ein Anwalt oder auch nur ein Steuerberater sein. Fragen Sie ruhig einmal bei der zuständigen Oberfinanzdirektion nach, wo Sie mit Sicherheit freundlich und kompetent beraten werden.

Grundbesitz, Kulturgegenstände und das Wohl der Allgemeinheit

Für Grundbesitz oder Teile von Grundbesitz, Kunstgegenstände, *Kunstsammlungen, wissenschaftliche Sammlungen, Bibliotheken* und *Archive* gelten unter bestimmten Voraussetzungen großzügige Steuerbefreiungen (§ 13 I 2 ErbschaftsStG).

Steuerreduzierung: Nur 60 Prozent des Nachlaßwerts werden versteuert, wenn die Bedeutung der eben aufgezählten Gegenstände aus den unterschiedlichsten Gründen im öffentlichen Interesse liegt, die jährlichen Kosten in der Regel die erzielten Einnahmen übersteigen und die Gegenstände der Forschung zur Verfügung gestellt werden.
Vollständige *Steuerfreiheit* gilt, wenn der Eigentümer über die vorher genannten Voraussetzungen hinaus auch noch bereit ist, den Gegenstand der öffentlichen Denkmalspflege zu unterstellen.
Das gleiche gilt, wenn der Gegenstand sich bereits seit mehr als 20 Jahren im Besitz der Familie befindet oder öffentlich im Verzeichnis national wertvollen Kulturguts oder national wertvoller Archive eingetragen ist.
Es ist zu beachten, daß die Steuerbefreiung mit Wirkung für die Vergangenheit wegfällt, wenn die Gegenstände innerhalb von zehn Jahren nach dem Erwerb wieder veräußert werden. Wenn in Ihrem Fall diese Regelungen anwendbar sein könnten, dann sollten Sie sich unbedingt mit einem im Erb- und Steuerrecht erfahrenen Rechtsanwalt beraten.

Die Besteuerung von gemischten Schenkungen

Nicht ganz unkompliziert ist die Besteuerung von gemischten Schenkungen.

Was ist eine gemischte Schenkung?

Bei der gemischten Schenkung handelt es sich in der Regel um die Zuwendung eines Vermögensgegenstands, bei dem der Kaufpreis deutlich unter dem Verkehrswert liegt.
Für den Restwert und somit den unentgeltlichen Teil wird dann eine Schenkung angenommen.

Bei der gemischten Schenkung wird steuerrechtlich für den unentgeltlichen Teil Schenkungssteuer erhoben. Allerdings wird für die Berechnung der zu erhebenden Schenkungssteuer nicht der Verkehrswert, sondern der Steuerwert des Schenkungsgegenstands zugrunde gelegt. Und dieser Wert wird ermittelt, indem im Verhältnis des Verkehrswerts von Leistung und Gegenleistung auch der Steuerwert des Gegenstands aufgeteilt wird.

Also:

$$\frac{\text{entgeltlicher Verkehrswert}}{\text{unentgeltlicher Verkehrswert}} = \frac{\text{entgeltlicher Steuerwert}}{\text{unentgeltlicher Steuerwert}}$$

Die Schenkungen an politische Parteien, an Kirchen oder gemeinnützige Organisationen

Nicht jede Zuwendung an eine Religionsgemeinschaft oder eine mildtätige Nachbarschaftshilfe ist automatisch steuerfrei. Vielmehr muß für die Steuerbefreiung eine staatliche Anerkennung vorliegen. Eine solche ist vor allem gegeben für „inländische Religionsgemeinschaften des öffentlichen Rechts oder ... inländische jüdische Kultusgemeinden" (§ 13 I Nr. 16 ErbschaftsStG).
Aber auch alle anderen als gemeinnützig anerkannten „Körperschaften [z. B Parteien], Personenvereinigungen und Vermögensmassen" sind steuerbefreit.

Extra Steuertips!

Diese Information könnte für Sie von großer Wichtigkeit sein: Auf dem Bankkonto bleiben Ihre Gelder dem Zugriff des Finanzamts ausgesetzt.
Das *Bankgeheimnis,* das ohnehin in Deutschland nur sehr eingeschränkt besteht, fällt nach dem Tod weg. Die Bank ist sogar verpflichtet, von sich aus und unaufgefordert nach Kenntnis eines Todesfalls dem Finanzamt eine Aufstellung über Giro-, Depot- und sonstige Konten mit dem jeweiligen Saldo zu erstellen.

Verringerung der Steuerlast durch Adoption

Es ist schön für alle Beteiligten, wenn sich die Erbschaftssteuer auf einfachem Wege so massiv verringern läßt wie in dem nächsten Beispielsfall:

Die 70jährige Fabrikbesitzerin Isolde Kaumich hat im Laufe ihres erfolgreichen Unternehmerinnenlebens ein Vermögen von DM 600.000,– angesammelt. Da vor kurzem ihr Lebensgefährte verstorben ist und sie auch sonst keine Verwandten hat, die sie zu ihren Erben machen möchte, überlegt sie, den 30jährigen Sohn Bertram Borste ihres Lebensgefährten als Erben einzusetzen. Bertram stammt aus einer längst geschiedenen Ehe des Lebensgefährten und ist ein junger und hoffnungsvoller Betriebswirt, an dessen wirtschaftlichen Kenntnissen Isolde Kaumich und ihr Lebensgefährte immer viel Freude hatten. Allerdings weiß Isolde Kaumich, daß Bertram einen großen Teil des Erbes an das Finanzamt abführen müßte. Wie Sie aus der Tabelle auf Seite 165 leicht erkennen können, beträgt der Steuersatz für Bertram aus der Steuerklasse IV knackige 40 Prozent bei einem Freibetrag von nur DM 3.000,–. Im Ergebnis wäre Bertram bei einem Nachlaßwert von DM 600.000,– mit fast einer Viertelmillion Mark Erbschaftssteuer belastet. Mit diesem Problem geht Isolde zu ihrem Anwalt Peter Schlau. Was wird Peter Schlau Isolde raten?

Peter Schlau wird Isolde raten, Bertram Borste an Kindes Statt anzunehmen. Die *Adoption* eines Erwachsenen ist rechtlich kein großes Problem. Und für Bertram Borste entstehen keine Nachteile, da er eventuelle Erbrechte seinerseits nicht verliert – denn bei der Adoption eines Volljährigen erlöschen die bisherigen Verwandtschaftsverhältnisse ja nicht. Die Folge einer solchen *Annahme an Kindes Statt* wäre, daß Bertram Borste als Adoptivkind in Steuerklasse I wandern würde und plötzlich über einen Freibetrag von DM 90.000,– verfügen könnte und nur noch knapp 8 Prozent Erbschaftssteuer (bei DM 600.000,– Nachlaßwert DM 40.800,–) an den Fiskus zahlen müßte. Bertram Borste würde also knapp DM 200.000,– Erbschaftssteuer sparen.

Verminderung der Pflichtteilsansprüche durch Minderung des Nachlasses

Zu den Belastungen für die Erben gehören neben der Erbschaftssteuer auch die Ansprüche der Pflichtteilsberechtigten. Wenn es Pflichtteilsberechtigte gibt, dann bietet es sich an, den Nachlaß vor dem Erbfall möglichst weitgehend zu schmälern. Denn der Pflichtteilsanspruch berechnet sich nach dem Wert des Nachlasses. Ein Weg, die Ansprüche der Enterbten möglichst gering zu halten, ist, Teile Ihres Nachlasses zu verschenken. Allerdings können die Pflichtteilsberechtigten darauf bestehen, daß der Wert des Nachlasses alle Schenkungen der letzten zehn Jahre mit umfaßt – es gibt also auch für die Pflichtteilsberechtigten eine *Zehnjahresfrist.* Solche nachlaßmindernden Schenkungen müssen also rechtzeitig geschehen.

Minderung der Steuerlast durch die Zweckzuwendung „Häuslebauen"

Wie Sie schon wissen, werden Grundstücke nach dem 1,4fachen des sogenannten Einheitswerts von 1964 bewertet und auch besteuert. Und dieser Wert beträgt meistens nur etwa 10 bis 30 Prozent des Verkehrswerts. Geldschenkungen dagegen müssen in voller Höhe versteuert werden. Eine Ausnahme gilt nur für den Fall, daß ein Geldbetrag zugewandt wird, der unmittelbar mit dem Zweck des Erwerbs eines Grundstücks verbunden ist. Dann wird dieser Geldbetrag nur nach dem geringeren Wert des zu erwerbenden Grundstücks besteuert. Die Differenz zwischen dem 1,4fachen Einheitswert und dem Verkehrswert gehört Ihnen dann allein. Und diese Differenz ist, wie gesagt, bei den meisten Grundstücken sehr groß.

Die „mittelbare Grundstücksschenkung" kann Ihnen bei Ihrer Steuererklärung üble Kopfschmerzen bereiten; denn einkommenssteuerlich liegt bei einer solchen Zweckzuwendung „Häuslebauen" ein unentgeltlicher Grundstückserwerb vor. Und aus diesem Grund kann der Steuerabzug für die Dauer des achtjährigen Begünstigungszeitraumes nach § 10e EStG ausgeschlossen werden.

Sie sollten sich allerdings unbedingt von einem Steuerfachmann beraten lassen, denn durch einen kleinen Trick kann sowohl die günstige Besteuerung der Schenkung als auch der §-10e-Abzug gewahrt werden: Die Geldmittel des Schenkers dürfen nicht zum Bau eines Hauses, sondern müssen ausdrücklich „für den Kauf des Baugrundstücks" geschenkt werden.

Achtung: Es handelt sich hier um eine der wichtigsten Möglichkeiten, in der Praxis Steuern zu sparen. Sie sollten allerdings den Schenkungsvertrag mit einem erfahrenen Anwalt oder einem Notar ausführlich erörtern.

Steuern sparen bei Lebensversicherungen

Die Lebensversicherung dient als Risikoabsicherung, zur Kapitalbildung und somit auch zur Versorgung im Alter. Da sie sehr weit verbreitet ist, wird sie etwas später noch einmal ausführlich angesprochen (siehe Seite 203). Wenn eine Lebensversicherung in den Nachlaß fällt, können Sie – vorausgesetzt, Sie werden rechtzeitig aktiv – durch ein paar Veränderungen unter Umständen eine Menge Steuern sparen.

Wenn Sie eine Lebensversicherung zugunsten Ihrer Tochter abschließen wollen, dann gibt es den normalen Weg, bei dem die Tochter irgendwann einmal Erbschaftssteuer zahlen muß. Denn normalerweise kommt der Fiskus nach dem Erbfall in Gestalt eines Briefes auf Ihre Tochter zu und macht die Erbschaftssteuer geltend. Dieser Vorgang läßt sich nicht dadurch vermeiden, daß Ihre Tochter dem Finanzamt gegenüber die Versicherung verschweigt. Denn die Versicherungsgesellschaft ist gesetzlich verpflichtet, die Auszahlung der Versicherungssumme an das Finanzamt zu melden. Und wenn Ihre Tochter auch zu den Erben gehört, dann kann die Steuerquote für sie sogar noch höher werden, da die *Versicherungssumme* mit dem übrigen Erbe zusammengerechnet wird und sie in eine höhere Progressionsstufe hineinfallen könnte. All dies läßt sich aber auch nach Abschluß eines *Versicherungsvertrags* noch leicht ändern. Sie müssen nur die Vertragsgestaltung etwas ändern. Dazu sollte der Versicherungsvertrag nicht auf Sie, sondern auf den Begünstigten selbst laufen. In diesem Fall findet mit dem Erbfall weder eine Schenkung noch sonst eine steuerlich erhebliche Vermögensübertragung statt. Diese Auszahlung ist vielmehr steuerfrei, und niemand – nicht der Miterbe und auch nicht das Finanzamt – kann Ansprüche anmelden.

Achtung: Auch bereits bestehende Verträge können abgeändert werden. Dazu genügt ein entsprechender Brief an die Versicherung, in dem Sie unter Angabe der Versicherungsnummer erklären, daß Sie darum bitten, daß in Zukunft jemand anders (zum Beispiel Ihre Tochter) Versicherungsnehmer sein soll. Natürlich kann der Versicherungsvertrag auch weiterhin auf Ihren Tod lauten.

Steuerliche Überlegungen zum Berliner Testament

Beim Berliner Testament stellt sich für die Eheleute auch ein steuerliches Problem: Bei der Entscheidung zwischen den verschiedenen Formen gibt es auch handfeste steuerrechtliche Gesichtspunkte. Denn im Normalfall des *Berliner Testaments* (Einheitslösung) erbt der überlebende Ehegatte alles und muß den gesamten Nachlaß versteuern. Da ist der Freibetrag sehr schnell aufgezehrt. Und für die Kinder gelten dann nur noch die relativ geringen Freibeträge. Hier sollte – allerdings nur, wenn es sich um große Vermögen handelt und es daher erforderlich wird – durch eine geschickte Verteilung des Familienvermögens im Ehegattentestament Vorsorge getroffen werden.
Auch die *Vor-/Nacherbschaftsregelung* hat ihre Nachteile. Denn sowohl beim Vorerbfall als auch beim Nacherbfall fallen jeweils Erbschaftssteuern an (doppelte Besteuerung). Der *Vorerbe* muß das Erbe mit dem vollen Wert versteuern, gleich, ob ihm Beschränkungen auferlegt wurden oder ob er ein *befreiter Vorerbe* ist. Denn die Verfügungsbeschränkungen werden vom Gesetz nicht als Wertminderung berücksichtigt.

Achtung: Die Erbschaftssteuerklasse des Nacherben richtet sich grundsätzlich nach dem Verwandtschaftsverhältnis des Nacherben zum Vorerben. Allerdings kann der Nacherbe jedoch auf Antrag eine andere (günstigere) Steuerklasse erhalten, wenn sich aus dem Verwandtschaftsverhältnis zum Erblasser eine solche ergibt.

Als ein Ausweg aus dem Dilemma der doppelten Besteuerung erscheint die Möglichkeit, dem überlebenden Ehegatten im Rahmen des Ehegattentestaments nur einen Teil des Nachlasses zu vermachen – vielleicht nur bis zum Freibetrag von DM 250.000,– – und den Rest des Nachlasses unter den Kindern zu verteilen, denen ja jeweils ein Freibetrag von DM 90.000,– zusteht. Auf jeden Fall müssen Sie genau rechnen, wie die für Sie steuerlich geschickteste Lösung aussieht.
Noch eine Möglichkeit, die doppelte Besteuerung bei der Vor- und Nacherbfolge etwas weniger teuer zu gestalten, bietet sich für den Erblasser durch die testamentarische Bestimmung eines *Nacherbfalls* an. Häufig tritt der Nacherbfall durch den Tod des Vorerben ein. Wenn aber ein anderes Ereignis als Nacherbfall (testamentarisch) bestimmt wird – etwa der Zeitpunkt der Volljährigkeit des Nacherben – und dieses Ereignis vor dem Tod des Vorerben eintritt, dann gewährt das Gesetz (§ 6 III 2 ErbStG) eine gewisse Anrechnung: Der Nacherbe kann von seiner Steuerschuld den Betrag abziehen, den schon der Vorerbe an Steuer gezahlt hat. Dieser anrechenbare Betrag ist allerdings zu mindern um den Steuerbetrag, der der tatsächlichen Bereicherung des Vorerben – also durch Nutzungen usw. – entspricht. Ich kann Ihnen wieder nur empfehlen, sich individuell von einem Fachmann beraten zu lassen.

Steuern sparen durch den Übergabevertrag

Der Übergabevertrag steht immer im Zusammenhang mit der sogenannten vorzeitigen oder vorgezogenen Erbfolge. Ausführlich wird darauf im nächsten Kapitel VII „Schenken oder Vererben?“ eingegangen. Hinter so einem Vertrag verbirgt sich die Übergabe von Grundbesitz und anderen Vermögensgegenständen schon zu Lebzeiten von einer Generation auf die nachfolgende. Dabei verpflichtet sich die übernehmende Generation regelmäßig im Übergabevertrag dazu, den Übergebenden Sicherheit im Alter zu gewähren. Regelmäßig wird in einem Übergabevertrag kein Geldbetrag – oder wenn, dann nur ein deutlich unter dem Verkehrswert liegender Wert – bezahlt. Ein Übergabevertrag beinhaltet aus steuerrechtlicher Sicht deshalb fast immer eine Schenkung und ist daher zumindest teilweise schenkungssteuerpflichtig. Allerdings können mit dem Übergabevertrag auch Steuern gespart werden.

Ist die jährliche Besteuerung günstiger?

Für wiederkehrende Leistungen – etwa eine Rente oder andere wiederkehrende Nutzungen oder Leistungen – kann auch eine jährliche Besteuerung gewählt werden. Normalerweise werden wiederkehrende Leistungen nach dem Kapitalwert der Zuwendung besteuert. Und das kann etwa bei einer auf mehrere Jahre angelegten Rente zu einer hohen finanziellen Belastung führen, wenn die auf den vollen Kapitalwert entfallende Steuer auf einmal zu zahlen ist. Die jährliche Besteuerung ermöglicht es dann, die Versteuerung zum Jahreswert durchzuführen. Für diese jährliche Besteuerung gilt der gleiche Steuersatz wie für die Besteuerung des vollen Kapitalwerts. Auch Freibeträge gehen nicht verloren, da die Steuer so lange nicht erhoben wird, bis ein eventueller Freibetrag – beim Ehegatten darüber hinaus auch die Abzugsmöglichkeit in Höhe des Zugewinnausgleichsanspruchs – ausgeschöpft ist.
Ein einkommenssteuerlicher Vorteil liegt darin, daß die jährlichen Steuerbeträge bei der *Einkommenssteuerberechnung* als dauernde Last und somit als *Sonderausgaben* abzugsfähig sind.
Ein allgemeiner Nachteil kann aber in der Regelung des sogenannten Bewertungsgesetzes (BewG) liegen. Denn aus dem BewG wird (vor allem für zeitlich unbegrenzte Geldrenten bedeutsam) ein Kapitalisierungsfaktor ermittelt. Und wenn der Berechtigte länger lebt, als es

dem Kapitalisierungsfaktor des BewG entspricht, dann kann die steuerliche Gesamtbelastung höher sein, als wenn der Erbfall auf einmal versteuert wird. Dieser Gefahr kann aber rechtzeitig begegnet werden, da die Ablösung der gewählten Jahresbesteuerung für die Restzeit jederzeit möglich ist.

Steuern sparen durch eine Familienstiftung oder einen Familienverein?

In den Zeiten der Gründungsjahre unserer Republik war es üblich, daß große Vermögenswerte in eine Familienstiftung oder einen Familienverein eingebracht wurden. Denn weder Stiftung noch Verein können sterben, und deswegen mußte keinerlei Erbschaftssteuer bei der Weitergabe an die nächste Generation gezahlt werden. Inzwischen hat der Staat dieses Schlupfloch gestopft: Da in jeder Generation sowohl *Stiftungs-* wie auch *Vereinsvermögen* besteuert werden sollen, tut der Fiskus alle 30 Jahre so, als sei jemand gestorben, und erhebt auf diese Weise die Erbschaftssteuer (§ 1 Abs. 1 Nr. 4, § 9 Abs. 1 Nr. 4 ErbStG). Diese Regelung wird Ersatzerbschaftssteuer genannt.

Die Erbschaftssteuer auf einen Blick

Wenn Sie die Steuerlast grob schätzen wollen, finden Sie nachfolgend vier Schritte, die Sie gehen müssen, um eine solche erste Schätzung anstellen zu können:

Ermittlung der Steuerklasse

In einem ersten Schritt müssen Sie das Verwandtschaftsverhältnis des möglicherweise Steuerpflichtigen zum Erblasser prüfen, um die *Steuerklasse* ermitteln zu können (Tabelle Steuerklassen, Seite 157). Dabei gilt der Grundsatz: Ehepartner und Kinder erben am billigsten. Sie haben die geringsten Steuerquoten und die höchsten Freibeträge. Was für andere Personen gilt, müssen Sie weiter vorne noch einmal nachlesen.

Ermittlung des steuerlichen Nachlaßwerts

Der zweite Schritt besteht in der Ermittlung des steuerlichen Werts des Nachlasses oder des Geschenks (Tabelle Wertberechnung, Seite 159). Denn je höher der Wert, desto teurer wird das Erben. Achtung: Häufig sind die größten Werte in der Form von Grund und Boden (Häuser usw.) festgelegt. Diese werden nicht mit ihrem Verkehrswert, sondern mit dem 1,4fachen des sogenannten *steuerlichen Einheitswerts* angesetzt. Und diese Größe beträgt in der Regel nur etwa 10 bis 30 Prozent des Verkehrswerts. Wie hoch andere Werte angesetzt werden, können Sie ebenda feststellen.

Jetzt wissen Sie, wie hoch der steuerlich ausschlaggebende Wert des Erbteils ist, der der fraglichen Person zukommen soll.

Ermittlung der Abzugsmöglichkeiten

Dann folgt der dritte Schritt: Wenn Sie die Verwandtschaft zum Erblasser geprüft und die Steuerklasse ermittelt haben, dann können Sie in der Tabelle für Freibeträge, Seite 161, nachlesen, wie hoch der *persönliche Freibetrag* ist. Für Kinder des Erblassers beträgt der Freibetrag 90.000,–, für den Ehepartner sogar DM 250.000,–. Achtung: Für den Ehepartner kommt beim Güterstand der *Zugewinngemeinschaft* noch einmal der Betrag des *Zugewinnausgleichsanspruchs* als Freibetrag hinzu.

Ermittlung der Steuerquote

Vierter Schritt: Bis hierher wissen Sie, wieviel die fragliche Person bekommen soll, in welcher Steuerklasse sich diese Person befindet und welche Freibeträge und Abzüge ihr zustehen. Und jetzt müssen Sie sich einen Bleistift nehmen und rechnen.

Das gilt natürlich auch, wenn Sie etwas vererben wollen und Ihr Vermögen dabei geschickt am Finanzamt vorbei verteilen wollen. Denn wer möchte schon gerne dem Fiskus etwas schenken. Alleine durch das Ausnutzen der Freibeträge und eine kluge Verteilung des Erbes läßt sich viel erreichen. Doch dazu mehr im nächsten Kapitel!

KAPITEL VII Schenken oder Vererben?

Wer möchte schon mehr Geld als unbedingt nötig dem Staat geben? Eine der sinnvollsten Strategien, um die *Steuerlast* zu vermindern, ist, den Erben lange Zeit vor dem Erbfall schon Geld oder andere Vermögenswerte in bestimmten Portionen zu schenken. Denn auf diese Weise können Steuern gespart werden, weil Steuerfreibeträge mehrmals ausgenutzt werden können. Aber Schenkungen wollen wohl überlegt sein und bereiten manchmal auch an Stellen Schwierigkeiten, wo man sie nicht erwartet.

Wenn der Erblasser vor seinem Tod eine Schenkung verfügt hat, dann ist dies in erster Linie bedeutsam für die Pflichtteilsberechtigten. Denn dann hätten diese Ausgleichsansprüche gegen den Beschenkten. Auch wenn der Beschenkte einer der Erben war, können Ausgleichsansprüche bestehen. Das BGB behandelt diese Ausgleichsansprüche unter dem Begriff der *Ergänzung des Pflichtteils* (§§ 2325 ff BGB).

Ein Spezialfall ist gegeben, wenn der Erblasser schon vor seinem Tod die Schenkung auf den Weg gebracht hat, dann aber gestorben ist, bevor der Beschenkte das Geschenkte in den Händen hält. Dieser Vorgang ist für die Erben von großem Interesse. Denn dann steht die Frage im Raum, ob die Erben das Geschenkte herausgeben müssen. Dies ist nicht selbstverständlich, weil der Schenkungsvertrag unter Umständen noch nicht wirksam war.

Achtung: Noch nicht wirksam ist die Schenkung, wenn der Erblasser etwa ein Sparbuch auf den Namen beispielsweise seines Enkels angelegt hatte, außer dem Erblasser und der Bank aber niemand davon etwas wußte. In einem solchen Fall muß unbedingt ein Testament gemacht oder das Sparbuch zu Lebzeiten übergeben werden.

Doch zunächst zu der Frage: Was ist eine Schenkung? Eine Frage, die jeder glaubt beantworten zu können. Aber lassen Sie sich nicht täuschen! Es steckt mehr dahinter.

Schenken ist nicht so einfach, wie man sich vorstellt ...

Anders als das weithin vermutet wird, ist ein mündlicher Schenkungsvertrag grundsätzlich nicht wirksam. Denn nach § 518 I BGB ist für den Schenkungsvertrag die Form der notariellen Beurkundung erforderlich.

Formerfordernisse

Grundsätzlich sind die meisten Verträge schon dann wirksam, wenn sie nur mündlich abgeschlossen worden sind. Für einige Vertragsformen schreibt das Gesetz aber vor, daß der Vertrag nur dann wirksam ist, wenn die Schriftform oder die Form der notariellen Beurkundung gewahrt worden ist.
Schriftform bedeutet, daß ein Vertrag für seine Wirksamkeit schriftlich abgefaßt und unterschrieben werden muß.
Die *Form der notariellen Beurkundung* bedeutet, daß die Erklärungen, aus denen der Vertrag besteht, vom Notar protokolliert und durch Unterschrift aller Beteiligten und das Siegel des Notars in einer Vertragsurkunde besiegelt werden.

Die Formvorschrift der notariellen Beurkundung für Schenkungsverträge hat ihren guten Grund. Denn das Gesetz möchte dem Schenkenden noch Gelegenheit geben, sich zu überlegen, ob er die Schenkung auch wirklich will. Der Jurist spricht hier von der Warnfunktion der Formvorschriften.
Der Schenkende soll erst zum Notar gehen müssen, dort einen Vertrag aufsetzen lassen und diesen in Anwesenheit des Beschenkten unterschreiben lassen. Der Schenkende soll ausreichend Gelegenheit haben, in dieser Zeit die eigene Großzügigkeit noch einmal auf Herz und Nieren zu prüfen. Ohne die Form der notariellen Beurkundung ist der Schenkungsvertrag zumindest vorläufig mit einem Formmangel behaftet.

Was für Konsequenzen hat ein Formmangel?

Ein Formmangel bedeutet erst einmal, daß der Vertrag nicht wirksam ist. Allerdings kann der Formmangel eines solchen unwirksamen Vertrags häufig noch geheilt werden. Wenn der Formmangel durch Nachholung der Form oder durch andere Umstände, die aus dem Gesetz hervorgehen, seine Bedeutung verliert, dann wird der Vertrag wirksam.

Im Fall des Schenkungsrechts gibt es eine *Heilungsmöglichkeit* insofern, als daß durch das *Bewirken der Schenkung* der Formmangel behoben werden kann. Sobald die Schenkung also nicht nur versprochen, sondern bewirkt wird, ist der Schenkungsvertrag für beide Seiten bindend. Das Geschenkte kann dann nicht mehr zurückgefordert werden.

Was bedeutet „Bewirken der Schenkung"

Die Schenkung ist auf jeden Fall dann bewirkt worden, wenn das Eigentum an der Sache übertragen wurde. Allerdings verlangt das Gesetz nach der Auslegung durch die Gerichte nicht, daß der sogenannte *Leistungserfolg* eingetreten ist. Es kommt vielmehr darauf an, zu welchem Zeitpunkt die *Vermögensminderung* beim Verschenkenden eingetreten ist. Es reicht zum Beispiel, wenn ein Gegenstand in das Zimmer des Beschenkten gelegt wurde, dieser den Gegenstand aber noch nicht gefunden hat.

Schwierigkeiten macht die Bewirkung einer Schenkung gerade bei Vorgängen, bei denen es auch auf die Einhaltung von Formvorschriften ankommt. Ein Beispiel dazu ist die Übertragung des Eigentums an einem Grundstück. Denn die Übertragung des Eigentumsrechts geschieht durch Einigung und Eintragung. Die Einigung im Grundstücksrecht nennt man *Auflassung.* Und die Auflassung muß notariell beurkundet werden. Das heißt, wenn der Erblasser seinem Enkel sagt: „Dieses Haus, in dem wir hier gerade stehen, möchte ich dir hiermit schenken" – dann ist die darin liegende Schenkung noch nicht wirksam. Denn das Formerfordernis der notariellen Beurkundung des Schenkungsvertrags ist nicht gewahrt, und der Formmangel konnte auch nicht durch Bewirkung der Schenkung geheilt werden.

Nachteile durch Verschenken?

Die Frage: „Verschenken oder vererben?" ist vor allem aus steuerrechtlicher Sicht interessant. Zwar macht es steuerlich auf den ersten Blick keinen Unterschied, ob Sie jemandem etwas vererben oder schenken. Denn steuerlich ist es bedeutungslos, ob Vermögen durch eine Schenkung oder durch einen Erbfall erworben wird. Trotzdem kann durch geschicktes Schenken den Erben unter Umständen viel Geld erspart werden. Denn die Erben können die Freibeträge, die ihnen das Gesetz einräumt, unter Umständen mehrmals ausnutzen (siehe Seite 169). Doch was so günstig für die Erben aussieht, kann sich gegebenenfalls für den Verschenkenden irgendwann einmal als gewichtiger Nachteil herausstellen. Die Verhältnisse zwischen Menschen können sich verändern. Eine Schenkung, die Sie heute noch leichten Herzens vornehmen, kann schon in wenigen Jahren von Ihnen bitter bereut werden.
Sie sollten es sich zum Grundsatz machen, kein Vermögen frühzeitig zu verschenken, das Sie selbst noch einmal dringend brauchen könnten. Gerade die *Altersversorgung* kann eine sehr teure Angelegenheit werden, wenn aufwendige *Pflegemaßnahmen* notwendig werden sollten. Und es ist nicht jedermanns Sache, dem Staat oder den Verwandten auf der Tasche zu liegen.

Erst denken, dann schenken – über den Widerruf der Schenkung

Der Weg von einer vielleicht vorschnellen Schenkung zu der Frage, ob man eine Schenkung wieder rückgängig machen kann, ist nicht weit. Wenn eine Schenkung bewirkt wurde, dann ist es nicht mehr so einfach, den geschenkten Gegenstand wieder zurückzubekommen. Der einzige Weg ist der *Widerruf der Schenkung.* Im Gesetzestext (§ 530 I BGB) steht dazu, daß eine Schenkung nur widerrufen werden kann, wenn sich der Beschenkte durch eine schwere Verfehlung gegen den Schenker oder einen nahen Angehörigen des Schenkenden groben

Undanks schuldig macht. Beispiele, bei denen ein Widerrufsgrund bejaht wurde, sind: Ehebruch, Bedrohung des Lebens, schwere Beleidigungen, grundlose Strafanzeigen, belastende Zeugenaussagen trotz Zeugnisverweigerungsrecht. Auch Untreue bei eheähnlichen Verhältnissen wurde in jüngerer Zeit als Widerrufsgrund bejaht. Diese Widerrufsmöglichkeiten sind jedoch nur für den Schenker selbst gegeben und nicht etwa für seine Erben.

Für den Erben eines Schenkers gelten andere Widerrufsgründe. Die Möglichkeiten des Widerrufs einer Schenkung sind noch stärker eingeschränkt als für den Schenker selbst (§ 530 II BGB).

Wenn Sie mit Ihrem Kind einen Schenkungsvertrag vereinbaren, dann sollten Sie unbedingt in den Vertrag einflechten, daß die Schenkung an Sie wieder zurückfallen soll, wenn Sie Ihr Kind überleben sollten. Dadurch könnten Sie verhindern, daß das Geschenkte „die Familie verläßt" und es vom Ehepartner Ihres Kindes geerbt wird.

Noch ein Tip für die Erblasser: Eine kleine Sicherung können Sie in Ihren Schenkungsvertrag einbauen – so können Sie in diesem Vertrag ohne weiteres eine *Auflage* bestimmen (siehe Seite 78). Die Auflage kann darin bestehen, daß das Geschenkte vorerst (bis zur Volljährigkeit, bis zum 30. Lebensjahr des Beschenkten, bis zum Studienabschluß, usw. ...) weder verkauft noch belastet werden darf. Hinter dieser Auflage könnte sich im Einzelfall eine Bedingung verbergen, von der die Zuwendung abhängig sein sollte. Gleichzeitig könnte eine solche Bedingung von einem Juristen aber auch als ein *Verfügungsverbot* aufgefaßt werden. Und dieses wäre nicht wirksam, wenn sich dahinter ein rechtsgeschäftliches *Veräußerungsverbot* verbergen würde (§ 137 BGB). Lassen Sie sich deshalb von einem kompetenten Anwalt rechtlich beraten.

Vielleicht auch für uns interessant? Die vorweggenommene Erbfolge

Die vorweggenommene oder auch *vorzeitige Erbfolge* hat eine jahrhundertealte Tradition als *Hofübergabevertrag,* in dem der Übergang des Hofs vom Bauern auf den Hoferben geregelt wurde und die Bauern Sicherheit für das Alter erhielten.
Inzwischen hat sich einiges geändert: Heute heißt der Bauer Landwirt, und der *Übergabevertrag* hat auch für andere Teile der Bevölkerung eine große Bedeutung gewonnen.

Die vorweggenommene oder vorzeitige Erbfolge

Die vorzeitige oder auch vorweggenommene Erbfolge wird bewirkt durch einen Übergabevertrag. Das ist eine Kombination von zum Beispiel Kauf-, Miet-, Schenkungs- und Pachtverträgen, durch die ein ganzes Bündel von verschiedenen Interessenlagen miteinander vereinbart werden kann. In einem Übergabevertrag zwischen Eltern und dem übernehmenden Kind können folgende Einzelverträge enthalten sein:

1. Übereignung des Hauses, des Grundstücks, der Firma usw. von den Eltern auf das Kind
   Regelmäßig werden Immobilien zu einem deutlich unter dem Verkehrswert liegenden Preis oder sogar vollständig schenkweise übertragen. Im Gegenzug gehen die Übernehmenden andere Verpflichtungen ein, die für die Eltern von Interesse sind.
2. Lebenslanges *Wohnungsrecht* für die Eltern
   Ein wichtiges Interesse der Eltern ist es häufig, ihr Grundvermögen oder Haus auch nach Abschluß des Übergabevertrags noch weiter nutzen zu können. Ein solches Wohnrecht kann so weit gehen, daß zum Beispiel das Haus auf dem Papier den Kindern schon gehört, die Eltern aber das Haus zeit ihres Lebens allein bewohnen dürfen. Das nennt sich dann ein ausschließliches lebenslanges Wohnungsrecht. Es kann vereinbart werden, daß ein solches Wohnungsrecht hinsichtlich der Ausübung an Dritte überlassen werden darf (etwa für den Fall, daß die Eltern in ein Altersheim gehen).

3. Lebenslanges *Nießbrauchrecht* für die Eltern
   Ein Nießbrauchrecht ist das Recht, eine bewegliche Sache oder ein Grundstück nutzen zu dürfen. Auf diese Art und Weise können sich die Eltern das Recht einräumen lassen, Teile des Grundstücks, etwa des Gartens, für sich zu verwenden. Der Nießbraucher darf zum Beispiel die Früchte behalten (die vom Kirschbaum genauso wie auch Zinsen, Einnahmen durch die Vermietung von Wohnungen usw.). Und damit kann auch eine finanzielle Sicherheit für die Eltern hergestellt werden.
4. Lebenslange *Geldrente* für die Eltern
   Mit der Vereinbarung einer Geldrente kann die finanzielle Sicherheit auch gewährleistet werden.
5. *Pflegeverpflichtung für das Alter*
   Es gibt auch die Möglichkeit, daß sich die Kinder vertraglich verpflichten, für die Pflege der Eltern im Alter aufzukommen.
6. *Schuldübernahme*
   Wenn die Eltern verschuldet sind, müssen sich häufig die Kinder verpflichten, die Schulden zu übernehmen und die Eltern von diesen Schulden freizustellen. Denn die Eltern haben ja häufig keine Erwerbsquelle mehr, um Schulden selbst tilgen zu können.
7. Ausgleichszahlungen für die anderen Erben
   Da Grundstücke oft nicht geteilt werden sollen, wird regelmäßig ein Ausgleich mit anderen Erbberechtigten vereinbart, nicht zuletzt auch um den Familienfrieden aufrechtzuerhalten.

Der Übergabevertrag darf nicht mit einem *Erbvertrag* verwechselt werden, da er etwas Eigenständiges ist. Ein großer Unterschied ist, daß der Erbvertrag grundsätzlich notariell beurkundet werden muß, was schon aus dem Gesetz hervorgeht (§ 2276 BGB). Der Übergabevertrag steht nicht ausdrücklich im Gesetz und ist deshalb grundsätzlich formfrei. Allerdings ist er abhängig von den Formvorschriften für die einzelnen Verträge. Und da in einem Übergabevertrag, wie schon gesagt, sehr häufig Schenkungen enthalten sind oder Grundstücke übertragen werden sollen, bedarf es meist der Form des notariell beurkundeten Vertrags.

Wegen der Schwierigkeiten der vertraglichen Gestaltung sollte eine intensive Beratung durch einen Anwalt oder den Notar erfolgen, da eine Vielzahl von Interessen gegeneinander abgewogen werden müssen.

KAPITEL VIII Streit um das Erbe

Streit ist so alt wie die Menschheit ... Und oft streitet man sich entweder um Prinzipien, Eitelkeiten oder um Geld. Und wenn jemand gestorben ist, dann bieten sich für die Hinterbliebenen mehr als genug Gelegenheiten, sich über diese und noch viel mehr Dinge kräftig in die Wolle zu kriegen. Die altgediente Sekretärin eines Mainzer Notars sagte einmal: „Ich glaube, ich werde pensioniert, bevor ich das erste Mal eine Erbengemeinschaft erlebe, in der es keinen Streit gibt."
Natürlich gibt es immer auch Ausnahmen von diesen Regeln – und vielleicht ist es ja in Ihrer Familie anders.
Gestritten wird in mindestens zwei Richtungen: einerseits gegen den Willen des Erblassers – also das Testament oder den Erbvertrag – und andererseits gegen die anderen Erben.

Kann ein Testament angefochten werden?

Die Erläuterungen unter dem Punkt „Die Enterbung – Ist es aus mit dem Traum vom vielen Geld?" (Kapitel IV) bieten genug Inspirationen, um sich vorstellen zu können, warum immer wieder versucht wird, die Wirksamkeit von Testamenten durch eine *Anfechtung* aufzuheben. Häufig sind es auch weniger drastische Verfügungen des Erblassers, die von den Erben und anderen als Belastung empfunden werden. *Auflagen, Vermächtnisse* und selbst Teilungsanordnungen können den Zorn der Betroffenen hervorrufen, die dann die Frage stellen: „Kann man denn gar nichts dagegen machen?" Ein Weg ist manchmal die *Anfechtung von Testament oder Erbvertrag.*

Die Anfechtung eines Testaments

Grundsätzlich kann ein eigenhändiges Testament eher angefochten werden als ein öffentliches Testament. Das hat damit zu tun, daß die

meisten „Angriffspunkte" durch die notarielle Beratung und Kontrolle ausgeschlossen werden.
Und genauso klar muß auch gesagt werden, daß die Aussichten für die Anfechtung eines formal einwandfreien eigenhändigen Testaments grundsätzlich ebenso schlecht sind. Die Anfechtung ist ein dornenreicher Weg. Das liegt daran, daß unsere Rechtsordnung den Willen des Erblassers sehr stark schützt. Es gilt der Grundsatz: Der Wille des Erblassers, über sein Vermögen zu verfügen, ist zu schützen.
Für eine wirksame Anfechtung muß man beweisen, daß es sich bei dem im Testament festgehaltenen Willen gar nicht um den rechtlich relevanten Willen des Erblassers handelt. Dies könnte dann der Fall sein, wenn das Testament gefälscht ist, wenn es nach diesem enterbenden Testament einen neuen Letzten Willen gab oder wenn der Erblasser im Moment der Abfassung des Testaments wegen z. B. Senilität nicht mehr testierfähig war.

Achtung: Die Anfechtung unterliegt einer *Anfechtungsfrist*! Nach § 2082 ist nach einem Jahr jeder Anfechtungsberechtigte, der Kenntnis von dem Anfechtungsgrund hatte, von der Anfechtung ausgeschlossen. Diese Frist beginnt mit Kenntnis des Anfechtungsgrunds, frühestens jedoch mit dem Erbfall. Nach 30 Jahren ist eine Anfechtung nicht mehr möglich (§ 2082 III BGB).

Im einzelnen muß unterschieden werden zwischen der Anfechtung wegen Irrtümern oder der wegen Drohung oder der wegen *Übergehens eines Pflichtteilsberechtigten.*

a) Die Anfechtung wegen Irrtümern des Erblassers

Der *Wille des Erblassers* muß geschützt werden. Gleichzeitig muß aber auch geregelt sein, was geschieht, wenn der Wille des Erblassers an irgendeiner Stelle fehlerhaft war. Deswegen sieht das Gesetz eine Korrekturmöglichkeit vor, wenn der Wille des Erblassers mit Irrtümern behaftet ist. Es gibt verschiedene Irrtümer. Ein Irrtum ist zum einen, wenn jemand etwas sagt, was er gar nicht sagen wollte. Das sind die

Fälle des Versprechens, des Verschreibens oder des Verwechselns. Zu den Irrtümern gehört aber auch, daß jemand etwas ausdrückt, was er gar nicht gemeint hat. Das kann zum Beispiel geschehen, wenn jemand Fremdwörter benutzt, die er nicht gut genug kennt.

Um einen Irrtum handelt es sich aber auch, wenn der Erblasser sich nicht versprochen oder verschrieben hat, sondern der Irrtum vorher passierte. Das sind die Fälle, bei denen der Erblasser bei seiner Willensbildung Umstände angenommen hat, die tatsächlich nicht stimmten. Der Fehler geschieht hier bei der Motivation – deshalb nennt man diese Art von Irrtümern auch *Motivirrtümer.*

Die Anwendung der Anfechtungsvorschriften ist in der Praxis relativ selten, weil sehr häufig der Wille des Erblassers durch *Auslegung* ermittelt werden kann. Das bedeutet, daß der tatsächliche oder mutmaßliche Wille des Erblassers für die veränderten Umstände ermittelt werden kann. Denn der Weg von der Erkenntnis, daß sich der Erblasser geirrt hat, bis zu dessen wirklichem oder mutmaßlichem Willen ist nicht so weit.

> ***Achtung:*** Die Anfechtung ist – und das kann nicht häufig genug gesagt werden – immer nur eine Ausweichslösung, wenn der Wille des Erblassers vom Gericht nicht mehr mit der nötigen Sicherheit ermittelt werden kann.

b) Anfechtung, wenn der Erblasser bedroht worden ist

Ein wichtiger Anfechtungsgrund ist dann gegeben, wenn der Erblasser dazu gezwungen wurde, eine bestimmte Erklärung in seinem Letzten Willen abzugeben. Denn dann ist ja in dem Testament nicht der wirkliche Wille des Erblassers festgehalten.

c) Anfechtung wegen Entziehung des Pflichtteils

Häufig ist eine Anfechtung wenig aussichtsreich, da es an Beweisen für einen Irrtum fehlt. Es gibt jedoch eine Ausnahme: Die *Entziehung des Pflichtteils* scheitert häufig daran, daß die gesetzlichen Voraussetzungen fehlen. Denn nur selten liegt tatsächlich eine *Pflichtteilsunwürdigkeit* vor (siehe Seite 107).

d) Anfechtung wegen Übergehung eines Pflichtteilsberechtigten

Geregelt ist dieser Fall in § 2079 BGB. Durch diese Regel soll der Pflichtteilsberechtigte geschützt werden, wenn der Erblasser von seiner Existenz zu Lebzeiten nichts gewußt hat. Allerdings bleibt das Testament grundsätzlich wirksam, wenn der Pflichtteilsberechtigte nicht beweisen kann, daß der Erblasser, wenn er von seiner Existenz gewußt hätte, nicht testiert, sondern es bei der gesetzlichen Erbfolge belassen hätte.

e) Wer kann ein Testament anfechten?

Es ist naheliegend, daß allein die Erhaltung des Rechtsfriedens es erfordert, daß nicht jeder ein bestehendes Testament anfechten darf. Es darf immer nur derjenige anfechten, für den die Aufhebung der letztwilligen Verfügung einen unmittelbaren Vorteil ergeben würde (§ 2080 BGB).

Man kann es nicht häufig genug wiederholen: Sie müssen für die Anfechtung unbedingt die Frist von einem Jahr einhalten. Nach Ablauf eines Jahres ist der Zug abgefahren (siehe Seite 193).

f) Was geschieht nach der Anfechtung?

Wenn ein Irrtum des Erblassers vom Richter bejaht wird, dann ist der Teil der Verfügung von Todes wegen, auf den sich der Irrtum bezieht, nichtig. Wenn sich der Irrtum auf den Inhalt der ganzen Verfügung von Todes wegen bezieht, dann ist das ganze Testament nichtig, und es findet die gesetzliche Erbfolge Anwendung.

Die Anfechtung eines Erbvertrags

Beim Erbvertrag gibt es im Vergleich zum Testament die Besonderheit, daß zu Lebzeiten des Erblassers eine Bindungswirkung für den Erblasser besteht. Anders als beim Testament, wo der Erblasser jederzeit seinen Willen ändern kann, ist der Erblasser im Erbvertrag an den festgehaltenen Letzten Willen gebunden. Damit dieses Prinzip nicht verletzt wird, hat der Gesetzgeber den Erbvertrag stark geschützt. Wenn keine

Rücktrittsmöglichkeit im Vertrag vereinbart wurde, besteht die einzige Möglichkeit für den Erblasser in der Anfechtung des Erbvertrags. Die Anfechtungserklärung bedarf der notariellen Beurkundung. Dabei ist zu beachten, daß der Erblasser nur ein Jahr nach Abschluß des Erbvertrags anfechten kann.
Das Anfechtungsrecht durch Dritte hängt davon ab, ob der Erblasser selbst noch anfechten könnte (die Anfechtung ist also ausgeschlossen bei Fristablauf).

Die Folgen der Anfechtung

Eine erfolgreiche Anfechtung eines Testaments läßt das gesetzliche Erbrecht unberührt. Das wird häufig bei der Anfechtung von Testamenten, bei denen ein Ehepartner eingesetzt wurde, vergessen. Zur Erinnerung: Der Ehepartner erbt (im Fall des gesetzlichen Güterstandes der Zugewinngemeinschaft) neben Kindern zur Hälfte und neben den Eltern sogar zu drei Vierteln.

Wann ist die Anfechtung einer Verfügung von Todes wegen aussichtsreich?

Diese Frage wird sich sicherlich jeder stellen, der gegen ein Testament oder einen Erbvertrag vorgehen will. Und diese Frage ist auch für die Erblasser interessant, damit bei der Erstellung des Testaments keine Pannen passieren. Deswegen sind nachfolgend ein paar Kriterien genannt, anhand deren Sie Ihren Fall prüfen können.

- Handelt es sich um ein *notarielles Testament* oder um ein *eigenhändiges Testament*? Bei einem notariellen Testament bestehen nur äußerst selten Aussichten, daß man es anfechten kann.
- Gibt es Anzeichen dafür, daß der Erblasser in seinem Testament oder Erbvertrag von Umständen ausgegangen ist, die sich als falsch herausstellen? Und: Gibt es darüber hinaus Anzeichen dafür, daß der Erblasser anders verfügt hätte, wenn er diesem *Motivirrtum* nicht erlegen wäre?

- Wenn es sich um ein handschriftliches Testament handelt: Gibt es Anzeichen dafür, daß der Erblasser sich verschrieben hat? *(Unwirksamkeit wegen Irrtums)*
- Gibt es einen Pflichtteilsberechtigten, den der Erblasser zu Lebzeiten nicht gekannt hat? Und gibt es Anzeichen dafür, daß der Erblasser bei Kenntnis dieses Pflichtteilsberechtigten anders verfügt hätte? *(Übergehung eines Pflichtteilsberechtigten)*
- Ist die Anfechtungsfrist von einem Jahr schon abgelaufen? Fristbeginn ist der Zeitpunkt, an dem der Anfechtungsberechtigte von dem Anfechtungsgrund Kenntnis erhält. Die Frist beginnt nie vor dem Erbfall zu laufen. Nach Ablauf der Anfechtungsfrist, aber spätestens nach 30 Jahren (§ 2082 III BGB), ist die Anfechtung ausgeschlossen. Der Gesetzgeber hat diese Regelung getroffen, um Rechtssicherheit zu schaffen.

Streit mit den anderen Erben

Im folgenden wird noch einmal zusammengefaßt, welche verschiedenen Möglichkeiten der Konfliktbewältigung vom Gesetz vorgesehen sind.

Der Testamentsvollstrecker

Ein vom Erblasser durch Testament eingesetzter Testamentsvollstrecker bietet sich in den meisten Situationen als Schiedsrichter an. Dabei ist es gleich, ob der Streit nun zwischen den Miterben oder zwischen den Erben und Dritten stattfindet. Der Testamentsvollstrecker genießt Vorschußvertrauen, weil er im Gegensatz zu allen anderen Beteiligten nicht Partei ist und persönlich außer seinem Honorar nichts vom Nachlaß zu erwarten hat.
Heikel wird es nur, wenn der Testamentsvollstrecker selbst zum Problem wird. Und sobald der Testamentsvollstrecker etwa eine Nachlaßteilungsfrage in der einen oder anderen Weise entschieden hat,

wird er mit an Sicherheit grenzender Wahrscheinlichkeit für eine der Parteien zum Problem – manchmal schafft es ein Testamentsvollstrecker sogar, daß sich alle Seiten in der gleichen Sache benachteiligt fühlen. Denn es geht um Geld. Daraus ist wieder einmal der Schluß zu ziehen, daß Testamentsvollstrecker gute Nerven, eine gewisse Lebenserfahrung und ein sicheres Auftreten brauchen. Sonst können sie gleich aufgeben.

Wenn ein Testamentsvollstrecker von einem der Erben als untragbar empfunden wird, stellt sich die Frage nach der *Entlassung des Testamentsvollstreckers.* Die Entlassung ist aber nicht so einfach. Der Testamentsvollstrecker kann nur vom Nachlaßgericht entlassen werden. Einer der Erben muß einen Antrag beim Nachlaßgericht auf Entlassung des Testamentsvollstreckers stellen. Und entlassen wird der Testamentsvollstrecker nur, wenn das Gericht davon überzeugt ist, daß der Testamentsvollstrecker seine Pflichten grob verletzt hat (§ 2227 BGB). Dieser Weg ist schwierig und sollte wegen seiner Konsequenzen gut überlegt werden.

Die Gläubiger

Grundsätzlich können *Gläubiger* gegenüber der *Erbengemeinschaft* vor der Teilung nur Forderungen geltend machen, die auch *Nachlaßforderungen* sind. Das heißt, der Nachlaß haftet nicht für Schulden einzelner Erben. Manchmal wollen Gläubiger solche Selbstverständlichkeiten nicht akzeptieren. Wenn Gläubiger zu Störenfrieden werden, dann kann es angezeigt sein, diese auf den normalen Ablauf einer Nachlaßabwicklung hinzuweisen. In diesem Zusammenhang ist noch einmal auf die *Dreimonatsfrist* hinzuweisen: In den ersten drei Monaten nach dem Erbfall kann die Befriedigung jeder Nachlaßschuld verweigert werden (siehe Seite 143).

Auch unter den Nachlaßgläubigern gibt es eine Reihenfolge. So können Forderungen von Gläubigern, die ihre Forderungen im Rahmen des *Gläubigeraufgebots* angemeldet haben, vor anderen Forderungen befriedigt werden.

Achtung: Sie können alle Gläubiger, die ihre Forderungen nicht zum Gläubigeraufgebot angemeldet haben, bis zur Befriedigung der angemeldeten Gläubiger zurückweisen.

Wenn der Nachlaß durch die Befriedigung dieser Gläubiger erschöpft wird, dann kann die Erfüllung von Forderungen, die nicht angemeldet wurden, von den Erben verweigert werden.
Nach der Erfahrung altgedienter *Testamentsvollstrecker* neigen gerade Gläubiger, die die Fristen für das *Gläubigeraufgebot* verpaßt haben, in besonderem Maße dazu, ihre vermeintlichen Rechte in störender Art und Weise zu verfolgen. Ganz nebenbei: Auch das Hausrecht geht vom Erblasser auf die Erben über. Und das bedeutet, daß auch ein Miterbe allein einem Hausfriedensbrecher die Tür weisen kann.
Noch ein paar Anmerkungen dazu, wenn der *Vogelhändler* vor der Tür steht ... Der Vogelhändler? Das ist der *Gerichtsvollzieher*, vom Volksmund so genannt, weil er den berühmten Kuckuck auf die gepfändeten Gegenstände klebt.

Was ist eigentlich der Kuckuck?

Der „Kuckuck" ist das Pfandsiegel – ein Stück Papier –, das auf die gepfändeten Gegenstände geklebt wird – und auf dem sich ein Stempel und die Unterschrift des Gerichtsvollziehers befinden. Der Stempel hat die Form des Bundesadlers und wurde halt über viele Jahrzehnte – schon der Reichsadler sah so aus – etwas respektlos Kuckuck genannt. Die Entfernung des „Kuckucks" von gepfändeten Gegenständen ist strafbar, und deshalb ist davon dringend abzuraten.

Pfänden darf der Gerichtsvollzieher vor der *Miterbenauseinandersetzung* nur Gegenstände, die in den Nachlaß und damit allen Miterben gemeinsam gehören. Das Eigentum Dritter ist sorgfältig vom Nachlaß zu trennen – eine Aufgabe, die durch die *Nachlaßverwaltung* bewältigt werden muß. Wenn der Gerichtsvollzieher in Gegenstände vollstreckt, die nicht zum Nachlaß gehören, dann kann dagegen gerichtlich vorgegangen werden (*Drittwiderspruchsklage*) – bitte wenden Sie sich dazu an einen Anwalt.

Schutz des Nachlasses vor Verschwendung?

Der „verschwenderische" Erblasser

Eine Situation, die schon ganze Familien in stumme Verzweiflung gestürzt hat: Der Erbonkel oder die Erbtante wird älter und älter und denkt gar nicht daran, die Erde zu verlassen und das Vermögen an die Nachkommen zu vererben.
Und dann fängt der Erblasser auch noch an, „sich ein schönes Leben zu machen". Was ist zu tun? Gar nichts!
Die Erben und diejenigen, die sich Hoffnungen „auf ein Stück vom Kuchen" machen, sind gegen Verfügungen des Erblassers zu Lebzeiten fast gar nicht geschützt. Man kann es auch anders formulieren: Was jemand mit seinem Geld anstellt, ist seine Sache. Egal ob es sich um Kasinobesuche, die Pferderennbahn, den neuen Sportwagen oder einen neuen (meist jüngeren) und anspruchsvollen Partner der Erbtante oder des Erbonkels handelt – wir leben in einer freiheitlichen Grundordnung, und jeder genießt in Deutschland einen starken Eigentums- und Persönlichkeitsschutz. Selbst wenn der Erblasser sein Vermögen in verschwenderischer Weise weggeben sollte, dann kann dagegen nichts unternommen werden. Ein Thema, auf das Rechtsanwälte in diesem Zusammenhang immer wieder „unter dem Siegel der Verschwiegenheit" angesprochen werden, sei hier beantwortet: Nein, es gibt heute keine *Entmündigung* mehr !

Es bliebe nur der Weg, die betreffende Person unter die sogenannte *Betreuung* (§§ 1896–1908 i) stellen zu lassen. Die Voraussetzungen für die Betreuung und die Bestellung eines Betreuers sind vom Gesetz aus guten Gründen sehr hoch gelegt worden.

Allerdings einen Tip kann man zukünftigen Erben geben: Führen Sie Buch über *Schenkungen des Erblassers.* Denn sollte irgendwann einmal der Erbfall eintreten und liegt die Schenkung noch nicht länger als zehn Jahre zurück, so könnte es sein, daß Ihnen ein sogenannter *Pflichtteilsergänzungsanspruch* zusteht oder Sie sogar das Geschenkte herausverlangen können.

Was ist der Pflichtteilsergänzungsanspruch?

Dieser ist geschaffen worden, um Erbberechtigte in einem gewissen Umfang vor Schenkungen des Erblassers zu schützen. Er soll verhindern, daß der Erblasser durch unentgeltliche Zuwendungen die Pflichtteilsansprüche vor seinem Tod aushöhlt.

In erster Linie ist der Anspruch also für die *Pflichtteilsberechtigten* gedacht. Wer enterbt wurde und durch die Schenkung nur einen geringeren Pflichtteilsanspruch erhielte, der kann einen Ausgleich verlangen. Dieser *Ausgleichsanspruch* richtet sich grundsätzlich gegen den Erben. Wenn der Erbe diesen Anspruch nicht befriedigen kann, dann richtet sich dieser Anspruch auch gegen den Beschenkten. Allerdings haftet der Beschenkte nur insoweit, als er den geschenkten Vermögensteil noch besitzt. Wenn er dieses Geschenk wieder verloren hat – es ihm etwa gestohlen wurde –, dann haftet der Beschenkte nicht mehr (§ 2329 BGB).

Sehr problematisch wird die Berechnung des Pflichtteilergänzungsanspruchs, wenn der Pflichtteilsberechtigte selbst zu den Beschenkten gehört. Das Gesetz geht von dem Grundsatz aus, daß sich die Schenkung nicht zu seinen Gunsten auf die Berechnung des Pflichtteils auswirken darf. Er muß sich die Schenkung vom Ergänzungsanspruch abziehen lassen (§ 2327 I 1 BGB).

Der Ergänzungsanspruch ist zeitlich begrenzt (§ 2325 III BGB). Der Anspruch besteht nur, wenn der Erbfall innerhalb von zehn Jahren nach der Schenkung erfolgt.

Wie schon angedeutet, ist es zu empfehlen, daß Sie sich anwaltlich beraten lassen, bevor Sie einen solchen Pflichtteilergänzungsanspruch geltend machen. Dazu sollten Sie allerdings einen Anwalt wählen, der sich auf Erbrecht spezialisiert hat. Allerdings ist es nicht ganz einfach, die Spezialisierung eines Anwalts herauszufinden, da die Anwälte aus standesrechtlichen Gründen keine Werbung mit eventuellen Spezialkenntnissen betreiben dürfen. Das Fachgebiet eines Anwalts kann man allerdings bei einer Standesorganisation – also etwa der örtlichen *Rechtsanwaltskammer* – erfragen. Hinten im Buch finden Sie eine Liste der Standesorganisationen in Ihrer Nähe.

Gilt beim Erbvertrag etwas anderes?

Gesetzlich ist es um den Schutz der Erben relativ schlecht bestellt. Eine kleine Einschränkung gilt für den Fall, daß der Erblasser sich in einem Erbvertrag gebunden hat. Denn gemäß § 2287 BGB kann der Vertragserbe von den zu Lebzeiten Beschenkten „Herausgabe der Geschenke" verlangen, wenn der Erblasser die Geschenke gemacht hat, „um den Vertragserben zu beeinträchtigen". Diese Voraussetzung wird allerdings nur dann bejaht, wenn „kein erkennbares oder kein beachtenswertes lebzeitiges Eigeninteresse" des Erblassers vorlag. So verlangt das die Rechtsprechung. Und das heißt auf deutsch: Der Erbe kann dann Herausgabe verlangen, wenn es dem Erblasser nur darum ging, seinen Vertragserben zu ärgern und durch das Verschenken zu schädigen. Ein Eigeninteresse wird aber wohl dann zu bejahen sein, wenn der Erblasser verschenkt hat, um sich zum Beispiel eine Versorgung und Pflege im Alter zu sichern oder sich für solche Zuwendungen zu bedanken. Dann besteht kein Anspruch auf Herausgabe der Geschenke.

Die Erhaltung des Vermögens durch Vor- und Nacherbschaft

Ein ganz anderes Problem stellt sich ab und zu für den Erblasser, der befürchtet, daß es seine Erben schon in der ersten Generation schaffen könnten, sein Erbe vollständig durchzubringen. Will der Erblasser beispielsweise seine Kinder nicht enterben, aber trotzdem seine Enkel schützen und ihnen einen Teil des Vermögens erhalten, dann kann er dies erreichen, indem er seine eigenen Kinder nur als Vorerben einsetzt. Seine Enkel würde er dann als seine Nacherben einsetzen (siehe Seite 99 ff).

KAPITEL IX Wichtige Einzelpunkte

Tips und Tricks rund um die Lebensversicherung

Die *Lebensversicherung* bietet die Möglichkeit der *Steuerersparnis.* Doch zunächst einmal:

Was ist eine Lebensversicherung?

Eine solche kann ein praktischer Weg sein, jemandem mit dem Erbfall etwas zukommen zu lassen, ohne ihn in einer Verfügung von Todes wegen mit einem *Vermächtnis* zu bedenken. Ein wichtiger Aspekt ist folgender:

Achtung: Eine Lebensversicherung ist als Zuwendung besonders interessant, wenn der sonstige Nachlaß überschuldet ist. Denn von der Lebensversicherung hat ein Erbe auch dann etwas, wenn der Nachlaß nichts hergibt – immer vorausgesetzt, die *Bezugsberechtigung* lautet nicht auf den Erblasser (siehe auch Seite 205).

Der Grund liegt darin, daß ein Erbe bei *Überschuldung* nichts zu erwarten hätte und ein Vermächtnis kaum Aussicht hätte, ausgezahlt zu werden. Eine Lebensversicherung fällt jedoch nicht unbedingt in den Nachlaß, und man muß nach ihrem Erhalt mit ihr nicht für eventuelle Schulden haften.
Eine Lebensversicherung kann auch eine wertvolle *Sicherheit im Alter* bedeuten.
Allerdings kann im Zusammenhang mit einer Lebensversicherung einiges falsch gemacht werden. Deshalb müssen Sie sich auskennen, um Fehler zu vermeiden. Es gibt unterschiedliche Formen von Lebensversicherungen.

Die Vertragsformen der Lebensversicherung:

Es gibt verschiedene Typen von Lebensversicherungen. Die Unterschiede können für die Versicherten und die Erben oder sonstigen Begünstigten von Bedeutung sein.
Grundsätzlich gibt es zwei Formen von Lebensversicherungen, die sich voneinander im Zeitpunkt der Fälligkeit der Versicherungssumme unterscheiden: Es gibt die *Erlebensversicherung* (Fälligkeit zu Lebzeiten, meist bei Erreichen eines bestimmten Lebensalters), und die *Todesfallversicherung* (Fälligkeit mit dem Tod). Fast immer werden heutzutage Lebensversicherungen als Kombination abgeschlossen: Fälligkeit mit dem Tod, spätestens mit dem 60. Lebensjahr.
Auch bei der Auszahlung gibt es Unterschiede: Bei der *Kapitalversicherung* wird ein bestimmter Betrag auf einmal, bei der *Rentenversicherung* eine laufende Rente ausgezahlt.
Der Begriff der *Risikolebensversicherung* ist ein eher umgangssprachlicher Begriff, der nur ausdrückt, daß die Lebensversicherung das Risiko des Todes erfaßt. Trotzdem hat sich dieser Begriff auch im Rechtsverkehr eingebürgert.
Es ist im Wirtschaftsleben teilweise verbreitet, daß Schuldner zugunsten ihrer Gläubiger Lebensversicherungen abschließen, damit diese für den Fall des Todes keinen Forderungsausfall befürchten müssen. Für den Fall der Bezahlung dieser Forderungen zu Lebzeiten verpflichten sich die Begünstigten (= die Gläubiger), die Versicherung wieder rückzuübertragen.

Die Lebensversicherung kann ein ganzes Bündel von Problemen lösen. So kann sie für die Angehörigen, unabhängig vom Ausgang der Nachlaßabwicklung, finanzielle Sicherheit garantieren.
Fällt die Versicherungssumme an die Haupterben, dann sind diese durch die Versicherungssumme flüssig und können zum Beispiel ohne Schwierigkeiten die *Erbschaftssteuer* bezahlen, *Vermächtnisse* erfüllen oder *Pflichtteilsberechtigte* ausbezahlen, ohne Grundbesitz oder andere Nachlaßgegenstände verkaufen zu müssen. Der nichteheliche Lebenspartner kann steuergünstig finanzielle Sicherheit erhalten – wie, siehe dazu Seite 209.

Wer bekommt die Versicherungssumme?

Einer der wichtigsten Begriffe im Zusammenhang mit Lebensversicherungen ist der des sogenannten *Bezugsberechtigten.*

Der Bezugsberechtigte

In einem Lebensversicherungsvertrag kann angegeben werden, wer die Versicherungssumme bekommen soll, wenn der Versicherungsnehmer einmal stirbt. Wird kein Bezugsberechtigter angegeben, dann fällt die Versicherungssumme mit dem Todesfall in den Nachlaß. Bei der Bezeichnung des Bezugsberechtigten (den man auch Begünstigten nennen kann) können einige schwerwiegende Fehler gemacht werden, auf die etwas später eingegangen wird.
Sie können den Bezugsberechtigten jederzeit ändern! Dazu schreiben Sie einfach einen (Einschreibe-)Brief an Ihre Lebensversicherungsgesellschaft (dabei müssen Sie unbedingt die Versicherungsvertragsnummer angeben) und erklären die Änderung der Bezugsberechtigung.
Die Bezugsberechtigung kann auch unwiderruflich erklärt werden – das ist immer dann angebracht, wenn die Versicherungssumme benutzt werden soll, um Angehörige zu entschädigen, die auf ihr Erb- oder Pflichtteilsrecht verzichtet haben.

Die Lebensversicherung und das (Erbschafts-)Steuerrecht

Es gibt handfeste Gründe, sich auch aus steuerrechtlicher Sicht Gedanken über die Lebensversicherung zu machen. Denn das Finanzamt behandelt eine Lebensversicherung, für die nicht der Verstorbene als Begünstigter bestimmt ist, als *Schenkung unter Lebenden.* Und für Schenkungen verlangt der Staat *Schenkungssteuer.*

Kann man denn gegen die Schenkungssteuer gar nichts tun?

Doch, man kann! Häufig wird ein Lebensversicherungsvertrag abgeschlossen, um einem anderen Menschen Sicherheit zu geben. Regel-

mäßig werden dann der Partner oder die Kinder als Bezugsberechtigte im Versicherungsvertrag angegeben.
Diese Einsetzung ist aber steuerlich ungeschickt, da die Lebensversicherung als Schenkung versteuert werden muß. Es gibt aber einen Weg, um dieser Steuer zu entgehen. Dazu müssen Sie wissen, daß Sie keine Schenkungssteuer zu zahlen brauchen, wenn Sie Gelder aus einer Lebensversicherung erwerben, bei der Sie selbst Vertragspartner sind. Denn wenn der Versicherungsvertrag auf denjenigen läuft, der begünstigt werden soll, dann gibt es keine Schenkung und somit auch keinen Steuerbescheid vom Finanzamt.
Auch bestehende Lebensversicherungsverträge können noch geändert werden. Die meisten Versicherungsunternehmen sind gerne bereit, den Vertrag auf jemand anderen zu übertragen. Dabei darf allerdings nur der Vertragspartner der Versicherung geändert werden! Die Versicherung muß weiterhin „auf das Leben" desjenigen laufen, der die Sicherheit geben will. Selbstverständlich muß weiterhin dafür Sorge getragen werden, daß die Versicherungsbeiträge bezahlt werden. Sonst wird die Versicherung kündigen oder gegebenenfalls nicht auszahlen.
Besonders wichtig ist eine solche Übertragung für Begünstigte, die nicht mit dem Erblasser verwandt sind. Denn diese fallen in die äußerst ungünstige Steuerklasse IV. Für eine Versicherungssumme von DM 100.000,– an müssen die Mitglieder der Steuerklasse IV etwa DM 25.000,– Schenkungssteuer bezahlen. Als Erblasser müssen Sie also aktiv werden, wenn das vermieden werden soll.

Übrigens: Wenn es versäumt wurde, rechtzeitig den Vertrag ändern zu lassen, dann kann die Lebensversicherung auch für Ehepaare unter einem steuerrechtlichen Gesichtspunkt sehr interessant werden – wenn die Zugewinngemeinschaft durch den Tod beendet wurde, dann kann die Lebensversicherungssumme in den steuerfreien Zugewinnausgleich des überlebenden Ehepartners einbezogen werden und ist somit vollständig steuerfrei.

Das erste Problem mit der Lebensversicherung

Kann ein Erbe, der die Erbschaft ausschlägt, trotzdem die Lebensversicherung bekommen, für die er als Begünstigter eingesetzt war?
Lösung: Eine Lebensversicherung fällt – wie oben schon dargestellt – nicht zwangsläufig in den Nachlaß eines Verstorbenen. Wem die Lebensversicherung im Versicherungsfall zufällt, kann durch die Bezugsberechtigung bestimmt werden. Und wenn die Bezugsberechtigung beispielsweise auf das eigene Kind lautet, dann kann das Kind die Versicherungssumme bekommen, ohne daß es auf sein Recht, die Erbschaft auszuschlagen, verzichten muß. Allerdings wird in einem solchen Fall die Versicherungssumme als Schenkung versteuert.
Wenn noch niemand als Bezugsberechtigter eingesetzt ist und Sie als Erblasser vermeiden wollen, daß die Lebensversicherung in den Nachlaß fällt und unter allen Erben verteilt wird, dann müssen Sie aktiv werden. Ein einfacher Brief – unter Umständen als Einschreiben – an die Versicherung mit der Angabe der Versicherungsnummer und der Nennung des Bezugsberechtigten genügt bereits. Allerdings müssen Sie den Begünstigten absolut verwechslungssicher bezeichnen, sonst weigert sich die Versicherung. Denken Sie also an Name, Vorname, Geburtsdatum, Adresse usw. ...

Das zweite Problem mit der Lebensversicherung

Haben Angehörige, die im Lebensversicherungsvertrag nicht als Begünstigte eingesetzt sind, einen *Ausgleichsanspruch* im Falle einer Erbschaft?
Antwort: Das Gesetz hat durch den *Pflichtteilsergänzungsanspruch* (siehe Seite 201) einen gewissen Schutz der Erben angelegt, damit diese vom Erblasser nicht bewußt, etwa durch Schenkungen, in ihrem Pflichtteilsrecht benachteiligt werden können. Wie zuvor erwähnt, werden Lebensversicherungen zugunsten anderer Bezugsberechtigter als Schenkungen behandelt. Gemäß § 2329 BGB können die Erben unter Umständen die Herausgabe der gesamten Versicherungssumme

von dem Begünstigten verlangen. Dagegen können Sie nur auf Nummer Sicher gehen, wenn Sie die ganze Versicherung auf den Begünstigten übertragen, der Begünstigte also Vertragspartner wird.
Haben Angehörige überhaupt einen Anspruch, wenn sie nicht Erben werden?
Antwort: Wenn die Erben die Erbschaft ausschlagen, dann steht ihnen der Anspruch nach § 2329 BGB auf Herausgabe des Geschenkten nicht zu.

Das dritte Problem mit der Lebensversicherung

Was geschieht, wenn zum Zeitpunkt des Erbfalls immer noch der inzwischen *geschiedene Ehepartner* als Bezugsberechtigter eingesetzt ist?
Antwort: Wenn jemand ein Testament macht und in diesem Testament seinen Ehepartner als Erben einsetzt, dann ist dieses Testament in der Regel nach einer Scheidung der Ehe nicht mehr wirksam (siehe Seite 81).
Was geschieht jetzt aber im Todesfall, wenn der Ehepartner als Bezugsberechtigter im Lebensversicherungsvertrag eingetragen ist und die Ehe geschieden wird?
Antwort: Dann bekommt der Ex-Ehepartner trotz *Scheidung* die Versicherungssumme! Deswegen ein dringender Rat: Vergessen Sie nicht, nach einer Scheidung die Versicherungsgesellschaft von der Scheidung zu unterrichten und eine Änderung der Bezugsberechtigung zu verlangen.

Achtung: Wenn Sie die Änderung der Bezugsberechtigung in Ihrem Testament vornehmen, dann ist das nicht wirksam. Denn die Versicherungsgesellschaft ist nicht an Ihren Letzten Willen gebunden. Sie müssen für die Änderung unbedingt Kontakt mit der Versicherungsgesellschaft aufnehmen. Dies ist vor kurzem erst noch einmal höchstrichterlich festgestellt worden.

Risiko für Ehepaare!

Jetzt zu einem Fehler, der im Zusammenhang mit Lebensversicherungen häufig gemacht wird. Eine Lebensversicherung fällt ohne ausdrückliche Bezugsberechtigung nach dem Fälligkeitszeitpunkt mit ihrer vollen Höhe in den Nachlaß.
Um die damit verbundenen Konsequenzen augenfällig werden zu lassen, folgender kleiner Beispielsfall:

Gerhard und Gerda Vergißmeinnicht sind verheiratet und leben seit vielen Jahren zusammen. Kurz nach der Eheschließung hat Gerhard eine Lebensversicherung abgeschlossen. Als Begünstigte setzte er sich und seine Frau ein. Die Summe sollte fällig werden, wenn er vorzeitig sterben würde.
Seine Absicht war, für diesen Fall eine Sicherung für seine Frau zu gewinnen. Wenn beide Eheleute die Auszahlung erleben würden, sollte die Summe die Versorgung im Lebensabend unterstützen. Kurz nachdem Gerhard 60 Jahre alt und somit die Lebensversicherung fällig geworden war, starb Gerhard.
Da Gerhard sich in dem Versicherungsvertrag zur Hälfte selbst als Begünstigte eingesetzt hatte, fiel die Hälfte der Versicherungssumme in den Nachlaß und wurde unter den Erben verteilt. Und Gerda bekam davon nur einen kleinen Teil entsprechend ihrer Erbquote für sich und ihren Lebensabend.

Und damit so etwas nicht in ihrer Familie passiert, ein Rat an dieser Stelle: Wenn der Ehepartner gesichert werden soll, dann können Sie ihn als Bezugsberechtigten einsetzen. Damit beide Ehepartner für den Fall des Längerlebens genügend gesichert sind, müssen beide Ehepartner eine Lebensversicherung auf ihren Namen abschließen. Als Begünstigter muß jeweils der Ehepartner bestimmt werden. Die Versicherung muß allerdings immer auf den Ehepartner laufen.
Wenn die Verträge so angelegt sind, dann fällt die Auszahlungssumme im Falle des Todes nicht in den Nachlaß, und es muß keine Erbschafts- oder Schenkungssteuer bezahlt werden.

Erbrechtlich geschickt – der Bausparvertrag!

Der Bausparvertrag

Wegen der vielfältigen staatlichen Förderungen (insbesondere über steuerliche Abzugsmöglichkeiten und durch Prämiensparen) gehört der Bausparvertrag zu einer der häufigsten Anlageformen in Deutschland. Der Bausparvertrag wird über eine bestimmte Bausparsumme abgeschlossen. Die Bausparsumme errechnet sich aus dem anzusammelnden Sparguthaben (meist 40 Prozent der Bausparsumme) und dem Bauspardarlehen (meist 60 Prozent der Bausparsumme). Nachdem der Betrag des Sparguthabens angespart und somit die Ansparphase beendet wurde, kann in der Zuteilungsphase die Zuteilung der Bausparsumme beantragt werden. Innerhalb von bestimmten Sperrfristen (sechs bis zehn Jahre) darf über die Bausparsumme nur zu Wohnungsbauzwecken verfügt werden.

Beim Bausparvertrag stellt sich eine ähnliche Frage wie bei der Lebensversicherung: Wie kann vermieden werden, daß die Bausparsumme in den Nachlaß fällt?
Diese Frage läßt sich nicht allgemein beantworten. Es muß unterschieden werden, ob eine begünstigte Person vom Erblasser bestimmt worden ist oder nicht. Wenn nicht, fällt der Vertrag in jedem Fall in den Nachlaß.
Wenn der Erblasser jemanden als Bezugsberechtigten eingesetzt hat, kommt es auf den Zeitpunkt des Erbfalls an. Auch nach Abschluß eines Bausparvertrags kann jemand noch als Bezugsberechtigter eingesetzt werden. Dazu reicht ein Brief – unter Umständen als Einschreiben – an die jeweilige Versicherung aus.
Befindet sich der Bausparvertrag noch in der *Ansparphase*, dann fällt der Vertrag der begünstigten Person zu und nicht in den Nachlaß.
Ist die Zuteilungsphase bereits erreicht, dann fällt der Vertrag und damit auch die Bausparsumme in den Nachlaß und wird unter den Erben verteilt. Steuerrechtlich gilt im wesentlichen das gleiche wie für die Lebensversicherung. Der Bausparvertrag wird behandelt wie die Zuwendung eines Bargeldbetrags.

Weniger Mühe für die Erben durch die richtigen Vollmachten

Der Erbe muß nach dem Erbfall meistens innerhalb kurzer Zeit eine große Anzahl von Dingen erledigen. Häufig können dabei Vollmachten das Leben sehr erleichtern. Das ist für Sie als Leser vielleicht noch einsichtiger, wenn Sie sich eine *Miterbengemeinschaft* vorstellen, die beispielsweise ein Wirtschaftsunternehmen, etwa eine kleine Fabrik, übernehmen soll.
Wie schon beschrieben, erfolgt die Verwaltung des Nachlasses bei einer Miterbengemeinschaft nur durch alle Miterben gemeinsam. Und das heißt, daß für den Betrieb vielleicht lebenswichtige und sehr dringende Entscheidungen erst bei der nächsten Versammlung der Miterben getroffen werden können. Wenn für diesen Fall einer der Erben eine Vollmacht hätte, mit der es ihm der Erblasser ausdrücklich erlaubt, während der Existenz der Miterbengemeinschaft die Geschicke der Firma selbst zu leiten, dann bleibt die Firma sicherlich länger lebensfähig.
Als Alternative zu einem der Erben bietet sich in einer solchen Situation häufig ein altgedienter Mitarbeiter an. Einem solchen Betriebsangestellten könnte für die Zeit der Betriebsleitung zum Beispiel eine Umsatz- oder Gewinnbeteiligung eingeräumt werden.
Wenn der Erblasser seinen Erben das Leben leichter machen möchte, kann schon eine geringe Anzahl von Vollmachten helfen.

Was ist eine Vollmacht, und was bewirkt sie?

Eine Vollmacht ist erst einmal fast immer ein Stück Papier – Vollmachten können zwar mündlich gefaßt werden, aber der Nachweis der Bevollmächtigung, der fast immer verlangt wird, ist mit einem Schriftstück leichter.
Dieses Stück Papier enthält die Erklärung des Vollmachtgebers, daß der Vollmachtnehmer für ihn und in seinem Namen Rechtsgeschäfte tätigen darf.
Es gibt keine Formvorschriften – allerdings bietet es sich an, die Vollmacht notariell beglaubigen zu lassen, da gerade viele Behörden eine Vollmacht nur in dieser Form anerkennen.

Die Vollmacht kann inhaltlich begrenzt werden – in unserem Fall vielleicht auch nur auf die Vornahme der laufenden Geschäfte. Sie kann aber auch völlig unbegrenzt erklärt werden. Eine Vollmacht erlischt zum Beispiel durch den *Widerruf der Vollmacht.* Die Vollmacht kann so angelegt werden, daß sie mit dem Tod des Bevollmächtigenden erlischt. Sie kann aber auch so gefaßt werden, daß sie auch nach dem Tod noch Wirkung entfaltet *(Vollmacht über den Tod hinaus).*

Allerdings muß streng zwischen *Handlungsvollmachten* und der Stellung als Erbe unterschieden werden – aus den Vollmachten selbst kann nicht auf Rechtspositionen geschlossen werden. Dies ist eigentlich selbstverständlich, es kommt allerdings häufiger vor, daß sich die Bevollmächtigten gebärden, als seien Sie die Erben. Deswegen sei es hier noch einmal ausdrücklich gesagt:
Der Bevollmächtigte ist nicht automatisch Erbe, und die Erbenhaftung und die Pflicht, alle Gläubiger auszuzahlen und sich mit den anderen Erben zu einigen, trifft immer die Erben.
Da wir hier schon einmal bei einem wesentlichen Thema sind: Für viele Menschen ist es sehr wichtig, daß sie für den Fall eines Unfalls und einer vorübergehenden Handlungsunfähigkeit vorsorgen. Stellen Sie sich einen Fabrikbesitzer vor, der einen schweren Unfall hat und einige Wochen im Koma liegt. Ohne Handlungsvollmacht können die meisten Betriebe in einer solchen Situation zumachen, da sie nicht mehr handlungsfähig sind. Hier kann eine Handlungsvollmacht für eine geeignete Person die Handlungsfähigkeit und damit vielleicht auch den Fortbestand des Betriebs sichern.
Außer den oben beschriebenen Handlungsvollmachten bieten sich für die Erben und die nächsten Angehörigen folgende Vollmachten an:

a) für die Bank

Mit Kenntnis von dem Tod ihres Kunden sperren die Banken dessen Konten. Ohne Erbschein oder Sterbeurkunde können die Hinterbliebenen also kein Geld erhalten.

Deshalb sollten der Lebenspartner oder die eigenen (volljährigen) Kinder für den Todesfall Vollmachten über die Bankkonten erhalten.

b) für die Lebensversicherung

Die Lebensversicherung bedeutet eine finanzielle Sicherheit für Erben. Wenn die Lebensversicherung in den Nachlaß fällt, macht es Sinn, die Auszahlung der Lebensversicherung schon vor Abschluß der Nachlaßordnung zu beantragen, da für die Befriedigung der Gläubiger und die Erfüllung der Forderungen, von zum Beispiel den Pflichtteilsberechtigten, relativ schnell Geld benötigt wird.

c) für das Grundbuchamt und das Lastenausgleichsamt

Ohne notariell beurkundetes (öffentliches) Testament oder einen Erbschein können die Erben bei diesen Behörden nichts erreichen. Diese Behörden akzeptieren nur notariell beglaubigte Vollmachtsurkunden.

d) Generalvollmacht für besonders vertrauenswürdige Menschen

Eine Generalvollmacht könnte etwa so aussehen:

Generalvollmacht

von Herrn Wilhelm Meister, Baden-Baden, Y-Staße

Hiermit bevollmächtige ich Herrn/Frau XYZ, wohnhaft in A-Stadt, mich in allen meinen Angelegenheiten gerichtlich und außergerichtlich vor Privaten und Behörden zu vertreten. Diese Vollmacht ist nicht übertragbar. Diese Vollmacht ist jederzeit widerrufbar, wobei Herr/Frau XYZ verpflichtet ist, die Vollmachtsurkunde herauszugeben.

Baden-Baden, den 20.06.94 Wilhelm Meister

Eine solche Generalvollmacht braucht für ihre Wirksamkeit entgegen der landläufigen Vorstellung nicht notariell beglaubigt zu werden. Sie können also auf den Besuch beim Notar in der Regel verzichten. Manchmal ist die notarielle Beglaubigung allerdings ratsam. Denn manche Behörden erkennen nur notariell beglaubigte Vollmachten an (z. B. das Grundbuchamt).

Die Sicherung von Betreuung und Pflege im Alter

Viele Menschen machen sich Sorgen um Ihre *Altersversorgung.* Auch die öffentlichen Debatten über die Sicherheit der Renten sind nicht gerade dazu geeignet, die Betroffenen zu beruhigen. Die meisten Menschen betreiben daher schon Vorsorge für die Sicherheit im Alter.

Die staatliche Pflegeversicherung

Nachdem die Bonner Politiker sich nach langjährigem Gerangel um den Standort Deutschland und die Interessen von Gewerkschaften und anderen Interessenverbänden im März 1994 doch noch auf einen Kompromiß geeinigt haben, ist die staatliche Pflegeversicherung in Sichtweite.
Es bleibt abzuwarten, ob diese Pflegeversicherung Erfolg haben wird und was sie im Ergebnis für den einzelnen Bürger an Sicherheit bedeuten wird. Schon jetzt ist aber abzusehen, daß sie nur einen Teil der Pflegekosten abdecken kann.

Private Pflegeversicherungen

Eine echte Alternative bzw. Ergänzung zur staatlichen Pflegeversicherung könnte für Sie darin bestehen, sich im Rahmen einer privaten Pflegeversicherung einen Versicherungsschutz zuzulegen. Erkundigen Sie sich über diese Möglichkeit doch bei einem Versicherungsmakler. Ein solcher Versicherungsmakler ist im Gegensatz zu einem Versicherungsvertreter nicht nur für eine, sondern grundsätzlich für alle Versicherungen zuständig und daher auch in der Lage, Sie objektiv über die vorhandenen Möglichkeiten „am Markt" zu beraten und das für Sie beste Angebot zu finden.

Sicherheit im Alter durch vorgezogene Erbfolge

Eine in letzter Zeit immer häufiger getroffene Regelung ist der sogenannte *Übergabevertrag* (siehe Seite 189). Vielleicht sollten Sie noch einmal zurückblättern, denn für viele Menschen bietet die *vorgezogene Erbfolge* eine gute Möglichkeit, die Erbfolge schon zu Lebzeiten vorzunehmen und gleichzeitig die Sicherheit für das Alter zu erhöhen.

Sicherheit im Alter durch Lebensversicherungen

Ein Instrument zur Altersvorsorge stellt auch die Lebensversicherung dar. Bei geschickter Vertragsgestaltung können Sie den überlebenden Ehepartner oder andere Personen absichern. Es sei jedoch darauf hingewiesen, daß die Lebensversicherung nicht immer der geeignete Weg ist, um jemandem Geld am Nachlaß vorbei zukommen zu lassen. Denn einerseits kann den Erben sogar ein Herausgabeanspruch gegen den Beschenkten zustehen. Und andererseits zahlen die Versicherungsgesellschaften im allgemeinen nur gegen Vorlage von Sterbeurkunde, Versicherungspolice, letztem Beitragsbeleg und ärztlichem Attest über die Todesursache. Und das sind alles Unterlagen, die gerade Familienfremde nicht so ohne weiteres erhalten.
Ein gewichtiger Nachteil der Lebensversicherung ist noch anzusprechen: Der Kapitalertrag ist – verglichen mit anderen Anlageformen – ausgesprochen schlecht.

KAPITEL X Vorsorge für die nichteheliche Lebensgemeinschaft

Es gab Zeiten, da war eine *nichteheliche Lebensgemeinschaft* gesellschaftlich ähnlich schlecht angesehen wie ein *nichteheliches Kind.* Zum Glück ist die heutige Gesellschaft etwas toleranter, und es zerreißt sich kaum noch jemand den Mund über ein nicht verheiratetes Paar. Trotzdem gelten für Paare, die unverheiratet zusammenleben, nicht die gleichen Rechte wie für Menschen, die eine Ehe geschlossen haben. Vielmehr müssen viele Selbstverständlichkeiten, die für Ehegatten im Gesetz vorgesehen sind, bei nichtehelichen Lebensgemeinschaften sorgfältig geplant werden.

Was sollte man unbedingt regeln?

Um für Sie und Ihren Lebenspartner die gleiche rechtliche Sicherheit schaffen zu können, wie es die gesetzliche Regelung für Ehepaare vorsieht, müssen Sie aktiv werden.

Warum behandelt das Gesetz Verheiratete anders?

Die Ehe genießt einen hohen grundrechtlichen Status und ist durch Artikel 6 I des Grundgesetzes der Bundesrepublik Deutschland (GG) geschützt. Gegenüber anderen Formen des Zusammenlebens wird die Ehe rechtlich erheblich privilegiert. Hinter dieser Privilegierung steckt eine Wertung: Die Menschen in diesen Lebensgemeinschaften, die den Schutz des Grundgesetzes wollen, können ja heiraten.

Es ist zweifelhaft, ob diese Argumentation heute noch ganz zeitgemäß ist. Trotzdem müssen sich Menschen, die in einer nichtehelichen Lebensgemeinschaft leben und nicht heiraten wollen, mit dieser rechtlichen Situation abfinden und sich darauf einstellen. Denn es gilt, den

Partner für den Fall des eigenen Todes auch wirtschaftlich abzusichern.
So ist es zum Beispiel aus erbrechtlicher Sicht unerläßlich, daß Vorkehrungen getroffen werden, da der Lebenspartner nicht wie der Ehepartner durch das Gesetz erbrechtlich geschützt wird. Im Fall des Todes würden die Kinder oder sonstige gesetzliche Erben alle Rechte des Verstorbenen erhalten, und der Lebenspartner ginge leer aus.

Was ist zu tun, damit der Lebenspartner einen vergleichbaren Schutz wie in einer Ehe erhält?

Der nächstliegende Schritt besteht darin, daß sich die Lebenspartner gegenseitig zu Erben einsetzen. Leider kann ein nichtverheiratetes Paar kein *Ehegattentestament* machen. Die Lebenspartner müssen entweder getrennt voneinander testieren – und dann gibt es keine Kontrollmöglichkeit, ob der Lebenspartner nicht irgendwann ein anderes Testament macht, in dem er etwas anderes verfügt und den anderen nicht mehr begünstigt.
Oder sie können einen *Erbvertrag* miteinander abschließen, der von einem Notar beurkundet werden muß. Zu empfehlen ist allerdings, in den Erbvertrag ein *Rücktrittsrecht zu Lebzeiten* ohne Angabe von Gründen aufnehmen zu lassen, damit es für den Fall der Trennung über diesen Punkt keine unnötigen Streitigkeiten gibt. Zwar haben beide Partner die Möglichkeit, jederzeit zu Lebzeiten des anderen die Verfügung von Todes wegen zu ändern. Aber im Falle einer solchen Umorientierung hat der andere Partner wie beim Ehegattentestament die Gewißheit, daß er Kenntnis von der Neutestierung erhält.
Wenn Sie in erster Linie Ihren Lebenspartner schützen wollen, danach aber Ihre eigenen Verwandten zum Zuge kommen sollen, dann bietet sich eine *Vor- und Nacherbschaftsregelung* an. Sie würden Ihren Lebenspartner dann als Vorerben einsetzen, und Ihre anderen Verwandten würden erst nach Eintritt des Nacherbfalls (etwa des Todes des Lebenspartners) erben. Sie sollten auch für diese Erbregelung die Form des Erbvertrages wählen. Solch eine Erbeinsetzung sollte gegenseitig

erfolgen. Und vergessen Sie bitte nicht, die Kündigungsmöglichkeit einzubauen. Darüber hat es schon große Streitereien gegeben, wenn Beziehungen in die Brüche gegangen sind.

Sie müssen etwas gegen den Pflichtteilsanspruch Ihrer Eltern tun

Wenn Sie keine Kinder haben und Ihre Eltern noch leben, dann enterben Sie durch die Einsetzung Ihres Lebenspartners als Alleinerben Ihre Eltern. Und dann steht Ihren Eltern nach Ihrem Tod ein *Pflichtteilsanspruch* zu. Der Partner wird also nicht nur erheblich vom Finanzamt zur Kasse gebeten, sondern auch Ihre eigenen Eltern können einen Anspruch gegen den Partner geltend machen. Wie zuvor schon dargestellt, beträgt der Pflichtteilsanspruch die Hälfte des gesetzlichen Erbteils. Da die Eltern ohne das Testament alles erben würden, beträgt der Pflichtteilsanspruch also die Hälfte. Und das kann dazu führen, daß Ihr Lebenspartner dazu gezwungen ist, das von Ihnen vielleicht gemeinsam bewohnte Haus oder andere Vermögenswerte verkaufen zu müssen, um genug Geld für die Bezahlung der Nachlaßforderungen (Steuer und Pflichtteilsanspruch) zur Verfügung zu haben.
Sie müssen versuchen, mit Ihren Eltern einen freiwilligen *Pflichtteilsverzicht* zu vereinbaren. Ein solcher Vertrag, der als *Verzichtsvertrag* formbedürftig ist und daher von einem Notar beurkundet werden muß, kann Ihren Partner schützen. Wenn dies nicht gelingt, dann sollten Sie vielleicht ernsthaft in Erwägung ziehen, doch noch zu heiraten.

Denken Sie auch an die Pflichtteilsansprüche Ihrer Kinder und Noch-Ehepartner!

Übrigens: Ihren ehelichen Kindern aus früheren Ehen oder etwaigen nichtehelichen Kindern stehen erbrechtliche Ansprüche zu. Und das gilt natürlich auch für Ihren getrennt lebenden Ehepartner, solange die Ehescheidung noch nicht beantragt wurde. Wenn Sie Ihren Lebenspartner schützen wollen, sollten Sie auf jeden Fall daran denken, die jeweiligen Personen in Ihrem Testament zu enterben und möglichst auch *Verzichtsverträge* mit ihnen abzuschließen. Im Falle des Ehepartners reicht es auch schon, wenn Sie ein *Scheidungsverfahren* gerichtlich anhängig machen. Nach der Zustellung des Scheidungsantrags fällt das gesetzliche Erbrecht Ihres Noch-Ehepartners weg.

Was kann ich für das Kind meiner Lebenspartnerin tun?

Wenn Sie sterben und vorher nicht aktiv geworden sind, dann bekommt das Kind Ihrer Lebenspartnerin nach Ihrem Tode nichts – auch wenn Sie es viele Jahre lang wie ein eigenes behandelt haben. Soll dieses Kind Ihr Erbe werden oder sonst etwas bekommen, dann müssen Sie unbedingt aktiv werden. Grundsätzlich könnte eine Zukunftssicherung schon durch ein Testament gewährleistet werden. Allerdings steht das Kind Ihrer Lebenspartnerin, wenn es von Ihnen etwas bekommt, in der äußerst ungünstigen Steuerklasse IV.
Eine Alternative wäre die Adoption. Denn durch die Adoption eines volljährigen Menschen verliert dieser nicht seine verwandtschaftlichen Beziehungen, sondern gewinnt nur eine neue hinzu. Er wird dann schon durch die Adoption Erbe des Annehmenden, ohne seinen Erb- oder Erbersatzanspruch gegen den leiblichen Vater zu verlieren. Und auch als adoptiertes Kind steht er dann in der günstigen Steuerklasse I.
Es gilt allerdings einen Nachteil zu bedenken: Nach deutschem Recht hat die Adoption des minderjährigen Kindes durch einen Nichtverheirateten zur Folge, daß es durch die Adoption alle bisherigen verwandtschaftlichen Bindungen verliert. Und das bedeutet, daß es hinterher auch nicht mehr mit der Mutter verwandt ist. Die gemeinschaftliche Adoption, mit der Folge, daß das Kind hinterher mit beiden Personen verwandt ist, ist nur Ehepaaren möglich.

Was wird aus der gemeinsamen Mietwohnung?

In den Zeiten der allgemeinen Wohnungsnot ist zu Recht jedermann froh, wenn er ein einigermaßen wohnliches und vor allem bezahlbares Dach über dem Kopf hat. Deshalb muß sich jeder Gedanken machen, wie er seinen Lebenspartner für den Fall des eigenen Todes schützen kann. Leider reicht es nicht, wenn Sie Ihren Lebenspartner zu Ihrem Alleinerben machen, da dem Vermieter nach Ihrem Tod für eine Übergangszeit (einen Monat) ein außerordentliches Kündigungsrecht zusteht.

Nur wenn der Lebenspartner in den Mietvertrag mit aufgenommen worden ist, kann das Mietverhältnis auch nach dem Tod eines der beiden Mieter von dem Längerlebenden fortgesetzt werden.

Eine nachträgliche Aufnahme geschieht am besten durch folgende Anlage zum Mietvertrag:

Anlage zum Mietvertrag vom 1.2.1994 –
Dreizimmerwohnung in der X-Straße

Der Vermieter [...] und die Mieterin [...] vereinbaren hiermit, daß der [...] als Mieter in das Mietverhältnis mit aufgenommen wird. Mit dem Tod eines der Mieter wird das Mietverhältnis mit dem überlebenden Mieter allein fortgesetzt.

Baden-Baden, den 20.06.94

____
Unterschrift Vermieter

____
Unterschrift Mieter 1

____
Unterschrift Mieter 2

Wenn eine solche Vereinbarung bisher noch nicht geschehen ist, dann müssen Sie diplomatisch sein, da der Vermieter dazu nicht verpflichtet ist. Ein geschickter Zeitpunkt, um solch eine Aufnahme in den Mietvertrag zu erreichen, ist regelmäßig alle paar Jahre gekommen, wenn der Vermieter mit Ihnen eine Mieterhöhungsvereinbarung treffen möchte. Denn die Miete kann er ohne größeren Aufwand nur dann erhöhen, wenn Sie als Mieter damit einverstanden sind. Eine Mieterhöhung gegen den Willen des Mieters über die Angabe von Vergleichsmieten und den Nachweis einer höheren ortsüblichen Vergleichsmiete gehört zu einem der in der Praxis schwierigsten Alltagsgeschäfte. Regelmäßig läßt sich bei diesem Vorgang die Einschaltung eines Anwalts nicht vermeiden. Vor diesem Hintergrund kann man einem Vermieter so manches Zugeständnis abfordern.

Was wird aus Kaufverträgen?

Grundsätzlich wird nach dem Tod eines Menschen nur der Erbe Rechtsnachfolger des Verstorbenen. Wenn Sie nicht aktiv werden, verliert Ihr Lebenspartner alle Rechte aus Kaufverträgen, da er ja nicht zu Ihren gesetzlichen Erben gehört. Dies kann besonders dann schlimme Folgen haben, wenn zum Beispiel bei einem Abzahlungskauf (Auto, Haus usw.) der Lebenspartner beim Bezahlen mitgeholfen hat und nicht im Kaufvertrag aufgeführt ist. Deshalb müssen Sie in einem solchen Fall unbedingt ein Testament machen und Ihren Lebenspartner als Alleinerben einsetzen. In diesem Fall werden die Rechte aus diesem Vertrag an Ihren Lebenspartner fallen. Denken Sie aber auch an Ihre anderen gesetzlichen Erben, die Sie durch ein solches Testament enterben. Sie könnten diesen Menschen ungewollte Nachteile ersparen, indem Sie sie durch *Vermächtnisse* begünstigen. Denken Sie aber auch an die Pflichtteilsansprüche Ihrer Kinder, Eltern und Noch-Ehepartner!

Wer bekommt den Haushalt?

Natürlich bleibt Ihr Lebenspartner nach Ihrem Tod Eigentümer an den *Haushaltsgegenständen*, die ihm schon vor Gründung eines gemeinsamen Haushalts gehört haben oder die von ihm für sich selbst angeschafft wurden.

Für Ihr Eigentum gilt, daß die Haushaltsgegenstände in den *Nachlaß* fallen und unter allen Erben geteilt werden, solange Sie nichts dage-

gen tun. Wenn Sie dies verhindern und Ihrem Lebenspartner den gewohnten Haushalt erhalten wollen, dann müssen Sie in Ihrem Letzten Willen (z. B. *Testament*) unbedingt anordnen, daß Ihr Lebenspartner die Haushaltsgegenstände bekommen soll. Überlegen Sie auch bitte, ob sich Ihr Lebenspartner die Haushaltsgegenstände auf den Erbteil anrechnen lassen soll *(Teilungsanordnung)* oder nicht *(Vorausvermächtnis)*.
Für Menschen, die nicht miteinander verheiratet sind, ist bekanntlich kein *gemeinschaftliches Ehegattentestament* möglich. Allerdings ist ein *Erbvertrag* (siehe Seite 110 ff) möglich. Ein Erbvertrag hat im Vergleich zum Testament die Besonderheit, daß er nur widerrufbar ist, wenn beide Beteiligten damit einverstanden sind.

Die Lebensversicherung

Die Lebensversicherung kann eine steuergünstige Absicherung des nichtehelichen Lebenspartners sein.

Achtung: Wenn Sie den Lebensversicherungsvertrag nicht mit Überlegung abschließen, dann müssen nach der Auszahlung Steuern bezahlt werden. Und der nichteheliche Lebenspartner befindet sich leider in der höchsten Steuerklasse. Der Lebenspartner hat nur einen ganz kleinen Freibetrag von DM 3.000,– und muß für eine Zuwendung von beispielsweise DM 100.000,– 24 Prozent Steuern zahlen (siehe Seite 165).

Die homosexuelle oder lesbische Lebensgemeinschaft

Bei *homosexuellen* oder *lesbischen Lebensgemeinschaften* bestehen grundsätzlich die gleichen Problemstellungen wie bei den gemischtgeschlechtlichen Partnerschaften.
Anders als bei gemischtgeschlechtlichen Partnerschaften ist eine Heirat nicht möglich – daher ist Vorsorge für den Lebenspartner besonders wichtig. Auch ein *Ehegattentestament* mit der Möglichkeit der

wechselseitigen Verfügungen ist nicht möglich. Es sollte der Weg zum Notar erwogen werden, um ein öffentliches Testament oder gegebenenfalls einen *Erbvertrag* aufsetzen zu lassen.

Achtung: Bitte nehmen Sie in einen Erbvertrag unbedingt eine Rücktrittsmöglichkeit ohne Angabe von Gründen mit auf, da sonst für den Fall einer Trennung Rechtsstreitigkeiten vorprogrammiert sind.

Unter Umständen besteht für eine homosexuelle oder lesbische Lebensgemeinschaft auch heute noch ein großes Interesse an Diskretion. Zwar sollten Sie keine Bedenken haben, daß ein Beratungsgespräch beim Notar nach außen dringen könnte, da sowohl der Notar als auch die Angestellten des Notariats der Schweigepflicht unterliegen. Sie haben jedoch die Möglichkeit, das öffentliche Testament in einem verschlossenen Kuvert an den Notar zu übergeben (§ 2232 Satz 1 BGB). Der Notar hat dann keine Kenntnis vom Inhalt der Verfügung, wird diese aber beurkunden wie ein öffentliches Testament.

KAPITEL XI Das Erbrecht der ehemaligen DDR

Seit dem 3. Oktober 1990 gilt das Erbrecht des Bürgerlichen Gesetzbuches (BGB) für die gesamte Bundesrepublik Deutschland. Allerdings sind im *Einigungsvertrag* noch eine Anzahl von Übergangsbestimmungen vereinbart worden. Diese Übergangsbestimmungen führen dazu, daß auch heute noch in manchen Fällen das Recht der ehemaligen DDR weiter gilt und bei Rechtsstreitigkeiten Anwendung findet. Für eine Frage besteht allerdings Rechtseinheitlichkeit: Für Grundstücke auf dem Gebiet der fünf neuen Länder, die durch Enteignung verlorengegangen sind und jetzt zurückübertragen werden oder sonst wieder an die Familie zurückfallen, wird vom Staat keine *Erbschaftssteuer* erhoben. Für alle anderen Bereiche stellt sich die Frage:

Wann gilt noch DDR-Recht?

Sie müssen zuerst herausfinden, ob der Verstorbene auch die Staatsbürgerschaft der DDR hatte. Und dann müssen Sie den Zeitpunkt des Erbfalls einordnen.

War der Verstorbene Bürger der Bundesrepublik?

Wenn der Verstorbene Bürger der Bundesrepublik war, dann richten sich fast alle Rechtsfragen nach bundesdeutschem Recht, also nach dem BGB. Grundsätzlich finden auch die Vorschriften des bundesdeutschen Erbschaftssteuerrechts Anwendung.

Oder war der Verstorbene Bürger der DDR?

Wenn der Verstorbene nicht Bürger der Bundesrepublik, sondern DDR-Bürger war, dann entscheidet sich, welches Recht Anwendung findet, nach dem Zeitpunkt des Erbfalls.

a) Lag der Erbfall vor dem 3.10.1990?
Für den Zeitraum vor dem 3. Oktober 1990 gelten weiterhin die Bestimmungen des Zivilgesetzbuches der DDR (ZGB). Auch die Steuertarife der Ex-DDR sind dabei maßgeblich. Das Steuerrecht der Ex-DDR bietet vor allem bei Immobilien Vorteile, da die Einheitswerte äußerst gering veranschlagt werden. Dazu befragen Sie bitte einen Steuerberater.

b) Lag der Erbfall zwischen dem 1.7.1990 und dem 3.10.1990?
Für diesen Zeitraum ist entscheidend, wo der Erblasser seinen Lebensmittelpunkt hatte. Auch das Steuerrecht richtet sich nach dieser Frage.

c) Lag der Erbfall nach dem 3.10.1990?
Seit der Vereinigung gilt auch für Erbfälle ehemaliger DDR-Bürger das Recht des BGB und im Steuerrecht das bundesdeutsche Steuerrecht.

Achtung: Besonderheiten ...

Wann gilt ausnahmsweise das BGB bei Erbfällen von DDR-Bürgern auch vor dem 3.10.1990?

Das Zivilgesetzbuch der DDR (ZGB) bleibt für Erbfälle, die vor der Wiedervereinigung eingetreten sind, maßgebend, wenn die Verstorbenen auch Bürger der ehemaligen DDR waren. Interessant ist aber, daß die DDR bis in das Jahr 1966 hinein noch das BGB benutzte. Erst danach traten erste Verordnungen in Kraft, die teilweise schon die Regelungen des späteren Zivilgesetzbuchs der DDR (ZGB) vorwegnahmen. Das heißt: Für einige Erbfälle aus den frühen Jahren der DDR gelten trotzdem die gesetzlichen Vorschriften des BGB. Allerdings dürften in diesem Zusammenhang auch Verjährungsvorschriften eine Rolle spielen.

Sind meine Rechte noch zu retten?

In den vergangenen Jahrzehnten wurden viele Rechte, auch viele Erbansprüche, wegen der deutschen Teilung nicht geltend gemacht. Das dahinterstehende rechtliche Problem lautet: Sind diese Rechte verloren? Dies ist die Frage nach den *Verjährungsfristen* der Ansprüche.

Die Frage läßt sich nicht pauschal beantworten, da die Ansprüche äußerst verschieden sein können und deshalb auch unterschiedliche Verjährungsfristen haben. Es gibt nach dem Recht des BGB Verjährungsfristen von sechs Monaten bis zu 30 Jahren. Außerdem ist noch nicht geklärt, inwieweit der Lauf der Verjährung durch die Gründung der DDR gehemmt oder unterbrochen worden ist. Wenden Sie sich zur Klärung der Verjährungsfragen an einen Rechtsanwalt, der Ihnen weiterhelfen wird.

Das Erbrecht des Ehepartners in kinderlosen Ehen

Der überlebende Ehegatte erbte nach dem Recht der Ex-DDR in einer kinderlosen Ehe alles – das heißt, weder die Eltern noch deren Abkömmlinge bekamen irgend etwas. Nach dem Recht des BGB haben die Eltern anstelle ihrem Erbrecht für den Fall der Enterbung sogar einen Pflichtteilsanspruch. Und die Geschwister des Erblassers erben nach dem BGB schon dann, wenn einer der Elternteile nicht mehr leben sollte.

Das Erbrecht des Ehepartners neben den Kindern

Der überlebende Ehepartner bekam nach den Regeln des ZGB neben den Kindern entweder ein Viertel des Nachlasses, oder er erbte neben den Kindern zu gleichen Teilen. Nach dem Recht des BGB erhält der Ehepartner beim Güterstand der Zugewinngemeinschaft entweder die Hälfte des Nachlasses, oder er schlägt aus und bekommt den Pflichtteil und den entsprechenden Zugewinnausgleich.

Der Ehepartner als Alleinerbe neben den Kindern

Nach dem ZGB durften sich die Ehepartner gegenseitig als *Alleinerben* einsetzen. Voraussetzung war jedoch, daß die Kinder schon alt genug waren und für sich selbst sorgen konnten. Andernfalls war eine solche Erbeinsetzung nicht erlaubt.

Das *Pflichtteilsrecht* des ZGB unterscheidet sich ebenfalls vom BGB: Es gab nur einen Pflichtteilsanspruch für Kinder, die nicht unterhaltsberechtigt waren. Hinter dieser weitgehenden Abschaffung des Pflichtteilsrechts mag sich die ideologische Anschauung verborgen haben, daß in dem System der Ex-DDR die existenzwahrende Funktion des Pflichtteilsrechts nicht benötigt war, da der Staat ja für jeden sorgen sollte.

Das gespaltene Recht der nichtehelichen Kinder

Die nichtehelichen Kinder in der DDR hatten nach dem ZGB mehr Rechte als heute in Gesamtdeutschland. Anders als die Regelung des BGB, die die nichtehelichen Kinder auf einen Erbersatzanspruch verweist und sie, wenn noch andere Erben vorhanden sind, unter Umständen als Nichterben aus der Miterbengemeinschaft ausschließt (siehe Seite 50 ff), waren die nichtehelichen Kinder in der DDR erbberechtigt. Das heißt, diese Kinder hatten ein vollwertiges Mitsprache- und Mitbestimmungsrecht neben ihren Halbgeschwistern in der Miterbengemeinschaft.

Dieses Erbrecht bleibt den vor dem 3. Oktober 1990 in der DDR geborenen *nichtehelichen Kindern* erhalten. Diese Entscheidung des Gesetzgebers wird damit begründet, daß die nichtehelichen Kinder dieses Recht mit ihrer Geburt erhalten hätten und es ihnen nicht entzogen werden solle.

Einen Nachteil gegenüber der Rechtssituation im Westen hat diese Regelung: Die nichtehelichen Kinder nach dem ZGB haben (anders als nach dem BGB) keine Wahlmöglichkeit zwischen *vorzeitigem Erbausgleich* und einem Erbrecht.

KAPITEL XII Das Ferienhaus in Spanien oder der Onkel aus Amerika: Erbrecht mit Auslandsberührung

Das Ferienhaus in Spanien und der Erbonkel aus Amerika sind natürlich nur Beispiele für Berührungspunkte zwischen dem deutschen und ausländischem Recht. Wenn sich unterschiedliche Rechtssysteme berühren, dann kann es zu Reibereien und Unstimmigkeiten kommen. Damit Sie auf die rechtlichen Probleme, die in diesem Zusammenhang auftauchen können, vorbereitet sind und somit rechtzeitig zum Anwalt gehen können, hier ein kleiner Grundriß über die Zusammenhänge des internationalen Rechts.

Erben und Auslandsrecht

Ein Beispielsfall zum internationalen Privatrecht:

1. Denken wir uns einen norwegischen Staatsangehörigen,
2. der gleichzeitig auch die deutsche Staatsangehörigkeit hat (ein sogenannter Doppelstaatler) und zuletzt in Deutschland wohnte,
3. der in Frankreich Skiurlaub macht, dabei einen Unfall erleidet und stirbt.
4. Und dann kommt irgendwann bei einem norwegischen Anwalt ein Testament unseres Doppelstaatlers ans Licht, das abwechselnd in deutscher und in englischer Sprache verfaßt ist und sein nichteheliches Kind in den USA zum alleinigen Erben einsetzt.
5. Und zu seinem Nachlaß gehören Grundstücke und Konten in der Schweiz, in Luxemburg, in Liechtenstein, in den USA, in Norwegen und in Deutschland.

Es bleibt die Frage: Wer erbt, wenn unser Beispielsmensch eine deutsche Ehefrau und mehrere eheliche und auch nichteheliche norwegisch-deutsche Kinder hatte?

Dieser Fall ist nicht besonders realistisch. Aber Probleme treten auch dann auf, wenn nur einige wenige rechtliche Überschneidungen möglich wären. Die Klärung eines solchen Falles ist meist schwierig.
Nach deutschem Recht richtet sich die Rechtsnachfolge grundsätzlich nach dem Recht des Staates, dem der Erblasser zum Zeitpunkt seines Todes angehörte. Die Regelungen des deutschen internationalen Privatrechts verweisen also auf das Heimatrecht des Erblassers. Da unser Beispiel einen Doppelstaatler betrifft, wären das norwegisches und deutsches Recht. Da nicht zwei Regelungen gleichzeitig Anwendung finden können, muß man sich für den Fall des Streites entscheiden.
Interessant wird es auch, wenn ein Ausländer seinen Wohnsitz in Deutschland hatte. Denn es gibt verschiedene Länder, deren Rechtsordnung in solchen Fällen das *Recht des letzten Wohnsitzes* gelten läßt. Und das ist natürlich – sonst wäre der Fall von oben ja witzlos – bei Norwegen der Fall. Übrigens auch Dänemark und die Schweiz haben gegenüber dem deutschen Recht die Rückverweisung vorgesehen, wenn der Wohnort des Erblassers in Deutschland lag. In unserem Fall könnte dann auch deutsches Recht einschlägig sein.
Und natürlich hat es noch eine Bewandtnis damit, daß in unserem Fall der Nachlaß auf die verschiedensten Länder verteilt wurde. Denn in einer Anzahl von Ländern wird rechtlich unterschieden zwischen beweglichem Nachlaß (also zum Beispiel einem Auto) und Immobilien (also Grundstücken). Dort wird dann angeordnet, daß für die Regelung der Erbfolge über die Immobilien das Recht des Staates gilt, in dem sich die Immobilie befindet. Und für die beweglichen Nachlaßteile – dazu gehören auch Konten – soll das Recht des letzten Wohnsitzes gelten. Dies ist der Fall in z. B. Belgien, Frankreich, Großbritannien und den USA. In manchen Fällen kann das dazu führen, daß die Erbfolge für das bewegliche Vermögen sich von der für die Immobilien unterscheidet. Das heißt: Unter Umständen kriegt der eine Erbe das Geld, der andere die Grundstücke. Wer jetzt aber für die Schulden des Erblassers gegenüber einer Bank haftet, das ist ein Kapitel für sich und führt hier zu weit. Aber in solchen Fällen geht jeder vernünftige Mensch ohnehin zum Anwalt.

Spannend wird es aber, weil unser Norweger ein sogenannter *Doppelstaatler* ist, also neben der norwegischen auch die deutsche *Staatsangehörigkeit* besitzt. Das ist eigentlich relativ selten, da diese doppelte Staatsangehörigkeit in der Praxis vermieden werden soll. Vielleicht erinnern Sie sich an die Debatte in der deutschen Politik aus Anlaß einer Welle von brutalen und sinnlosen Verbrechen gegen ausländische Mitbürger 1992 und 1993. Damals wurde auch vorgeschlagen, Ausländern, die schon lange in Deutschland wohnen, die Erlangung der deutschen Staatsbürgerschaft neben ihrer Heimatstaatsangehörigkeit zu erleichtern.

Interessanterweise sind es ausgerechnet europäische Normen, die ins deutsche Recht eingeflossen sind, die eine solche Doppelstaatlichkeit auszuschließen versuchen.

In dem Fall mit dem Doppelstaatler aus Norwegen und Deutschland wird das dazu führen, daß nach der sogenannten *effektiven Staatsangehörigkeit* gefragt wird. Und die bestimmt sich nach dem Ort, wo der Mensch sich die meiste Zeit aufgehalten hat.

Und wenn es um viel Geld geht und die einzelnen Rechtsordnungen sich unterscheiden, dann kann es sehr viel Streit geben, wenn die Erblasser sich nicht gut beraten lassen.

Anhang I: Testamentsentwürfe

Wie Sie inzwischen wissen, brauchen Sie für Ihr Testament nicht zum Notar zu gehen. Sie können zu Hause am Schreibtisch Ihr eigenes (eigenhändiges) Testament machen. Im folgenden sind einige Entwürfe für Testamente und Ehegattentestamente aufgeführt. Wie schon ausgeführt, müssen diese Testamente unbedingt handschriftlich geschrieben werden. Und darunter gehört Ihre eigene Unterschrift, unbedingt noch mit Datums- und Ortsangabe. Die eckigen Klammern in den Testamentsenwürfen sind Platzhalter und zeigen, daß Sie etwas einsetzen müssen – meistens wird es sich dabei um Namen, Daten und Gegenstände handeln. Grundsätzlich besteht Testierfreiheit, gesetzlich sind Ihnen also kaum Grenzen gesetzt – deswegen können die Testamentsentwürfe natürlich nur einen Teil der häufigsten Interessen abdecken.
Selbstverständlich können mehrere der Entwürfe auch miteinander zu einer Verfügung von Todes wegen kombiniert werden. Aber Sie sollten darauf achten, daß Sie dabei keine Widersprüche konstruieren. Im Zweifel ist es ratsam, anwaltliche oder notarielle Hilfe in Anspruch zu nehmen.

1. Sie wollen ein Testament machen und über Ihren Nachlaß vollständig verfügen.

> Mein Letzter Wille:
>
> Ich möchte, daß nach meinem Tod der Malteser-Hilfsdienst der Stadt [...] Erbe meines Vermögens wird.
>
> [Ort], den [Datum] [Unterschrift]

2. *Sie wollen in Ihrem Testament nur über einen Teil verfügen (hier als Beispiel die Hälfte) – für den Rest gefällt Ihnen die gesetzliche Erbfolge.*

> Mein Testament!
>
> Ich bestimme hiermit, daß der/die [...] zur Hälfte mein Erbe wird. Die anderen Erben sollen sich die andere Hälfte zu ihren gesetzlichen Erbquoten teilen.
>
> [Ort], den [Datum] [Unterschrift]

3. *Sie wollen, daß alle Ihre (gesetzlichen) Erben genau gleich viel bekommen.*

> Mein Letzter Wille:
>
> Ich möchte, daß sich keiner meiner gesetzlichen Erben nach meinem Tod vernachlässigt fühlt. Und aus diesem Grund bestimme ich, daß jeder meiner gesetzlichen Erben genau gleich viel bekommt.
>
> [Ort], den [Datum] [Unterschrift]

4. Sie möchten für den Fall, daß derjenige, den Sie als Erben vorgesehen haben, nicht erben kann oder will, einen Ersatzerben bestimmen (Ersatzerbschaft).

> Mein Letzter Wille:
>
> Mein Erbe soll der/die [...] werden. Wenn dieser Erbe nicht Erbe wird, dann möchte ich, daß an seiner Stelle der/die [...] das Erbe antritt. Wenn auch dieser nicht erbt, dann soll alles der Malteser-Hilfsdienst bekommen.
>
> [Ort], den [Datum] [Unterschrift]

5. Sie wollen jemandem etwas zukommen lassen (hier im Beispiel als Dank für Hilfe bei der Gartenarbeit), ohne daß er Ihr Erbe werden soll (Vermächtnis).

> Mein Testament!
>
> Meine Erben sollen sein [...]. Der/die [...] soll nicht Erbe werden, sondern mein [...] als Dankeschön bekommen, weil er/sie mir immer so viel [bei der Gartenarbeit] geholfen hat.
>
> [Ort], den [Datum] [Unterschrift]

6. *Sie wollen jetzt schon regeln, wie bestimmte Gegenstände unter Ihren Erben verteilt werden sollen, damit es darüber keinen Streit gibt (Teilungsanordnung).*

> Mein Testament!
>
> Meine Erben zu gleichen Teilen sollen sein: [...] Weil ich Streit vermeiden möchte, will ich jetzt schon bestimmen, daß meine Erbin [...] mein [...] bekommt. Mein Erbe [...] soll [...] bekommen.
>
> [Ort], den [Datum] [Unterschrift]

7. *Sie wollen, daß einer Ihrer Erben etwas bekommt, was er sich nicht auf seinen Erbteil anrechnen lassen muß. Hier dient als Beispiel ein Wertgegenstand (Vorausvermächtnis).*

> Mein Testament!
>
> Meine Erben sollen werden: [...] Und mein Erbe [...] soll darüber hinaus das Familienerbstück [...] bekommen, ohne daß er sich das auf seinen Erbteil anrechnen lassen muß.
>
> [Ort], den [Datum] [Unterschrift]

8. *Ihre Erben (hier im Beispiel die Enkel) sind noch sehr jung. Sie wollen bestimmen, daß zuerst jemand anders (hier im Beispiel die Mutter) erben soll. Diese Person soll den Nachlaß verwalten und die Früchte des Nachlasses behalten, aber sie soll auf keinen Fall den Anspruch der Nacherben gefährden können. Später sollen dann die jungen Erben (die Enkel) den Nachlaß bekommen (Vor- und Nacherbschaft/Berliner Testament).*

Mein Testament!

Meine Nacherben sollen meine Enkel [...] werden. Dabei bestimme ich als Nacherbfall den Tag, an dem mein jüngster heute schon geborener Enkel [...] 18 Jahre alt geworden ist. Die Vorerbin soll meine Tochter [...], die Mutter der oben genannten Enkel, werden.

[Ort], den [Datum] [Unterschrift]

9. *Sie befürchten, daß sich Ihre Erben streiten könnten. Deshalb setzen Sie jemanden als Testamentsvollstrecker ein, der als Schiedsrichter den Streit schlichten und vielleicht sogar verhindern können soll (Testamentsvollstreckung).*

Mein Testament!

Meine Erben sollen werden: [...] Hiermit bestimme ich den/die [...] zu meinem Testamentsvollstrecker. Er soll die Nachlaßabwicklung durchführen und bei Streitigkeiten alleine entscheiden können. Die Vollstreckung soll mit der Teilung beendet sein. Der Testamentsvollstrecker soll für seine Tätigkeiten ein Pauschalhonorar von 3 Prozent des Bruttonachlaßwertes bekommen. Das Honorar soll fällig sein mit Beendigung der Vollstreckung.

[Ort], den [Datum] [Unterschrift]

Bei dem Testamentvollstrecker sollte es sich unbedingt um eine kompetente Person Ihres Vertrauens handeln (siehe auch Seite 117 ff und 197 f).

Bitte regeln Sie die Frage des Honorars dieser Person schon in Ihrem Testament, da das Honorar gesetzlich nicht geregelt ist. Üblich sind etwa 3 Prozent des Bruttonachlaßwerts. Bei sehr hohen Werten (über zwei Millionen) bietet es sich an, diesen Betrag auf 2 Prozent zu ermäßigen.

10. *Sie wollen mit Ihrem Ehepartner zusammen ein Testament machen. In diesem Fall wollen Sie einander gegenseitig als Erben einsetzen und gleichzeitig jetzt schon regeln, wer nach Ihnen erben wird.*

> Unser gemeinsamer Letzter Wille:
>
> Hiermit setzen wir uns gegenseitig zu alleinigen Erben ein. Erbe des Letztversterbenden soll unser Kind [...] werden.
>
> [Ort], den [Datum]
> [Unterschrift Ehegatte Nr. 1]
>
> [Ort], den [Datum]
> [Unterschrift Ehegatte Nr. 2]

In dieser Form kann ein Ehepaar durch ein Testament Sicherheit für den Längerlebenden schaffen.

11. *Sie wollen mit Ihrem Ehepartner zusammen ein Testament machen, und Sie wollen sich gegenseitig zu Erben einsetzen. Sie wollen Ihren Ehepartner schützen und es Ihren Kindern möglichst schwer machen, nach Ihrem Tod den Pflichtteil zu verlangen (Berliner Testament mit Wohlverhaltensklausel).*

> Unser gemeinsamer Letzter Wille:
>
> Wir setzten uns hiermit gegenseitig zu alleinigen Erben ein. Erben des Längerlebenden sollen unsere Kinder [...] und [...] werden. Sollte einer der Abkömmlinge nach dem Tode des Erstversterbenden den Pflichtteil verlangen, dann sollen er und seine Abkömmlinge auch vom Nachlaß des Letztversterbenden nur den Pflichtteil bekommen.
>
> [Ort], den [Datum]
>
> [Unterschrift Ehegatte Nr. 1]
>
> [Unterschrift Ehegatte Nr. 2]

Diese Regelung beinhaltet eine sogenannte *Wohlverhaltensklausel.* Das bedeutet, daß mit einer solchen Regelung zum Beispiel die Kinder gezwungen werden können, mit ihren Ansprüchen zu warten, bis beide Eltern verstorben sind. Auf diese Weise kann der überlebende Ehepartner unter Umständen vor der Geltendmachung von Pflichtteilsansprüchen geschützt werden.

12. *Sie wollen zusammen mit Ihrem Ehepartner ein Testament machen. Und Sie wollen unbedingt das Geld in der Familie halten und deshalb für den Fall vorsorgen, daß der Ehepartner nach dem Tod noch einmal heiratet (Berliner Testament mit Wiederverheiratungsklausel).*

> Unser gemeinsames Testament:
>
> Wie setzen uns gegenseitig zu alleinigen Erben ein. Erbe des Letztversterbenden sollen unsere Kinder werden. Für den Fall, daß der Überlebende wieder heiratet, ist er verpflichtet, jedem Kind ein Vermächtnis in Höhe seines Erbteils auszuzahlen. Berechnungszeitpunkt für die Vermächtnisse soll der Zeitpunkt des Erbfalls sein. Ich setzte hiermit RA [...] als Testamentsvollstrecker ein, der den Wert des Nachlasses ermitteln und die Durchsetzung dieser Vermächtnisse erreichen soll. Die auf die Vermächtnisse ausgezahlten Gelder soll der Testamentsvollstrecker bis zu der jeweiligen Volljährigkeit der Kinder verwalten.
>
> (Ort], den [Datum] [Unterschrift Ehegatte Nr. 1]
> [Unterschrift Ehegatte Nr. 2]

Hier ist eine sogenannte *Wiederverheiratungsklausel* dargestellt. Diese Verfügung hält das Geld in der Familie. Zwar kann nicht verhindert werden, daß der Einheiratende erbberechtigt wird. Aber ein großer Teil des Familienvermögens kann für den Fall der Wiederverheiratung schon einmal an die nächste Generation weitergegeben werden. Und das führt dazu, daß der Einheiratende nur Erbansprüche auf das Vermögen seines Ehepartners erhält. Diese Ansprüche lassen sich allerdings nicht verhindern.

13. Sie wollen nicht zum Notar gehen, trotzdem aber vermeiden, daß irgend jemand sich traut, Ihr Testament anzufechten.

> Mein Testament:
>
> Hiermit setze ich [...] als meine Erben ein. Meine Erben sollen folgende Vermächtnisse erfüllen: [...]. Damit niemand meinen Letzten Willen anficht, enterbe ich hiermit jeden, der etwas gegen mein Testament unternimmt. Diese Person soll nur den Pflichtteil erhalten.
>
> [Ort], den [Datum] [Unterschrift]

14. Sie sind geschieden – Ihre Kinder leben bei Ihrem ehemaligen Ehepartner. Sie wollen nicht, daß diese Ihre Erben werden.

> Mein Testament:
>
> Mein Erbe soll sein [...]. Meine Kinder [...], die ich gemeinsam mit meiner Exfrau hatte, enterbe ich hiermit. Sie sollen nur den Pflichtteil erhalten.
>
> [Ort], den [Datum] [Unterschrift]

Ein Tip für Ihr eigenes Testament am Schluß:

Sie sollten sich unbedingt noch einmal den Unterschied zwischen einer *Teilungsanordnung* und einem *Vorausvermächtnis* vergegenwärtigen (siehe Seite 96 ff).

Anhang II: Wichtige Adressen

1. Notarkammern

Bayern
Landesnotarkammer Bayern
Ottostraße 10
80333 München
Telefon: 0 89 / 55 16 60

Berlin
Notarkammer Berlin
Kurfürstendamm 237
10719 Berlin
Telefon: 0 30 / 8 82 78 8 1

Brandenburg
Notarkammer Brandenburg
Gulbenerstraße 24
03046 Cottbus

Braunschweig
Notarkammer Braunschweig
Am Bruchtorwall 12
38100 Braunschweig
Telefon: 05 31 / 4 52 31

Bremen
Bremer Notarkammer
Knochenhauerstraße 36/37
28195 Bremen
Telefon: 04 21 / 1 51 30

Celle
Notarkammer Celle
Bahnhofstraße 6
29221 Celle
Telefon: 0 51 41 / 2 80 94

Frankfurt am Main
Notarkammer Frankfurt
Bockenheimer Anlage 36
60322 Frankfurt am Main
Telefon: 0 69 / 17 00 98 02

Hamburg
Hamburgische Notarkammer
Große Theaterstraße 7
20345 Hamburg
Telefon: 0 40 / 34 49 87

Hamm
Notarkammer Hamm
Ostring 15
59065 Hamm
Telefon: 0 23 81 / 2 80 76–77

Kassel
Notarkammer Kassel
Karthäuserstraße 5a
34117 Kassel
Telefon: 05 61 / 1 20 21

Koblenz
Notarkammer Koblenz
Hohenzollernstraße 18
56068 Koblenz
Telefon: 02 61/ 3 43 67

Mecklenburg-Vorpommern
Notarkammer Mecklenburg-Vorpommern
Am Markt 4–5
19055 Schwerin

Oldenburg
Notarkammer Oldenburg
Staugraben 5
26122 Oldenburg
Telefon: 04 41 / 2 75 65

Rheinland-Pfalz
Notarkammer Pfalz
Am Altenhof 11
67655 Kaiserslautern
Telefon: 06 31 / 93 00 7

Rheinland
Rheinische Notarkammer
Burgmauer 53
50667 Köln
Telefon: 02 21 / 21 00 65

Saarland
Saarländische Notarkammer
Am Rondell 3
66424 Homburg
Telefon: 0 68 41 / 6 10 58

Sachsen
Notarkammer Sachsen
Königsstraße 3
01097 Dresden
Telefon 03 51 / 4 41 16 82

Sachsen-Anhalt
Notarkammer Sachsen-Anhalt
Holzmarktstraße 32
29410 Salzwedel

Schleswig-Holstein
Schleswig-holsteinische Notarkammer
Gottorfstraße 13
24837 Schleswig
Telefon: 0 46 21 / 3 30 15

Stuttgart
Notarkammer Stuttgart
Rotebühlplatz 8
70173 Stuttgart
Telefon: 07 11 / 29 19 34

Thüringen
Notarkammer Thüringen
Schlösserstraße 8
99084 Erfurt

2. Rechtsanwaltskammern

Bayern / München
Rechtsanwaltskammer für den Oberlandesgerichtsbezirk München
Landwehrstraße 61
80336 München
Telefon: 0 89 / 5 32 94 40

Bamberg
Rechtsanwaltskammer Bamberg
Franz-Ludwig-Straße 30
96047 Bamberg
Telefon: 09 51 / 2 83 55

Berlin
Rechtsanwaltskammer Berlin
Heerstraße 2
14052 Berlin
Telefon: 0 30 / 3 06 93 10

Brandenburg
Rechtsanwaltskammer Potsdam
Berliner Straße 79
14467 Potsdam
Telefon: 03 31 / 29 37 94

Braunschweig
Rechtsanwaltskammer Braunschweig
Am Bruchtorwall 12
38100 Braunschweig
Telefon: 05 31 / 4 52 31

Bremen
Hanseatische Rechtsanwalts-
kammer Bremen
Knochenhauerstraße 36/37
28195 Bremen
Telefon: 04 21 / 1 51 30

Celle
Rechtsanwaltskammer für den
Oberlandesgerichtsbezirk Celle
Bahnhofstraße 6
29221 Celle
Telefon: 0 51 41 / 2 80 94

Frankfurt am Main
Rechtsanwaltskammer Frankfurt
am Main
Bockenheimer Anlage 36
60322 Frankfurt am Main
Telefon: 0 69 / 17 00 98 02

Hamburg
Hanseatische Rechtsanwalts-
kammer Hamburg
Große Theaterstraße 7
20345 Hamburg
Telefon: 0 40 / 34 49 87

Hamm
Rechtsanwaltskammer Hamm
Ostring 15
59065 Hamm
Telefon: 0 23 81 / 2 80 76–77

Kassel
Rechtsanwaltskammer Kassel
Karthäuserstraße 5a
34117 Kassel
Telefon: 05 61 / 1 20 21

Koblenz
Rechtsanwaltskammer Koblenz
Rheinstraße 24
56068 Koblenz
Telefon: 02 61 / 1 22 07

Oldenburg
Rechtsanwaltskammer Oldenburg
Staugraben 5
26122 Oldenburg
Telefon: 04 41 / 2 75 65

Rheinland-Pfalz
Pfälzische Rechtsanwaltskammer
Zweibrücken
Maxstraße 7–9
66482 Zweibrücken
Telefon: 0 63 32 / 7 62 51

Rheinland
Rechtsanwaltskammer Köln
Riehlerstraße 30
50668 Köln
Telefon: 02 21 / 73 22 27

Saarland
Rechtsanwaltskammer des
Saarlandes
Am Schloßberg 5
66119 Saarbrücken
Telefon: 06 81 / 58 20 48

Rechtsanwaltskammer Sachsen
Bärensteinerstraße 16–18
01277 Dresden
Telefon: 03 51 / 3 36 08 97

Sachsen-Anhalt
Notarkammer Sachsen-Anhalt
Holzmarktstraße 32
29410 Salzwedel

Schleswig-Holstein
Schleswig-holsteinische
Rechtsanwaltskammer
Gottorfstraße 13
24837 Schleswig
Telefon: 0 46 21 / 3 30 15

Stuttgart
Rechtsanwaltskammer Stuttgart
Gaisburgstraße 27
70182 Stuttgart
Telefon: 07 11 / 24 64 66

3. Bundessteuerberaterkammer

Es gibt eine große Anzahl von Steuerberatern in jeder Stadt. Wenn Sie noch mit keinem Steuerberater zusammenarbeiten, aber einen suchen, dann empfiehlt sich das Branchenverzeichnis.
Bei Fragen von übergeordnetem Interesse wenden Sie sich bitte an folgende Adresse:

Bundessteuerberaterkammer
Körperschaft des öffentlichen
Rechts
Dechenstraße 14
53115 Bonn
Telefon: 02 28 / 72 63 90

Stichwortverzeichnis

AG 26
Abfindungsanspruch 150
Abschreibungsmöglichkeiten, steuerliche 166
Abzugsmöglichkeiten 160, 162, 164
Adoption 46, 176
AG 151
Aktiengesellschaft 26, 151
Alleinerbe 53, 227
Altersversorgung 187, 214
Amtliche Verwahrung 88
An die Stelle des Erblassers treten, rechtlich 23
Änderungsvertrag 114
Anerbengesetz 39
Anfangsvermögen 57
Anfechtender 71
Anfechtung 192
Anfechtung der Ausschlagung 38
Anfechtung der Ehelichkeit eines Kindes 52
Anfechtung eines Erbvertrages 195
Anfechtung eines Testaments 124
Anfechtungsfrist 193
Anfechtungsmöglichkeiten 80
Annahme als Kind 46
Ansparphase 210
Anspruch auf vorzeitigen Erbausgleich 54
Antrag auf Testamentseröffnung 75
Anwachsung 82
Aufgebotseinrede 143, 144
Aufhebungsvertrag 114
Auflage 77, 105, 131, 188, 192, 119
Auflassung 186
Auflösung des Verlöbnisses 81
Aufschiebende Einrede 143
Auseinandersetzung 125
Auseinandersetzungsguthaben 150
Auseinandersetzungsverbot 127
Auseinandersetzungsvertrag 127
Ausfall eines Erben 101
Ausgleichsanspruch 150, 201, 207, 147
Ausgleichszahlungen 129
Auslandsrecht 228
Auslegung des Letzten Willens 80
Auslegungsregeln 80
Ausschlagung 44, 93, 133, 146
Ausschlagungsfrist 18, 35, 130
Ausschließungseinrede 145
Ausschlußurteil 136
Äußere eines Testaments 85
Aussteuer 129

Bank 18
Bankgeheimnis 175
Bankkredit 152
Bausparvertrag 210
Beendigung der Erbengemeinschaft 127
Beerdigungsfeier 12
Befreiter Vorerbe 100, 179
Befugnisse des Testamentsvollstreckers 119
Berechnung des Pflichteilsanspruchs 103
Berliner Testament 93, 179, 235
Berliner Testament mit Wiederverheiratungsklausel 239
Berliner Testament mit Wohlverhaltensklausel 238
Beschränkung der Erbenhaftung 136
Beschränkung der Erbenhaftung auf den Nachlaß 137

Beschränkung der Haftung auf den Nachlaßanteil 146
Besitz an dem Erbe 30
Besitzgesellschaft 152
Bestattung 11
Bestattungskosten 12, 163
Bestattungsunternehmen 12
Besteuerung des Dreißigsten 172
Besteuerung des Voraus 172
Betreuung 200
Betriebsgesellschaft 152
Betriebsvermögen 153, 159, 168
Betriebsvermögen, ererbtes 164
Betriebsvermögen, forstwirtschaftliches 159
Betriebsvermögen, landwirtschaftliches 159
Beurkundung, notarielle 39
Bewirken der Schenkung 186
Bezirksnotar 19
Bezirksnotariat 35
Bezugsberechtigter 205
Bezugsberechtigung 67, 203
BGB 21
Bibliothek 173
Bindung an den Erbvertrag 114
Bindungswirkung 113
Bürgerliches Gesetzbuch 21
Bürgermeistertestament 76

Daueraufträge 19
Dauervollstreckung 164
Depotkonto in Luxemburg 14
Differenzzahlungsanspruch 108
Doppelstaatler 230
Dreimonatseinrede 143, 144, 147
Dreimonatsfrist 147, 198
Dreißigste 131
Dreizeugentestament 76
Dritte Ordnung 44
Drittwiderspruchsklage 200
Dürftigkeit des Nachlasses 139

Effektive Staatsangehörigkeit 230
Ehegattentestament 93, 217, 223
Ehegattentestament, gemeinschaftliches 110, 222
Ehelichkeit des Kindes 25
Ehepartner, enterbter 62
Ehepartner, geschiedener 208
Ehepartnererbrecht 55
Ehevertrag 57
Eidesstattliche Versicherung 122
Eigenhändiges Testament 74, 115, 196
Eigenschuld 126
Einheitslösung 93, 100
Einheitswert 158
Einheitswert, steuerlicher 183
Einigungsvertrag 224
Einkommenssteuerberechnung 181
Einrede 143, 146, 147
Einrede, aufschiebende 143
Einseitiger Erbvertrag 113
Eintrittsklausel 150
Einziehungsermächtigung 13
Empfängniszeit 25
Endvermögen 57
Enterbter Ehepartner 62
Enterbung 102, 106
Entlassung des Testamentsvollstreckers 120, 198
Entmündigung 200
Entnahmegewinn 153
Entziehung des Erbrechts 105
Entziehung des Pflichtteils 105, 107, 194
Erbauseinandersetzung 164
Erbausgleich, vorzeitiger 227
Erbe als Rechtsnachfolger 26
Erbe bei Gütergemeinschaft 61

Erbe bei Gütertrennung 61
Erbe bei Zugewinngemeinschaft 60
Erbe, vorläufiger 18, 34, 147
Erbeinsetzung 94
Erbeinsetzung des Verlobten 81
Erben, gesetzliche 124
Erbengemeinschaft 53, 94, 124,198
Erbengemeinschaft, Beendigung der 127
Erbenhaftung 130, 132, 146
Erbenhaftung, Vorbehalt der beschränkten 144
Erbenschulden 132, 147
Erbenstreit 197
Erbersatzanspruch 53
Erbfähigkeit 24
Erbfallschulden 131, 152
Erbfolge der Eltern 47
Erbfolge der Großeltern 48
Erbfolge der Kinder 46
Erbfolge nach dem Gesetz 44
Erbfolge, gesetzliche 232
Erbfolge, gewillkürte 69
Erbfolge, vorgezogene 215
Erbfolge, vorweggenommene 129, 189
Erbfolge, vorzeitige 189
Erblasser als Mieter 30
Erblasser als Vermieter 30
Erblasserschulden 105, 131
Erbrecht der ehemaligen DDR 224
Erbschaftskauf 148
Erbschaftssteuer 204, 224
Erbschein 13, 20, 27, 36, 76, 116, 120
Erbscheinverfahren 122, 123
Erbteil des Ehepartners 43
Erbteilskaufvertrag 42
Erbvertrag 35, 69, 110, 190, 217
Erbvertrag, Bindung an den 114
Erbvertrag, einseitiger 113
Erbvertrag, Grundlagen zum 112
Erbvertrag, Rücktritt vom 114
Erbvertrag, zweiseitiger 113
Erbvertragsanfechtung 192
Erbverzicht 38
Ererbtes Vertriebsvermögen 164
Ergänzung des Pflichtteils 184
Erhöhung des Erbteils 40
Erlebensversicherung 204
Eröffnungsvermerk 75
Ersatz-Nacherbe 102
Ersatzerbschaft 101, 233
Ersatzvermächtnis 95
Erste Ordnung 44
Erste Schritte für die Hinterbliebenen 11
Erteilung eines Erbscheins 117
Ertragswert 128

Familienrecht 23
Familienstiftungen 168
Familienunternehmen 151
Feuerbestattungsgesetz 11
Finanzamt 14, 20, 154
Firmenleitung, Nachfolge in der 152
Forderungen und Schulden 128
Form der notariellen Beurkundung 35, 185
Formerfordernisse 185
Formmangel 186
Formunwirksamkeit 87
Formvorschriften 88
Formzwang 127
Fortsetzungsklausel 150
Freibetrag 155, 160, 183
Freibetrag, persönlicher 161, 183
Freibeträge verdoppeln 170
Freibetragsverdopplung 170

Gattungsvermächtnis 95
GbR 148
Geheimhaltung 74

Geldgeschenk 129
Geldrente 79, 190
Gemeinsame Verwaltung 125
Gemeinschaftliches Ehegattentestament 110, 222
Gemeinschaftliches Testament 36, 89
Gemeinschaftskonto 160
Gemischte Schenkung 174
Gerichtsvollzieher 118, 145, 146
Gesamtgut 56
Gesamtrechtsnachfolge 28
Gesamtschuldner 133
Gesamtschuldnerische Haftung 134, 146, 147
Gesamtzugewinn 163
Geschäftsführer 26
Geschäftsvermögen 159
Geschiedene Ehepartner 208
Geschwister 103
Gesellschaft bürgerlichen Rechts 148
Gesellschaft mit beschränkter Haftung 26, 151
Gesellschaftsvertrag 150
Gesetzliche Erben 124
Gesetzliche Erbfolge 232
Gesetzliche Erbfolge nach dem Ehemann 67
Gesetzliche Erbfolge nach dem Erblasser 67
Gesetzliche Erbfolge nach der Ehefrau 67
Gesetzliche Erbfolge nach der Erblasserin 67
Gesetzliche Krankenkasse 14
Gesetzliches Vermächtnis 65, 98
Gewillkürte Erbfolge 69
Gläubiger 198
Gläubiger des Erblassers 118
Gläubigeraufgebot 136, 146, 198, 199
Gläubigergemeinschaft 146
GmbH 26, 151
Grabpflege 79
Grundbesitz 159, 173
Grundbuch 31
Grundbuchamt 31, 121
Grundbuchsachen 76
Grundlagen zum Erbvertrag 112
Grundschuld 32
Gütergemeinschaft 56, 59, 60, 110
Güterstand 55
Gütertrennung 56, 57, 60, 67, 109, 163

Haftung als Gesamtschuldner 134
Haftung der Erben 130
Haftung des Erben 135
Haftung, gesamtschuldnerische 134, 146, 147
Handelsgeschäft, ererbtes 148
Handlungsvollmachten 212
Haushalt 221
Haushaltsauflösung 20
Haushaltsgegenstände 98, 221
Hausrat 64, 164
Heilungsmöglichkeit 186
Hinterlegtes Testament 19
Hinterlegungskosten 73
Hinterlegungsschein 72
Hochzeitsgeschenke 64
Homosexuelle Lebensgemeinschaft 222
Honorar des Testamentsvollstreckers 119, 164
Hypothek 32

Immobilie 128
In Scheidung leben 65
Innenverhältnis 134
Inventar 137
Inventarerrichtung 136, 137

Inventaruntreue 138
Inventarverzeichnis 137
Investmentanteile 159

Juristische Person 41

Kapitalforderungen 159
Kapitalgesellschaft 150, 158
Kapitalversicherung 204
Kaufverträge 221
Kettenschenkung 170
Kfz-Versicherungs-Schadenfreiheitsrabatt 30
KG 148
KGA 26, 151
Kind des Lebenspartners 219
Kind, nichteheliches 39, 50, 116, 118, 216
Kinder, minderjährige 46
Kinder, nichteheliche 227
Kinder, volljährige 47
Kommanditgesellschaft 148
Kommanditgesellschaft auf Aktie 26, 151
Konfusion 32
Konkubinentestament 87
Konsolidation 32
Kontoeinzugsberechtigung 19
Kosten der Hinterlegung 73
Kosten der ordnungsgemäßen Verwaltung 126
Kosten der Testamentsvollstreckung 105
Kosten des öffentliches Testaments 75
Kosten eines Erbscheins 120
Krankenkasse, gesetzliche 14
Kulturgegenstände 173
Kunstfreiheit 15
Kunstgegenstände 164
Kunstsammlung 173

Lebensgemeinschaft, homosexuelle 222
Lebensgemeinschaft, lesbische 222
Lebensgemeinschaft, nichteheliche 216
Lebensversicherung 14, 66, 152, 178, 203, 215, 222
Leistungserfolg 186
Lesbische Lebensgemeinschaft 222
Letzter Wille 69

Manipulation 85
Mehrfacherbschaft 49
Militärtestament 76
Minderjährige Kinder 46
Minderung der Steuerlast 177
Miterben 147
Miterbenauseinandersetzung 199
Miterbengemeinschaft 126, 133, 146, 211
Mitvertrag 18
Mitwohnung 219
Motivirrtum 38, 115, 194, 196

Nacherben 94, 99
Nacherbfall 99, 180
Nacherbschaft 147, 235
Nacherbschaftsregelung 99, 179, 217
Nachfolgeregelung 150
Nachlaß 221
Nachlaßabwicklung 125, 130
Nachlaßerbenschuld 126
Nachlaßforderung 147, 198
Nachlaßgericht 19, 27, 35, 75, 116, 122
Nachlaßkonkurs 136, 140, 146
Nachlaßpfleger 132
Nachlaßpflegschaft 117, 138
Nachlaßteilung 127
Nachlaßverbindlichkeit 32, 143, 105, 131, 133, 163

Nachlaßvergleich 146, 147
Nachlaßvergleichsverfahren 140
Nachlaßverwalter 132
Nachlaßverwaltung 136, 138, 146, 199
Nachlaßverwaltung, normale 164
Nachteile durch Verschenken 187
Nicht rechtsfähiger Verein 26
Nichtehe 52
Nichteheliche Lebensgemeinschaft 216
Nichteheliches Kind 39, 50, 116, 118, 216, 227
Nießbrauchrecht 159, 167, 190
Nominalwert 128
Normale Nachlaßverwaltung 164
Notar 19
Notarielle Beurkundung 39
Notarielles Testament 74, 115, 196
Notarkosten 36
Notverpflichtungsgeschäfte 125
Nummernkonto in der Schweiz 14
Nutzungsrechte 167

Obduktion 16
Offene Handelsgesellschaft 148
Öffentliches Recht 22
Öffentliches Testament 20, 71, 77, 88
OHG 148
Ordnung, dritte 44
Ordnung, erste 44
Ordnung, zweite 44
Ordnungen 44, 45
Ordnungsgemäße Verwaltung des Nachlasses 125
Organspende 17

Person, juristische 41
Personengesellschaften 148
Persönlicher Freibetrag 161, 183
Persönlichkeitsrechte des Verstorbenen 15
Pflegeleistung, unentgeltliche 171
Pflegemaßnahmen 187
Pflegeverpflichtung für das Alter 190
Pflegeversicherung, private 214
Pflegeversicherung, staatliche 214
Pflichtteil 93
Pflichtteilsanspruch 53, 105, 131, 151, 218
Pflichtteilsanspruch des nichtehelichen Kindes 105
Pflichtteilsberechtigter 116, 201, 204
Pflichtteilsergänzungsanspruch 201, 207
Pflichtteilserhöhungsanspruch 108
Pflichtteilsrecht 227
Pflichtteilsunwürdigkeit 107, 109, 194
Pflichtteilsverzicht 218
Presserecht 16
Private Pflegeversicherung 214
Private Versicherung 14
Privatrecht 22
Privatvermögen 132, 153

Rangfolge des Ordnungen 45
Recht der beschränkten Erbenhaftung 41
Recht des letzten Wohnsitzes 229
Recht des Nießbrauchs 29
Recht, öffentliches 22
Rechte, vererbbare 29
Rechtlich an die Stelle des Erblassers treten 23
Rechte, unvererbliche 29
Rechtsanwaltskammer 202
Rechtsfähiger Verein 26
Rechtsfähigkeit 151
Rechtspfleger 117
Regeln für das Testament 88
Rentenlasten 167

Rentenverpflichtungen 167
Rentenversicherung 204
Repräsentationsprinzip 45
Rücknahme des Testaments aus der Verwaltung 73
Rücknahme eines Testaments 88
Rücktritt vom Erbvertrag 114
Rücktrittsrecht 113
Rücktrittsrecht zu Lebzeiten 217
Rücktrittsvorbehalt 114

Sachwert 128
Sammlung, wissenschaftliche 173
Sammlungen 164
Schadenersatzforderung 131
Schadenfreiheitsrabatt bei Pkw 18
Scheidung 65, 208
Scheidungsantrag 66
Schenkung 154
Schenkung unter Lebenden 205
Schenkung, gemischte 174
Schenkungen des Erblassers 201
Schenkungssteuer 205
Schmerzensgeldansprüche 16
Schriftform 185
Schulden 159
Schulden des Erblassers 32, 163
Schuldübernahme 190
Schutz vor Fälschungen 72
Sechswochenfrist 18, 37, 146
Seetestament 76
Sektion, klinische 16
Selbstbezügliche Verfügungen 113
Sicherheit im Alter 203
Sittenwidrigkeit 78
Sparguthaben 159
Spekulationsbesteuerung 167
Spenden an Bedürftige 79
Sperrvermerk 13
Staatliche Pflegeversicherung 214
Staatsangehörigkeit 230
Staatsangehörigkeit, effektive 230
Standesamt 18
Standesamt des Geburtsorts 73
Standesamt des Wohnorts 73
Sterbekasse 14
Sterbeurkunde 13, 19, 75
Steuerersparnis 203
Steuerfreiheit 174
Steuerhinterziehung 171
Steuerklasse 155, 156, 157, 182
Steuerlast 184
Steuerlicher Einheitswert 183
Steuerliche Abschreibungsmöglichkeiten 166
Steuerquote 164, 165
Steuerrechtliche Wertermittlung 158
Steuerreduzierung 174
Steuerumgehung 171
Stiftungsvermögen 182
Strafrecht 22
Stundungsmöglichkeiten 168
Stuttgarter Verfahren 158
Substanzwert 128

Teilung 135, 158
Teilung in Natur 127
Teilungsanordnung 80, 82, 97, 128, 222, 234, 240
Teilungsplan 130
Teilungsversteigerung 39
Telefon 19
Testament 19, 35, 69, 85, 222
Testament eines Blinden 77
Testament eines Stummen 77
Testament, eigenhändiges 74, 115, 196
Testament, gemeinschaftliches 36, 89
Testament, hinterlegtes 19
Testament, notarielles 74, 115, 196

Testament, öffentliches 20, 71, 77, 88
Testamentsanfechtung 192
Testamentseröffnung 20, 75
Testamentserrichtung beim Konsul 71
Testamentsvollstrecker 80, 116, 117, 129, 132, 140, 152
Testamentsvollstreckerzeugnis 118
Testamentsvollstreckung 147, 164, 236
Testamentsvollstreckungszeugnis 117
Testierfähigkeit 70, 74
Testierunfähigkeit 71
Testierung durch Minderjährige 70
Todeserklärung von Verschollenen 23
Todesfallversicherung 204
Todeszeitpunkt 63
Totenschein 13, 18, 23
Transplantationsgesetz 17
Traueranzeige 12
Trennlösung 93
Trennungslösung 100

Übergabevertrag 180, 189, 215
Übergehen eines Pflichtteilsberechtigten 193, 197
Überprüfung der Teilung, gerichtliche 129
Überschuldung 33, 203
Überschuldung des Nachlasses 40, 141
Umschreibung im Grundbuch 31
Unfallversicherung 14
Unterhaltsansprüche 51
Unterhaltsansprüche des Ehegatten 32
Unternehmen 128
Unternehmer 151
Unvererbliche Rechte 29
Unwirksamkeit eines Testaments 87
Unwirksamkeit wegen Irrtums 197
Unzulänglichkeitseinrede 145
Urheberrecht 29

Veräußerungsverbot 188
Verein, nicht rechtsfähiger 26
Verein, rechtsfähiger 26
Vereinsvermögen 182
Vererbbare Rechte 29
Verfolgtentestament 76
Verfügung von Todes wegen 35
Verfügungen, selbstbezügliche 113
Verfügungen, wechselbezügliche 91, 111
Verfügungsverbot 188
Vergleichsantrag 141
Vergleichsgericht 141
Vergleichsverfahren 141
Vergleichsverwalter 141
Vergleichswert 128
Verjährung 103
Verjährungsfristen 226
Verkauf des Erbrechts 41
Verkauf des Pflichtteilsrechts 41
Verlobung 89
Vermächtnis 80, 94, 105, 131, 192, 204, 221, 233
Vermächtnis, gesetzliches 65, 98, 203
Vermächtnisnehmer 95, 118, 121
Verminderung der Pflichtteilsansprüche 177
Vermögen, forstwirtschaftliches 168
Vermögen, landwirtschaftliche 168
Vermögensminderung 186
Vermögenswerte, vorhandene 159
Vermutung der Ehelichkeit 52
Verschollenheitsgesetz 24
Verschweigungseinrede 145
Versicherung 14
Versicherung, eidesstattliche 122
Versicherung, private 14
Versicherungssumme 178
Versicherungsvertrag 179
Versorgungsfreibeträge 161

Verteilung des Nachlasses 116
Verwahrung 88
Verwahrung, amtliche 88
Verwaltung des Nachlasses, ordnungsgemäße 125
Verwaltung eines Nachlasses 125
Verwaltung, gemeinsame 125
Verwaltung, Kosten der ordnungsgemäßen 126
Verzichtsvertrag 39, 218, 219
Verzug 144
Verzugsschaden 144
Vogelhändler 199
Volljährige Kinder 47
Vollmacht 211, 212
Vollmacht über den Tod hinaus 212
Vollstreckungsgegenklage 144
Voraus 64
Voraus als Vorausvermächtnis 98
Voraus des Ehegatten 98
Vorausvermächtnis 96, 97, 222, 234, 240
Vorbehalt der beschränkten Erbenhaftung 144
Vorerbe 100, 179
Vorerbe, befreiter 100, 179
Vorerbschaft 99, 235
Vorerbschaftsregelung 99, 179, 217
Vorgezogene Erbfolge 215
Vorhandene Vermögenswerte 159
Vorkaufsrecht 42
Vorläufiger Erbe 18, 34, 147
Vorteile des Ehegattentestaments 89
Vorweggenommene Erbfolge 129, 189
Vorzeitige Erbfolge 189
Vorzeitiger Erbausgleich 227
Vorzeitiger Zugewinnausgleich 58

Wahlvermächtnis 96
Wechselbezügliche Verfügungen 91, 111
Wertberechnung 159
Wertermittlung, steuerrechtliche 158
Wertpapiere 159
Widerruf der Schenkung 187
Widerruf der Vollmacht 212
Widerruf eines öffentlichen Testaments 72
Widerruf von wechselbezüglichen Verfügungen 92
Widerrufsmöglichkeit 113
Wiederverheiratungsklausel 43, 89, 90, 239
Wille des Erblassers 193
Wohlverhaltensklausel 101, 238
Wohnungsrecht 189

Zehnjahresfrist 169, 177
Zeitraum ziwschen den Erbfällen 166
Zugewinn 57, 93
Zugewinnausgleich 163
Zugewinnausgleich, vorzeitiger 58
Zugewinnausgleichsanspruch 183
Zugewinnausgleichsanspruch des Ehepartners 162
Zugewinnausgleichsfreibetrag 58
Zugewinngemeinschaft 56, 60, 62, 68, 93, 110, 162, 163, 183
Zuschuß zum Studium 129
Zuwendung, nicht ausgleichspflichtige 129
Zuwendung, unbenannte 173
Zwangserbe 41
Zwangsvollstreckung 144, 146, 147
Zweckzuwendung für Ausbildungszwecke 172
Zweiseitiger Erbvertrag 113
Zweite Ordnung 44

Bescheid wissen ist alles!

Geeignete Objekte – Intelligente Finanzierung

Für Geldanleger und Häuslebauer.

Wie man das Unternehmen Haushalt perfekt managt.

Sparmöglichkeiten Tag für Tag.

Subventionen, Zuschüsse, Beihilfen vom Staat.

Hilfe vom Staat ist kein Almosen.

Schrille Ideen – Unglaubliches mieten und kaufen.

Pfiffige Geschenkideen für viele Gelegenheiten und jeden Geschmack.

Jeder SÜDWEST-Verbraucherführer mit 144 bis 276 Seiten. Taschenbuchformat.

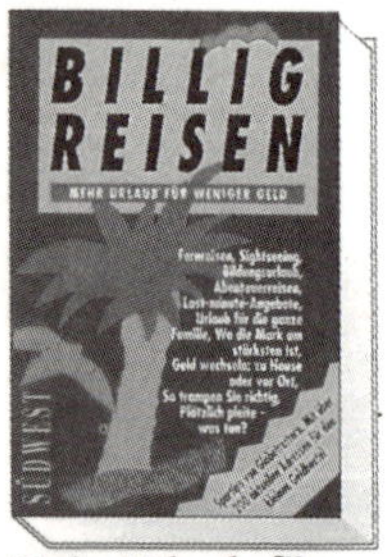

Mehr Urlaub für weniger Geld.

Spartips von Globetrottern.

Wie Sie sich schützen und wehren können.

Brisanter Report über die Geldinstitute.